Genial einfach!

Windows 7

Philip Kiefer

DATA BECKER

Folgen Sie uns auf Facebook und Twitter:

www.facebook.com/databecker
www.twitter.com/data_becker

Besuchen Sie unseren Internetauftritt:

www.databecker.de

Reihenkonzeption Peter Meisner

Produktmanagement Peter Meisner

Textmanagement Claudia Lötschert

Umschlaggestaltung Inhouse-Agentur DATA BECKER

Layout Jana Scheve

Textbearbeitung und Gestaltung Thorsten Schlosser, Kreuztal (www.buchsetzer.de)

Produktionsleitung Claudia Lötschert

Druck Media-Print, Paderborn

ISBN 978-3-8158-1900-5

Inhalt

Die wichtigsten Neuerungen von Windows 7 im Überblick

Sie sind von einem anderen Windows-Betriebssystem auf Windows 7 umgestiegen? Dann werden Sie feststellen: Es hat sich wirklich gelohnt! Und auch für Einsteiger ist Windows 7 sehr gut geeignet, da viele Funktionen intuitiv erfasst werden; darüber hinaus lernen Sie alles Wichtige in diesem Buch kennen. Im Folgenden möchte ich Ihnen zunächst einige der besten Neuerungen vorstellen, bevor Sie im Anschluss voll in die Windows 7-Praxis eintauchen.

Viel Neues bei Aussehen & Bedienung

Windows 7 ist richtig schnell und läuft ohne Probleme sogar auf den kleinen Netbooks. Und auch die Bedienung läuft schneller als je zuvor: dank einiger innovativer Eigenschaften.

Auch ohne Mausklick bewegt sich was! Bewegen Sie den Mauszeiger auf ein Symbol in der Taskleiste, so wird eine Minivorschau der geöffneten Anwendung angezeigt – bewegen Sie den Mauszeiger wiederum über die Minivorschau, zeigt Windows 7 Ihnen diese im Großformat an (siehe Kapitel 1).

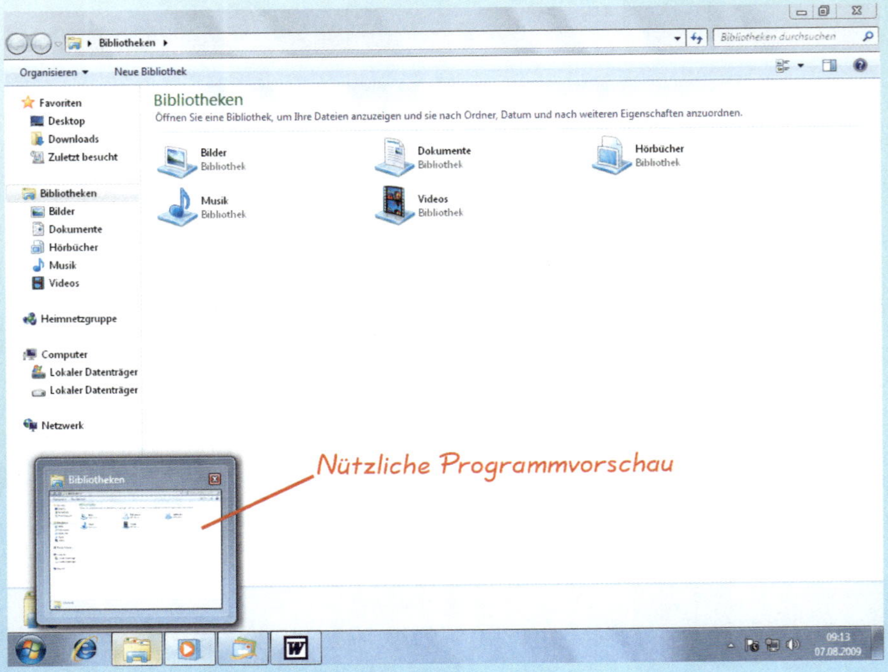

Nützliche Programmvorschau

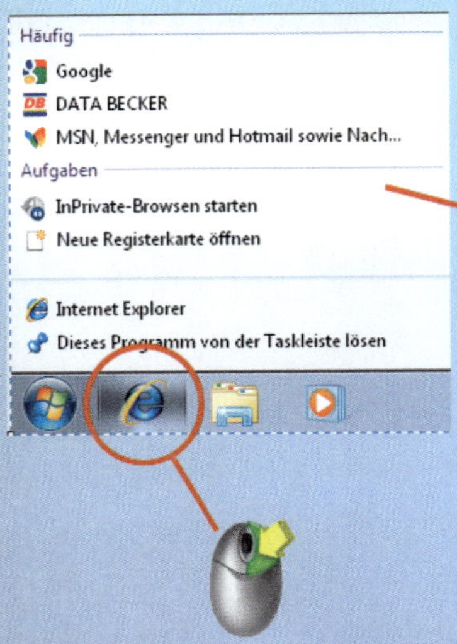

Einfacher auf Verlauf und Funktionen zugreifen

Schneller auf häufig genutzte Dokumente oder andere Dateien zugreifen: Klicken Sie ein Programmsymbol in der Taskleiste mit der rechten Maustaste an, um bei Programmen wie Windows-Explorer, Internet Explorer oder Windows Media Player einen „Verlauf" der am meistgenutzten Dateien oder Webseiten einzublenden (siehe Kapitel 1).

Die wichtigsten Neuerungen von Windows 7 im Überblick

Tapetenwechsel gefällig? In Windows 7 wechseln Sie nicht nur blitzschnell den Desktophintergrund, sondern das gesamte Design. Statt einzelner Bilder als Desktophintergrund lassen sich nun übrigens auch mehrere Bilder als Diashow darstellen (siehe Kapitel 2).

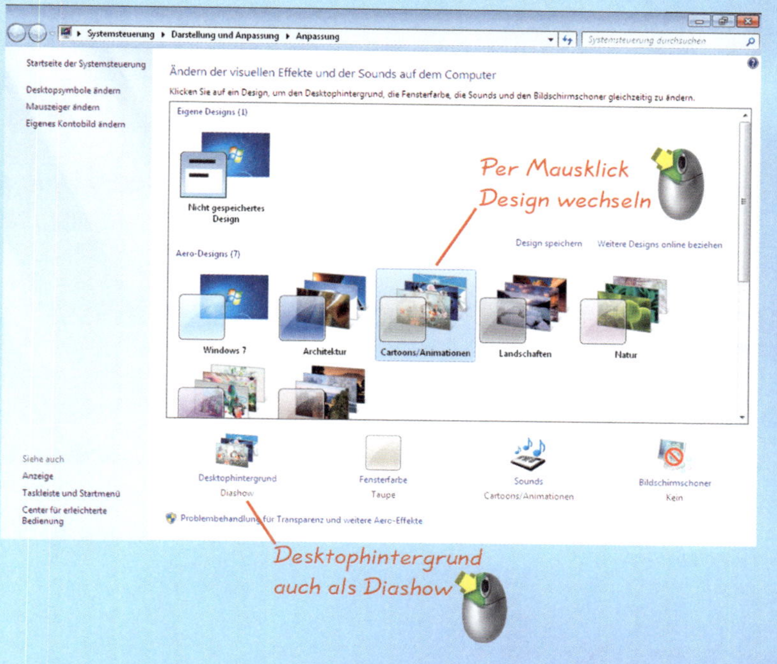

Minianwendungen für den Desktop: Platzieren Sie Minianwendungen aller Art auf dem Bildschirm und verschieben Sie diese in eine beliebige Position – so haben Sie News, Fotos, Wetterbericht und sonstige Infos stets im Blick (siehe Kapitel 1).

Werfen Sie im Startmenü außerdem mal einen Blick in den Ordner *Alle Programme/Zubehör*. Zubehörprogramme wie WordPad, Paint oder der Rechner wurden endlich grundlegend überarbeitet (siehe Kapitel 4).

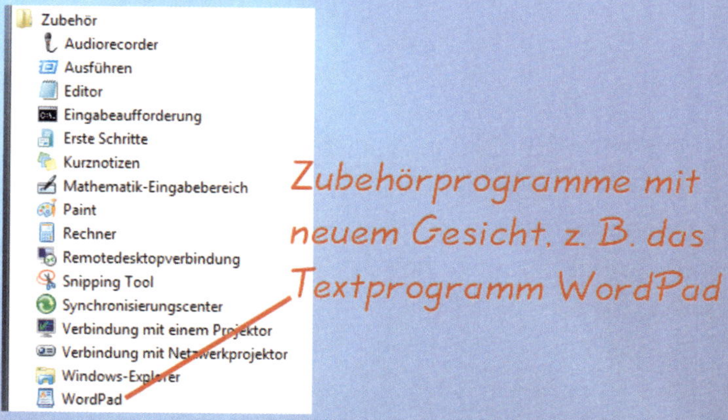

Innovationen rund um Ihre Dateien

Der Windows-Explorer wurde in Windows 7 erheblich verbessert und benutzerfreundlicher gestaltet. Und auch weitere nützliche Datei-Funktionen wurden eingeführt.

Besonders praktisch sind die Bibliotheken. Mit deren Hilfe gruppieren Sie Ordner, ohne deren ursprünglichen Speicherort zu verändern, also etwa alle Dokumente, alle Musik-Dateien usw. (siehe Kapitel 3).

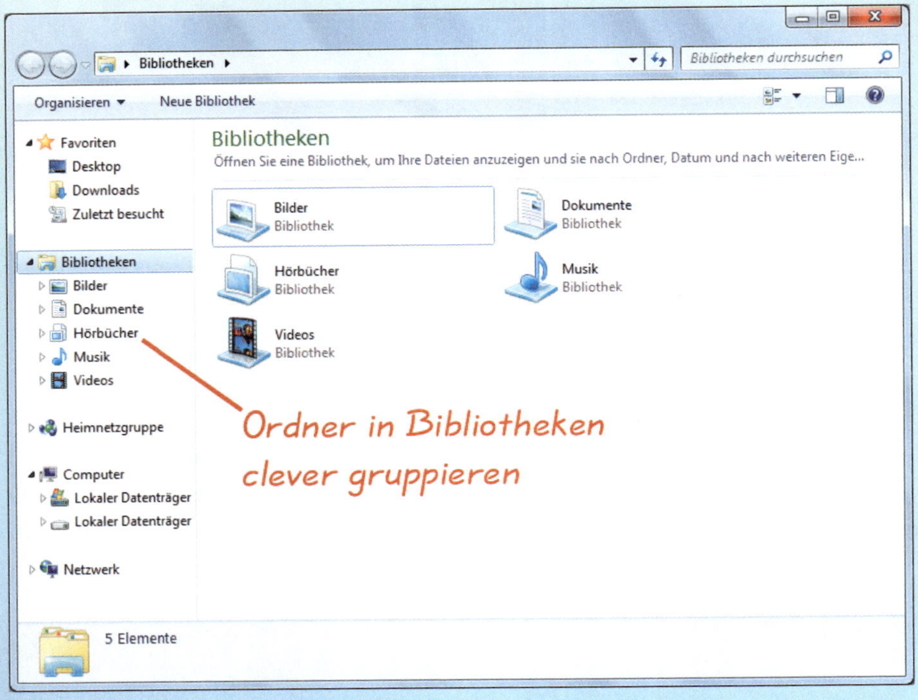

Häufig genutzte Ordner speichern Sie einfach in den *Favoriten* ab, um im Windows-Explorer schnellstmöglichen Zugriff darauf zu haben (siehe Kapitel 3).

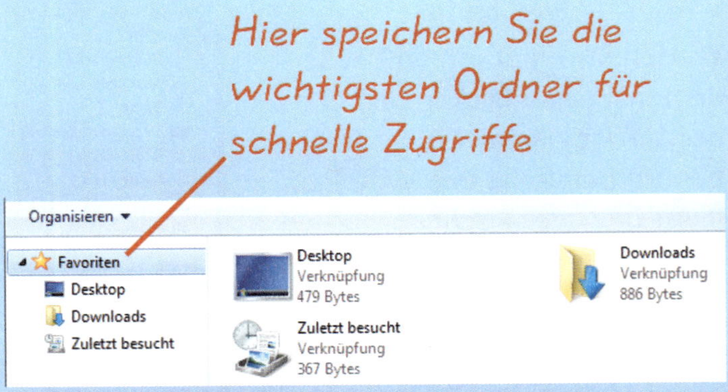

Sie finden die gesuchte Datei in einem Ordner nicht? Vielleicht helfen die neuen Ansichtsoptionen weiter – oder Sie blenden einfach per Mausklick eine Dateivorschau ein (siehe Kapitel 3).

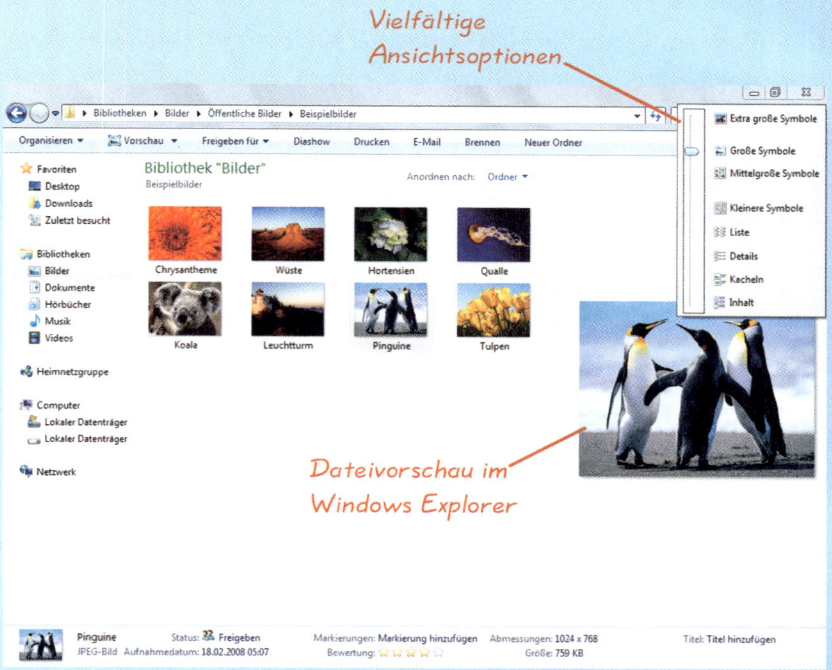

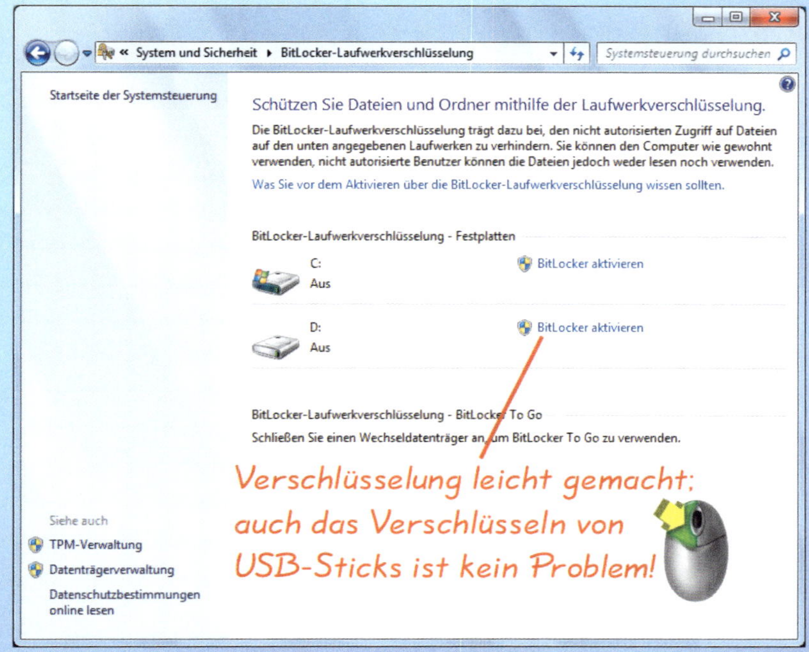

Dateien und Laufwerke verschlüsseln? Windows 7 Professional und Windows 7 Ultimate bieten hierfür die innovativen Technologien EFS und BitLocker an (siehe Kapitel 10).

Neue Features für Netzwerk & Sicherheit

Natürlich wünschen Sie sich Sicherheit für Ihren PC, insbesondere bei der Nutzung von Netzwerken oder beim Surfen im Word Wide Web. Auch da hat Windows 7 Ihnen einiges zu bieten.

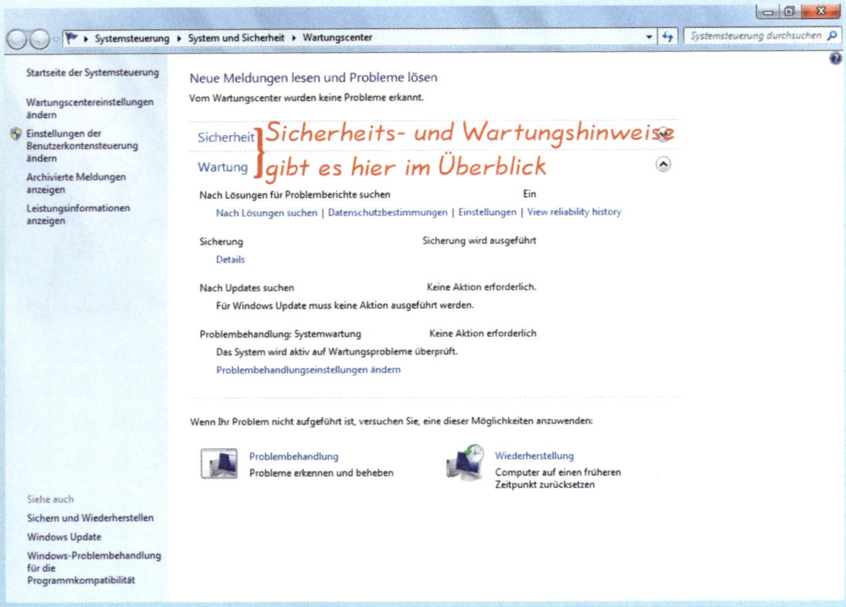

Das ehemalige Sicherheitscenter ist zu einem Wartungscenter mutiert, in dem nun nicht mehr nur Sicherheits-, sondern auch Wartungsaufgaben (Lösungen zu Windows-Problemen, Windows-Sicherung usw.) verwaltet werden. Entsprechende Meldungen erhalten Sie zuverlässig im Infobereich (siehe Kapitel 10).

Die Windows-Firewall mit erweiterter Sicherheit kannten findige Vista-Nutzer bereits. In Windows 7 sind die erweiterten Firewall-Funktionen, etwa zum Blockieren des ausgehenden Datenverkehrs nun wesentlich schneller verfügbar (siehe Kapitel 10).

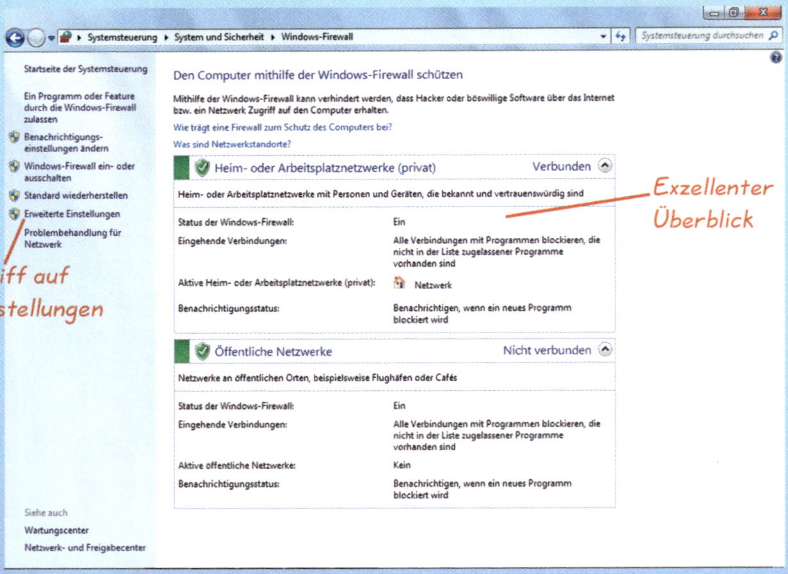

Überblick über Netzwerke: Mit dem überarbeiteten Netzwerk- und Freigabecenter ist das kein Problem mehr – Sie finden hier alle wichtigen Netzwerk-Funktionen gebündelt auf einen Blick (siehe Kapitel 5).

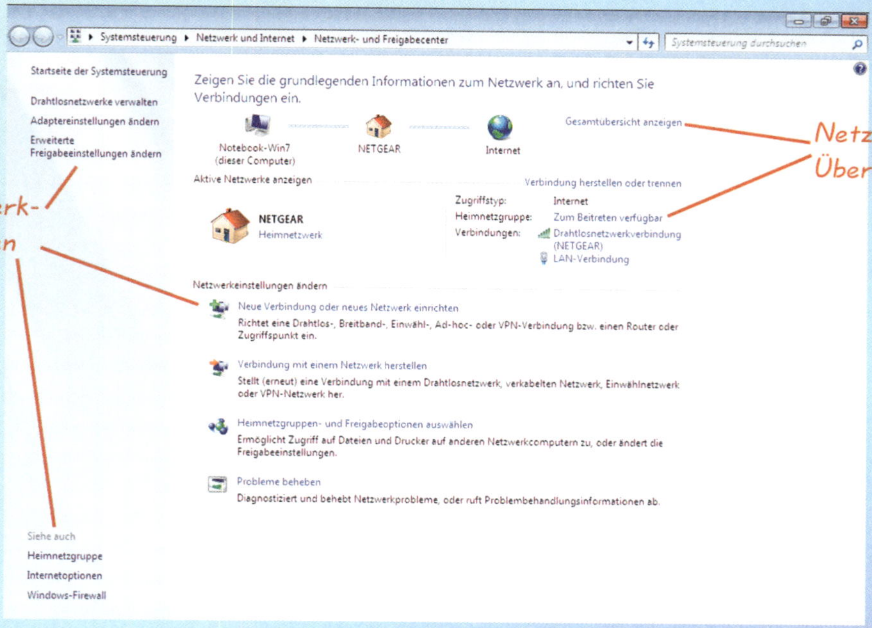

Internetprogramme, die Spaß machen: Der Internet Explorer 9 ist mit vielen innovativen Features endlich das, was man einen modernen Browser nennen kann. Und Windows Live Mail ist ein ausgezeichnetes E-Mail-Programm, das darüber hinaus zum Verwalten von Kontakten und Terminen dienen kann, allerdings zunächst – und das ist ebenfalls neu – über die Windows Live Essentials nachgerüstet werden muss (siehe Kapitel 6 und Kapitel 7).

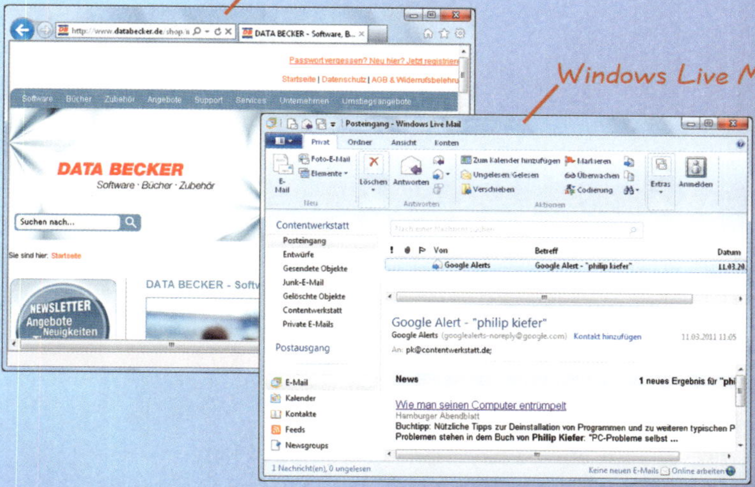

1

Der Genial einfach-Schnell-Start mit Windows 7

Lernen Sie in diesem Kapitel die Bedienoberfläche von Windows 7 kennen und erfahren Sie , wie Sie Programme starten und nützliche Fensterfunktionen einsetzen. In Windows 7 greifen Sie einfacher als je zuvor auf wichtige Programmfunktionen zu. Besonders praktisch sind außerdem kleine Minianwendungen, die Sie in beliebiger Position auf dem Desktop ablegen – egal ob News, Wetterbericht oder Bildershow. Windows 7 ist nicht nur einfach zu verstehen – es macht auch Spaß!

Windows 7 auf dem Computer installieren

Vielleicht haben Sie Windows 7 noch nicht auf Ihrem Computer installiert? Hierfür sind nur wenige Handgriffe und etwas Zeit erforderlich.

Denken Sie daran, vor der Installation des neuen Betriebssystems Ihre eigenen Dateien und Einstellungen zu sichern, z. B. auf einem USB-Speicherstick.

1

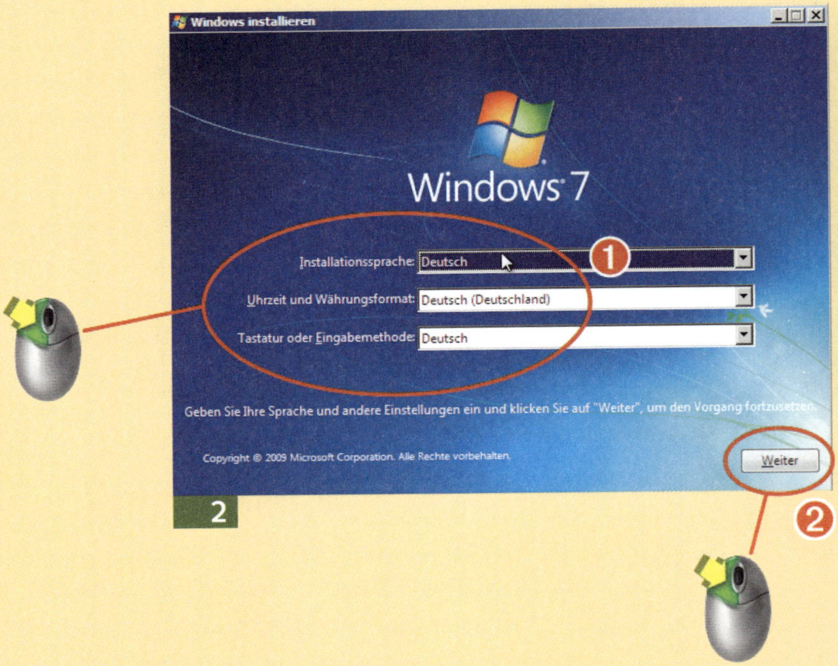

2

Schritt 1

Legen Sie den Installations-Datenträger in das DVD-Laufwerk Ihres Computers ein. (Sie können entweder vom Datenträger booten oder Windows 7 von der Bedienoberfläche Ihres alten Betriebssystems aus installieren.)

Schritt 2

Im ersten Fenster, das angezeigt wird, wählen Sie die Installationssprache des Betriebssystems aus, in der Regel also Deutsch ❶. Klicken Sie dann auf *Weiter* ❷.

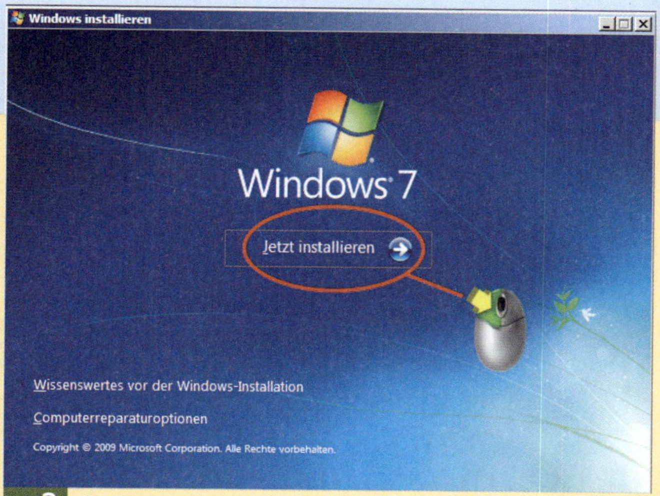

3

TIPP: Upgrade auswählen

Wenn Sie bereits Windows Vista installiert haben, entscheiden Sie sich im Installationsmenü am besten für die Option *Upgrade* (= „Aufrüstung"), um die eigenen Dateien und Einstellungen in Windows 7 beizubehalten.

Einstellungen von anderen PCs übertragen: Hierfür finden Sie im Startmenü unter *Alle Programme/Zubehör/Systemprogramme* das Tool Windows EasyTransfer.

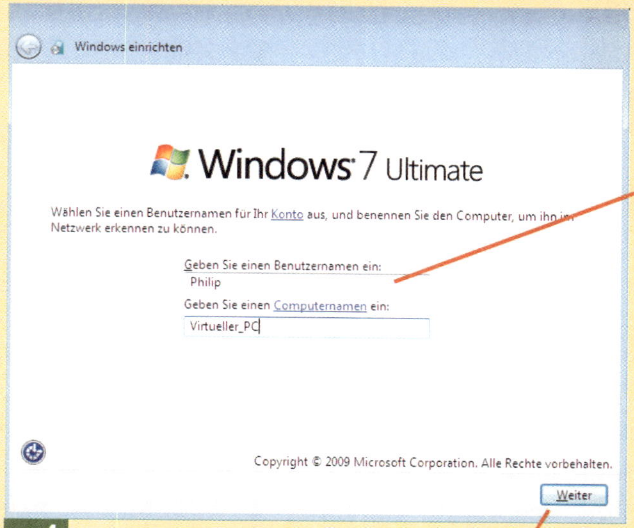

4

Hier machen Sie Ihre Angaben ...

... und klicken dann auf "Weiter"

Schritt 3

Als Nächstes wählen Sie *Jetzt installieren*, um den Installationsvorgang zu starten. Der Vorgang dauert circa eine halbe Stunde, in der Sie sich anderweitig beschäftigen können.

Schritt 4

Nach Abschluss der Installation sind noch einige Angaben erforderlich (Benutzername und ggf. Benutzerkennwort zum Einrichten eines Benutzerkontos, Datumseinstellungen usw.), die Sie im sich automatisch öffnenden Assistenten erledigen und jeweils mit *Weiter* bestätigen.

Computer starten und anmelden

Haben Sie einen Computer mit bereits vorinstalliertem Windows 7 erworben? Dann heißt es: den Computer einschalten und loslegen!

1

Benutzerkennwörter sind immer dann zu empfehlen, wenn mehrere Personen Zugang zum PC haben!

Mit einem Benutzerkennwort schützen Sie Ihre Dateien gegen ungewünschte Zugriffe. Wie Sie ein neues Kennwort anlegen, erfahren Sie in Kapitel 2.

2

Schritt 1

Betätigen Sie den am Computer befindlichen Ein-/Ausschalter (Netzschalter), um Windows 7 zu starten.

Schritt 2

Sofern Sie beim Einrichten des Computers ein Benutzerkennwort eingegeben haben, werden Sie nun zu dessen Eingabe aufgefordert. Bestätigen Sie die Eingabe mit der Enter-Taste.

3

INFO: Kennwort vergessen?

Sollten Sie Ihr Benutzerkennwort vergessen, erhalten Sie nach dem ersten falschen Eintippen automatisch einen Kennworthinweis, den Sie beim Anlegen des Kennwortes festgelegt haben.

4

Windows 7 liegt in mehreren Editionen vor. Hier wird die Ultimate-Edition installiert, die sämtliche Funktionen beinhaltet. Doch auch Windows 7 Home Premium bietet alles, was Sie brauchen.

Schritt 3

Der Windows 7-Desktop wird nun geladen …

Schritt 4

… und steht Ihnen bereits nach wenigen Sekunden samt Mauszeiger zur Verfügung.

Die Bedienoberfläche kennenlernen

Die Windows 7-Bedienoberfläche ähnelt der früherer Windows-Betriebssysteme, jedoch hat sich insbesondere die Taskleiste verändert. Lassen Sie mich Ihnen die wichtigsten Funktionen vorstellen!

Mit modernen PCs können Sie viele Fenster auf einmal öffnen. Lassen Sie dennoch nur die benötigten Fenster geöffnet, um nicht den Überblick zu verlieren!

1

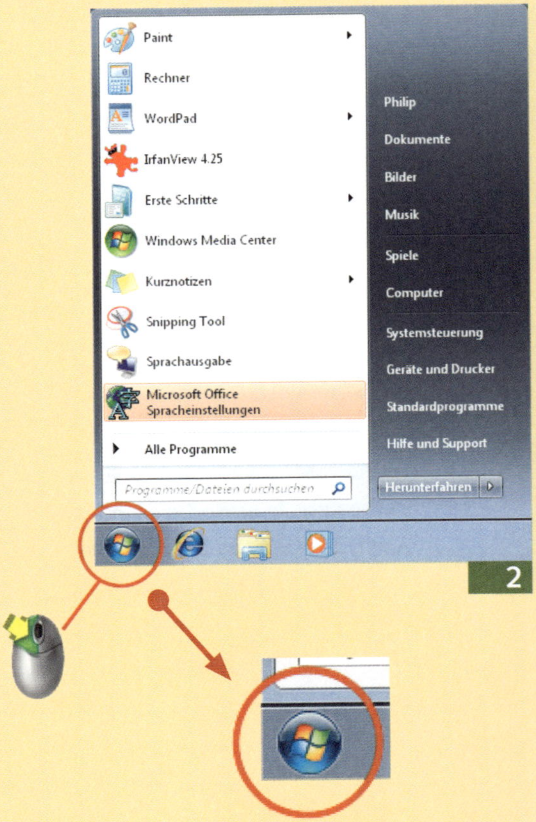

2

Schritt 1

Wie bei früheren Windows-Betriebssystemen nimmt der Desktop, auf dem Symbole und Fenster angezeigt werden, den größten Teil der Bedienoberfläche ein. Hier habe ich beispielsweise den Rechner und das Spiel Solitär geöffnet.

Schritt 2

Links unten in der Bedienoberfläche finden Sie einen Knopf zum Öffnen des Startmenüs.

Wegen ihren vielfältigen Funktionen wird die Taskleiste in Windows 7 manchmal auch als „Superbar" bezeichnet.

TIPP: Vorschau in Taskleiste

Wenn Sie in der Taskleiste mit dem Mauszeiger über das Symbol eines geöffneten Programms fahren, erhalten Sie eine praktische Minivorschau, die Sie durch Anklicken maximieren.

3

4

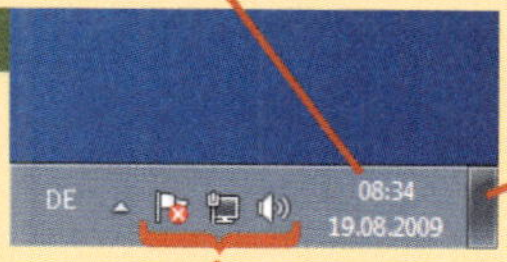

Die Programmsymbole in der Taskleiste und im Infobereich lassen sich ganz einfach verschieben: Ziehen Sie sie einfach bei gedrückter Maustaste in die gewünschte Position.

Schritt 3

Direkt neben dem Startknopf klicken Sie auf Symbole, um „an die Taskleiste angeheftete" Programme zu öffnen. Auch wenn Sie andere Programme öffnen, wird dies durch ein entsprechendes Symbol in der Taskleiste angezeigt.

Schritt 4

Rechts unten in der Bedienoberfläche befindet sich schließlich der Infobereich mit einer Reihe von Systemsymbolen, der Windows-Uhr und einem Knopf zum Einblenden des Desktops (um die Benutzeroberfläche ohne Fenster sichtbar zu machen).

Den Infobereich verstehen

Lernen Sie den Infobereich rechts unten in der Bedienoberfläche kennen – durch Anklicken einzelner Symbole nehmen Sie einige wichtige Systemeinstellungen vor.

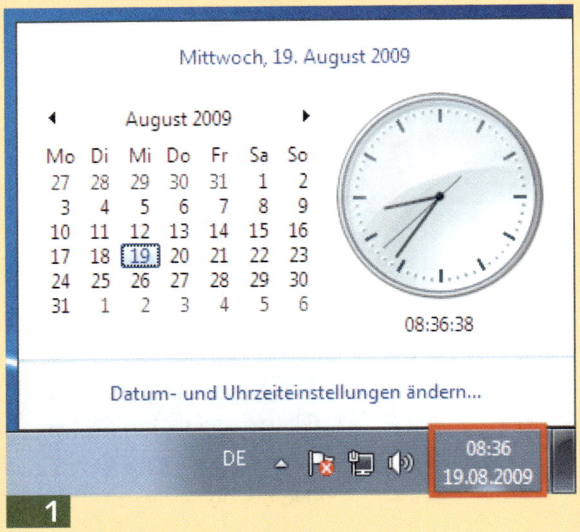

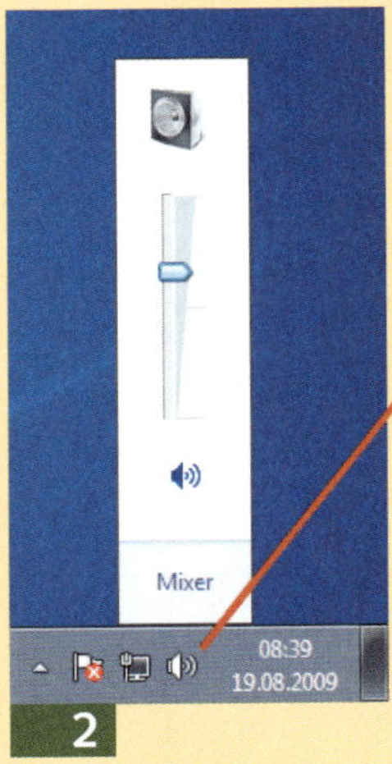

Systemlautstärke ändern

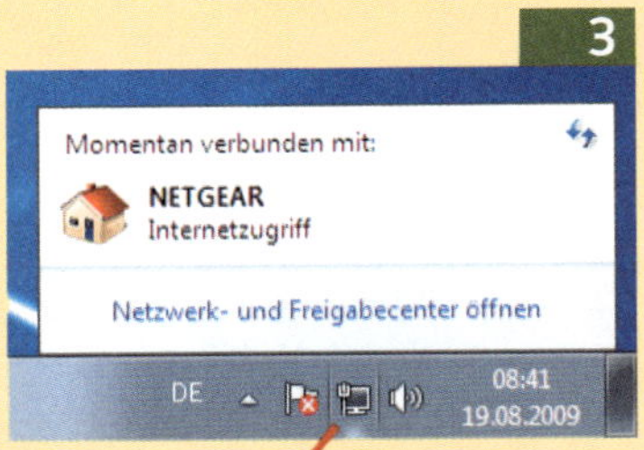

Auf ein Netzwerk zugreifen

Schritt 1

Rechts im Infobereich finden Sie die Uhrzeit und das aktuelle Datum.

Schritt 2

Mithilfe des Lautsprechersymbols rufen Sie einen Regler zum Ändern der Systemlautstärke auf.

Schritt 3

Zugriff auf verfügbare Netzwerke ermöglicht das Netzwerksymbol .

Um sich den Desktop anzeigen zu lassen, können Sie auch die Tastenkombination Win+D verwenden.

Englische Tastatur benötigt? Klicken Sie einfach auf das neben dem Infobereich befindliche *DE* und wählen Sie die Option *EN*.

INFO: Symbol Stromversorgung

Ein weiteres Standardsymbol, das jedoch nur bei Notebooks angezeigt wird, ist das Symbol für die Stromversorgung, mit dessen Hilfe Sie auf einfache Weise den Energiesparplan des Rechners wechseln.

Meldungen des Wartungscenters

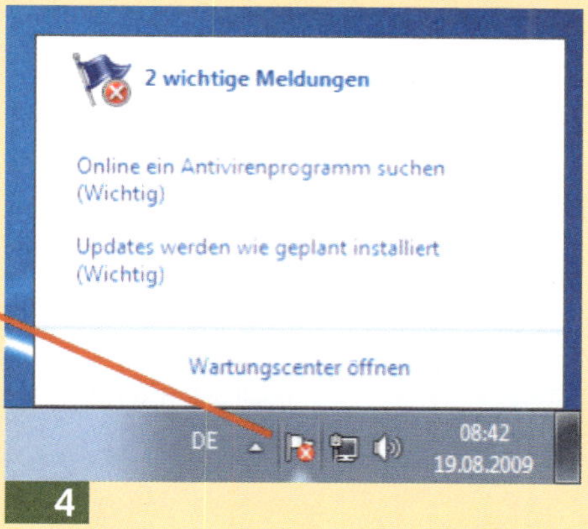

Schritt 4

Über Probleme bei Sicherheits- sowie Systemeinstellungen werden Sie über das Wartungscentersymbol in Kenntnis gesetzt.

Schritt 5

Weitere Symbole, die von Windows 7 ausgeblendet wurden, rufen Sie über das Pfeilsymbol auf.

Schritt 6

Ganz rechts unten in der Bedienoberfläche dient schließlich ein kleiner Knopf zur Anzeige des Desktops.

So nutzen Sie das Startmenü

Im Startmenü finden Sie alle wichtigen Programme und Funktionen – es ist sozusagen die Windows 7-Schaltzentrale. Lernen Sie alle wichtigen Funktionen kennen!

Ebenfalls über das Startmenü erreichbar: Benutzerordner für Dokumente, Bilder & Co. – hier legen Sie Ihre eigenen Dateien ab bzw. greifen schnell darauf zu.

Oftmals nützlich: Ganz rechts oben im Startmenü finden Sie einen Eintrag mit Ihrem Benutzernamen – er dient zum Öffnen Ihrer persönlichen Ordner.

1

2

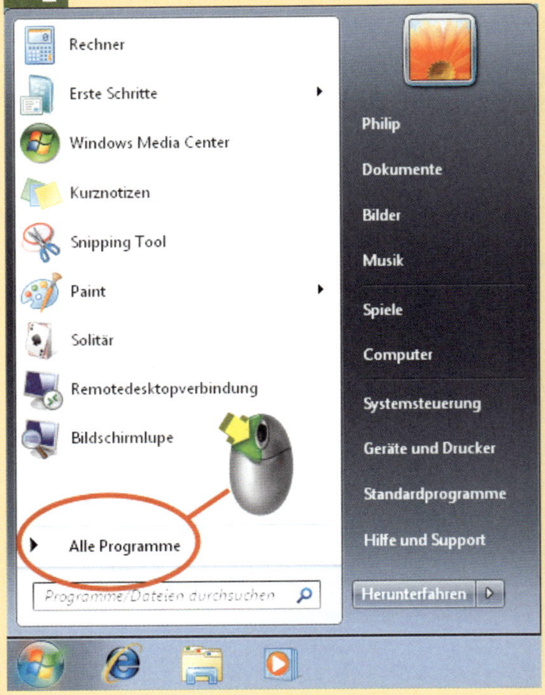

Schritt 1

Klicken Sie links unten in der Windows 7-Bedienoberfläche auf den Start-Knopf, um das Startmenü zu öffnen.

Schritt 2

Sie erhalten die am häufigsten genutzten Programme sowie wichtige Funktionen auf einen Blick. Zugriff auf alle installierten Programme erhalten Sie unter *Alle Programme*.

Klicken Sie das Startmenü mit der rechten Maustaste an, so können Sie dessen Eigenschaften sowie den Windows-Explorer aufrufen.

TIPP: Suchfeld im Startmenü

Praktisch: Ganz unten im Startmenü wurde ein Suchfeld eingebaut, mit dessen Hilfe Sie auf die Schnelle Dateien suchen, aber auch Programme starten können – einfach durch Ausführen des Programmnamens.

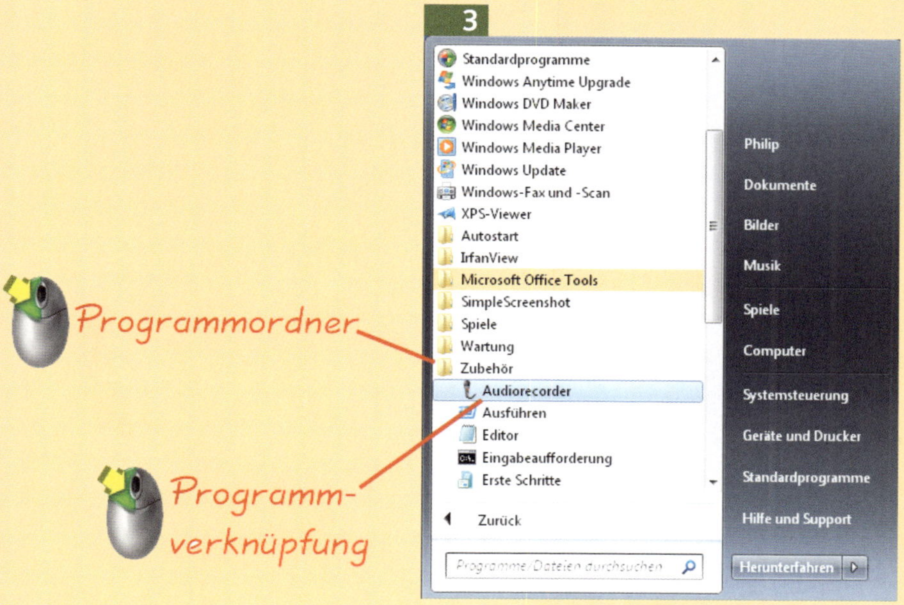

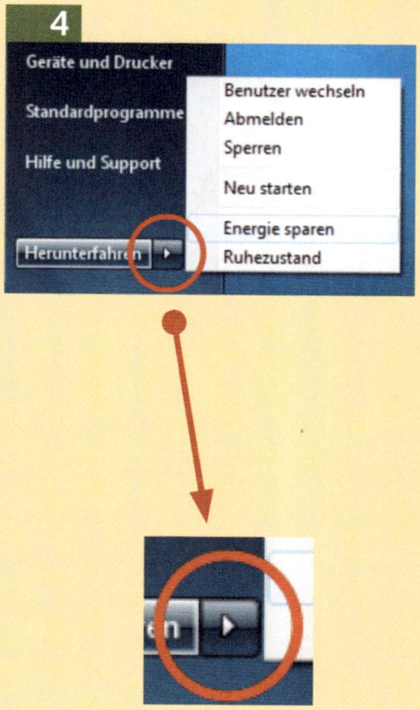

Schritt 3

Es finden sich Programmverknüpfungen sowie Ordner, in denen weitere Programmverknüpfungen liegen. Das Öffnen erfolgt jeweils per Mausklick.

Schritt 4

Eine weitere wichtige Funktion im Startmenü ist der Systemschalter zum Herunterfahren des PCs. Per Pfeil ▶ rufen Sie weitere Optionen auf, etwa um den Benutzer zu wechseln oder den Computer in einen Energiesparmodus zu versetzen (siehe Kapitel 2).

Ein Programm öffnen

Es gibt verschiedene Varianten, ein auf dem Computer installiertes Programm zu öffnen. Ich möchte Ihnen die am besten geeigneten vorstellen.

Die in der Taskleiste abgelegten Programme können Sie auch per Tastenkombination öffnen: Win+1 öffnet das erste Programm, Win+2 das zweite usw.

1

Im Startmenü unter *Alle Programme* finden Sie den Ordner *Autostart*. Legen Sie dort eine Verknüpfung hinein, startet das entsprechende Programm beim Hochfahren des PCs automatisch.

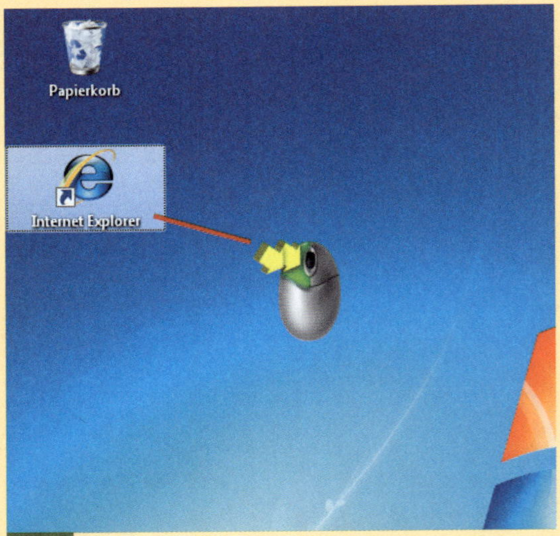

2

Schritt 1

Die schnellste Methode: Sie klicken auf ein Programmsymbol in der Taskleiste, hier z. B. das des Internet Explorer – wie Sie wichtige Programme dort ablegen, zeige ich Ihnen in Kapitel 2.

Schritt 2

Manche Programme erstellen während des Installationsvorgangs Programmverknüpfungen auf dem Desktop – ein Doppelklick darauf genügt, um das Programm zu öffnen.

Ganz ohne Maus: Drücken Sie die [Win]-Taste, um das Startmenü zu öffnen, wählen Sie per Pfeiltaste das gewünschte Element aus und bestätigen Sie mit [Enter].

TIPP: Programme ans Startmenü anheften

Damit ein Programm ständig auf der ersten Seite des Startmenüs verfügbar ist, heften Sie es ans Startmenü an: dazu Programmverknüpfung mit der rechten Maustasten anklicken und *An Startmenü anheften* wählen.

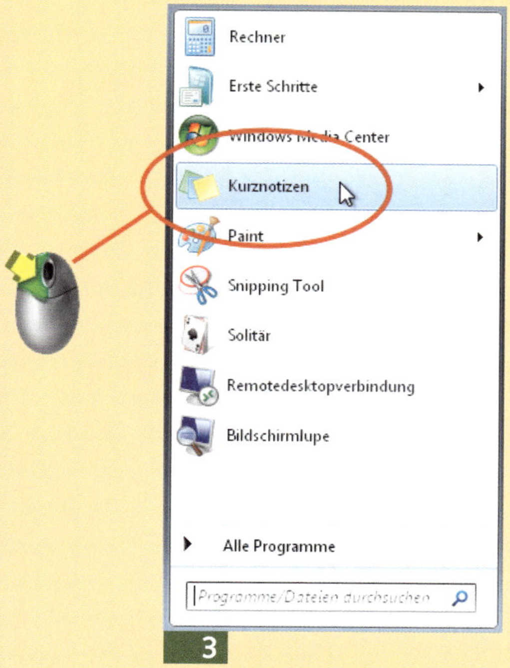

Übrigens bieten auch manche Tastaturen spezielle Knöpfe zum Öffnen von Programmen, z. B. von Windows Media Player oder Internet Explorer – vielleicht auch Ihre Tastatur?

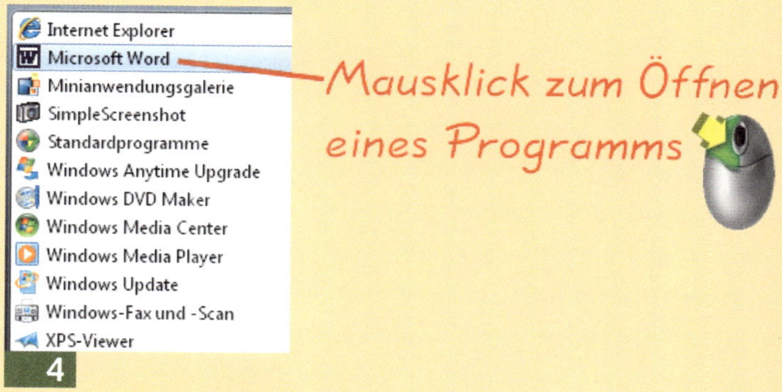

Schritt 3

Auf der ersten Seite des Startmenüs haben Sie außerdem Zugriff auf die von Ihnen zuletzt genutzten Programme.

Schritt 4

Im Startmenü unter *Alle Programme* befinden sich Programmverknüpfungen zu allen installierten Programmen. Auch hier öffnen Sie ein Programm per Mausklick.

Mit Programmfenstern richtig umgehen

Programme werden in Windows in neuen Fenstern geöffnet – daran hat sich auch in Windows 7 nichts geändert.

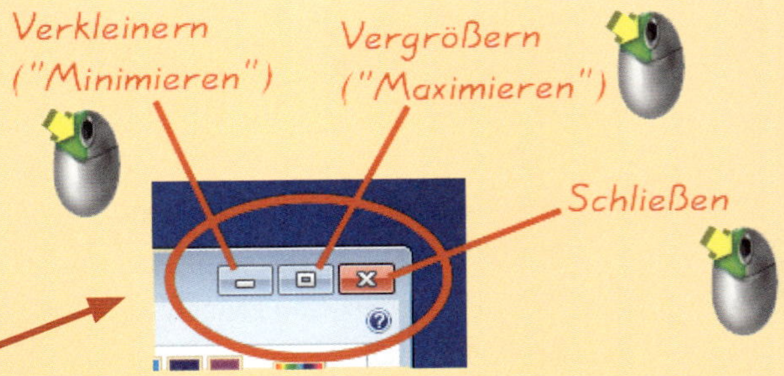

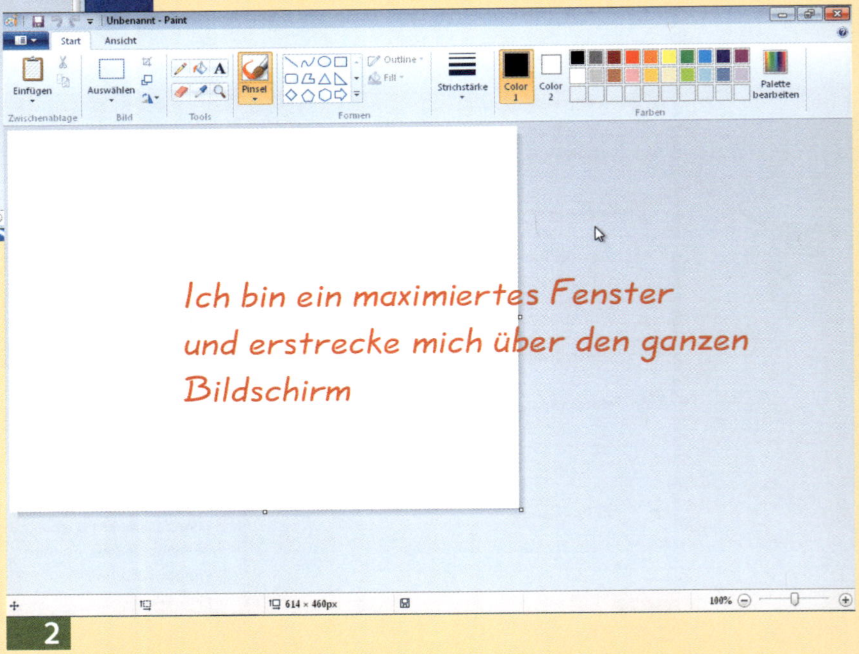

Schritt 1

Wenn Sie ein Programm öffnen, mag Ihnen das Programmfenster zu klein sein. Klicken Sie dann rechts oben im Fenster auf das Maximierensymbol [□].

Schritt 2

Schon erstreckt sich das Programmfenster über den gesamten Desktop – bei vielen Programmen wichtig, um optimal arbeiten zu können.

Um ein Fenster zu maximieren bzw. zu verkleinern, können Sie auch einfach in die Titelleiste des Fensters doppelklicken.

TIPP: Fenster verschieben

Programmfenster lassen sich auf dem Desktop beliebig positionieren. Klicken Sie dazu auf die Titelleiste des Fensters und ziehen Sie es bei gedrückter Maustaste in die gewünschte Position.

Zum Schließen eines Programms können Sie auch das Programmsymbol in der Taskleiste mit der rechten Maustaste anklicken und *Fenster schließen* wählen.

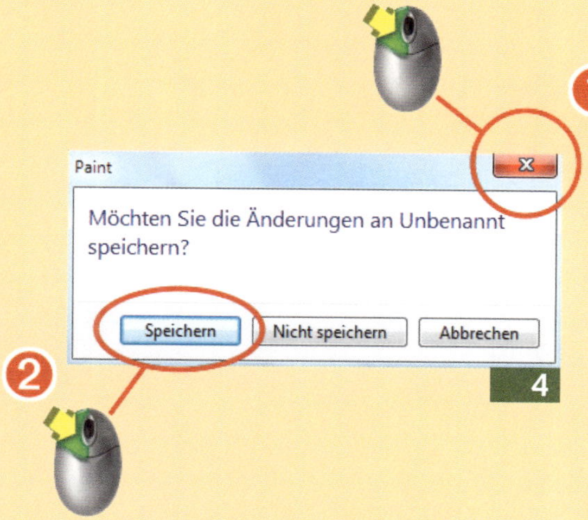

Schritt 3

Möchten Sie zwischendurch ein anderes Programm nutzen? Dann minimieren Sie das Programmfenster mithilfe des Minimierensymbols in die Taskleiste – über das Programmsymbol können Sie es jederzeit wieder aufrufen.

Schritt 4

Zum Schließen eines Programmfensters dient das Kreuzsymbol ganz rechts oben im Fenster ❶. Wenn Sie ein Dokument bearbeitet haben, werden Sie beim Schließen automatisch zum Speichern der Änderungen aufgefordert ❷.

Programmfenster einfach platzieren

Hin und wieder werden Sie Programme parallel nutzen. Platzieren Sie die Programmfenster ganz einfach auf jeweils einer Hälfte des Desktops.

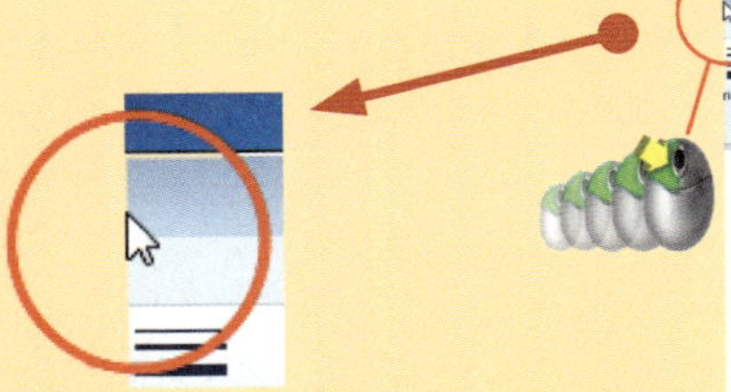

Dateien leichter verschieben: Wenn Sie zwei Fenster des Windows-Explorers (siehe Kapitel 3) öffnen, lassen sich Dateien zwischen den Fenstern leichter kopieren und verschieben.

Schritt 1

Sie öffnen die beiden Programme ganz normal. Klicken Sie dann in die Titelleiste des ersten Programms und ziehen Sie es bei gedrückter Maustaste auf die gewünschte Seite des Desktops. Sobald sich das Fenster verfärbt, lassen Sie die Maustaste los.

Schritt 2

Das zweite Programm ziehen Sie in entsprechender Weise auf die andere Seite des Desktops.

Die nebeneinander platzierten Fenster eignen sich z. B., um Texte abzutippen, die nicht kopiert werden können (etwa, weil sie Teil einer Grafik sind).

TIPP: Tastaturkürzel nutzen

Um ein Programmfenster auf einer Desktophälfte zu platzieren, können Sie auch einfach die Tastenkombinationen [Win]+[→] bzw. [Win]+[←] verwenden.

3

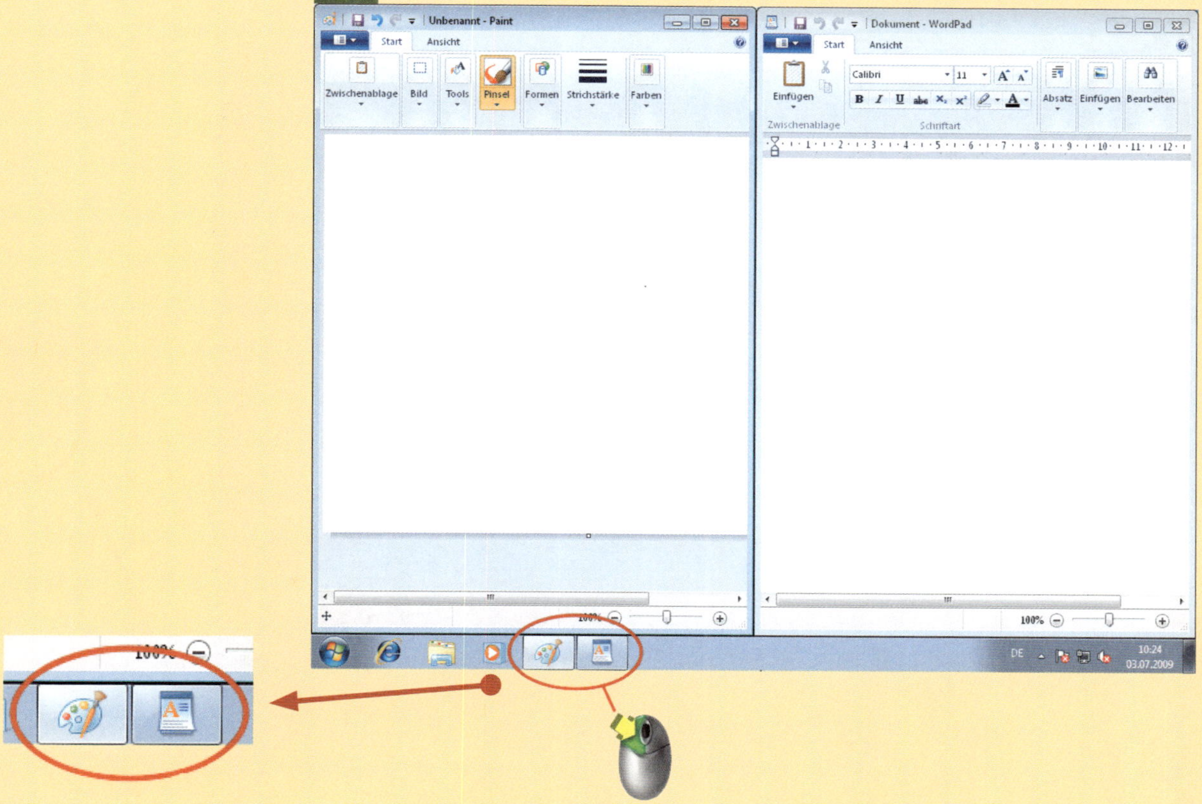

Schritt 3

Über die Programmsymbole in der Taskleiste rufen Sie die beiden Fenster auf und können nun beide Programme gleichzeitig nutzen.

Das Platzieren nebeneinander funktioniert nur bei Fenstern, die sich auch maximieren lassen, also z. B. nicht beim Zubehör-Programm Rechner.

Programmfenster transparent machen

Sie haben z.B. Minianwendungen auf den Desktop gelegt (mehr dazu auf Seite 42)? Machen Sie die geöffneten Programmfenster transparent, um den Desktop betrachten zu können.

Für Knöpfe zum Anklicken wird häufig der englische Begriff „Button" verwendet, das Wort bedeutet – na, was wohl? – „Knopf".

1

Schritt 1

Zur Anzeige des Desktops dient der Knopf ganz rechts unten in der Windows 7-Bedienoberfläche. Klicken Sie diesen Knopf an, werden alle geöffneten Fenster in die Taskleiste minimiert.

Wieder was dazugelernt: „Desktop" ist das englische Wort für „Schreibtischplatte", im Zusammenhang mit Computern aber auch für „Bedienoberfläche".

Die Desktop-Vorschau erhalten Sie übrigens auch, wenn Sie Win und Leertaste gleichzeitig drücken!

TIPP: Wenn die Vorschau nervt

Um die Desktop-Vorschau zu deaktivieren, klicken Sie mit der rechten Maustaste auf das Desktopsymbol und deaktivieren das Häkchen bei *Vorschau für Desktop.*

2

Schritt 2

Wenn Sie den Mauszeiger auf das Desktopsymbol bewegen, ohne es anzuklicken, werden die geöffneten Fenster nur vorübergehend transparent gemacht – lediglich deren Rahmen bleiben sichtbar.

Wenn Sie mit der rechten Maustaste auf eine freie Fläche der Taskleiste klicken, bieten sich ebenfalls die Option *Desktop anzeigen* sowie weitere Ansichtsoptionen an.

Schneller Programmzugriff über die Taskleiste

Sie können mit den Symbolen in der Taskleiste nicht nur Programme öffnen, sondern auch, wie ich Ihnen nun zeige, auf nützliche Programmfunktionen zugreifen.

Die grafische Minivorschau erscheint nur, wenn die Grafikkarte Ihres PCs die Aero-Oberfläche unterstützt, andernfalls gibt es diese nur als Text (z. B. bei älteren Notebooks).

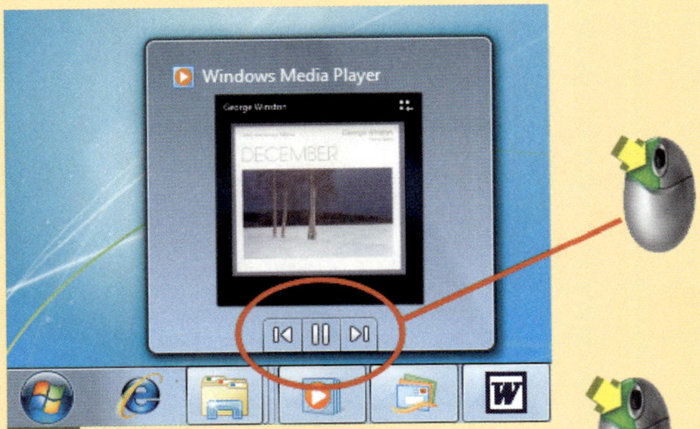

1

Positionieren Sie die Maus auf einer Vorschau, so erscheint die Webseite im Großformat

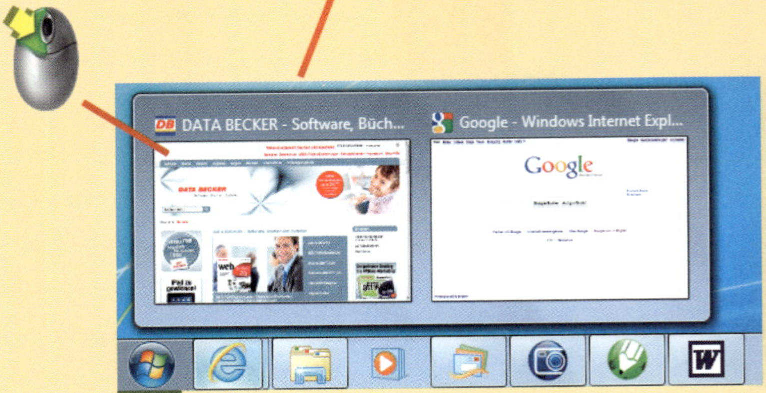

2

Schritt 1

Wenn Sie ein Programmsymbol in der Taskleiste nicht anklicken, sondern den Mauszeiger darauf bewegen, wird Ihnen eine Minivorschau des geöffneten Programms angezeigt. Beim Windows Media Player erscheinen sogar Steuerfunktionen für die aktuelle Wiedergabe.

Schritt 2

Haben Sie mehrere Webseiten geöffnet? Dann klicken Sie die gewünschte in der Programmvorschau an, um sie zu maximieren.

Ein Eintrag soll immer im „Dateiverlauf“ verfügbar sein? Klicken Sie ihn im Verlauf mit der rechten Maustaste an und wählen Sie *An diese Liste anheften.*

TIPP: Verlaufs-Eintrag löschen

Um einen Eintrag aus dem Taskleisten-Verlauf zu löschen, klicken Sie diesen mit der rechten Maustaste an und wählen *Aus Liste entfernen.*

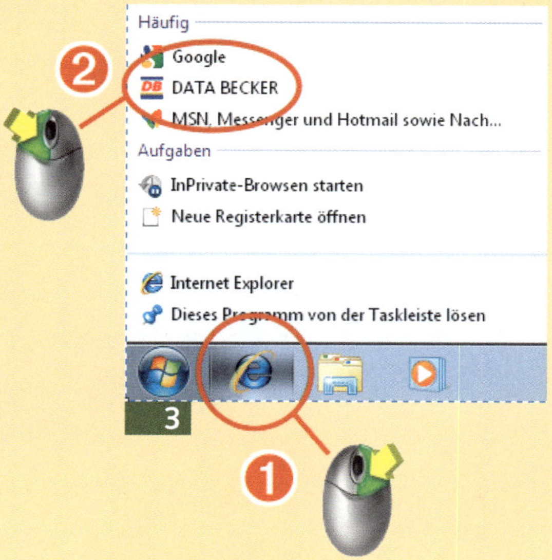

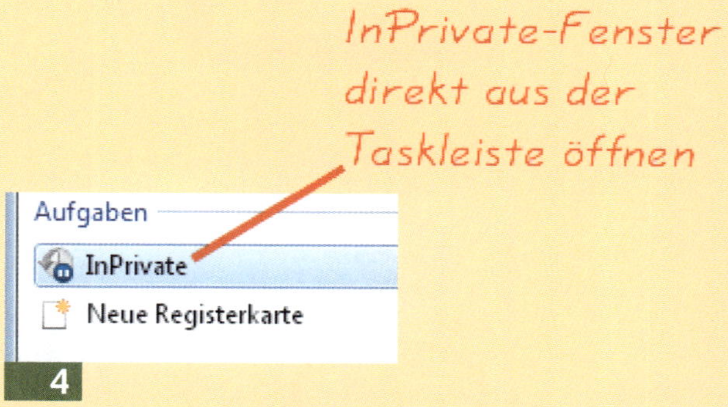

Schritt 3

Programme wie der Internet Explorer, der Windows-Explorer und der Windows Media Player speichern einen Dateiverlauf. Klicken Sie ein Programmsymbol in der Taskleiste mit der rechten Maustaste an ❶ und wählen Sie ein Element aus dem Verlauf aus ❷, z. B. um rasch eine Webseite zu öffnen.

Schritt 4

Auch auf einige weitere Funktionen – etwa das Öffnen eines InPrivate-Fensters des Internet Explorer 9 (siehe Kapitel 6) – haben Sie über das Menü in der Taskleiste Zugriff.

Notizzettel auf den Desktop „kleben“

Notizzettel, die am Bildschirm kleben, wirken irgendwie unordentlich. In Windows 7 schreiben Sie Ihre Notizen direkt auf den Desktop – das ist ganz einfach und unkompliziert!

Klicken Sie in die Symbolleiste eines Notizzettels, um ihn bei gedrückter Maustaste auf dem Desktop zu verschieben.

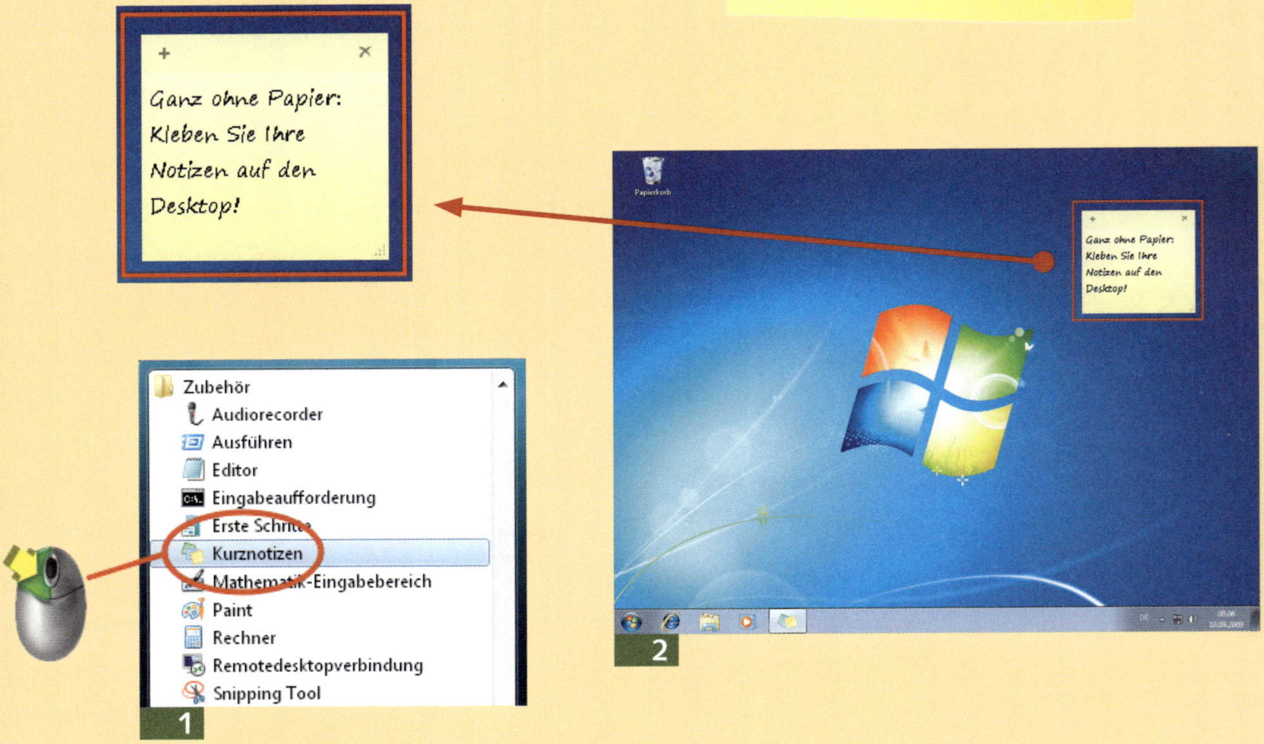

Schritt 1

Klicken Sie im Startmenü unter *Alle Programme/Zubehör* auf den Eintrag *Kurznotizen*.

Schritt 2

Auf dem Desktop wird ein „Notizzettel“ angezeigt – tippen Sie dort einfach Ihre Notizen ein.

Ihre Notizen stehen Ihnen selbstverständlich auch nach einem Neustart des Computers zur Verfügung – so lange, bis Sie die Notiz schließen.

Andere Schriftfarbe für die Notiz gewünscht? Klicken Sie mit der rechten Maustaste ins Eingabefeld und wählen Sie eine neue Farbe aus.

INFO: Speichern nicht nötig

Die Notizen werden automatisch gespeichert und sind immer dann sichtbar, wenn das Kurznotizen-Programm geöffnet ist. Zum Schließen einer Notiz klicken Sie auf das zugehörige Kreuzsymbol (X).

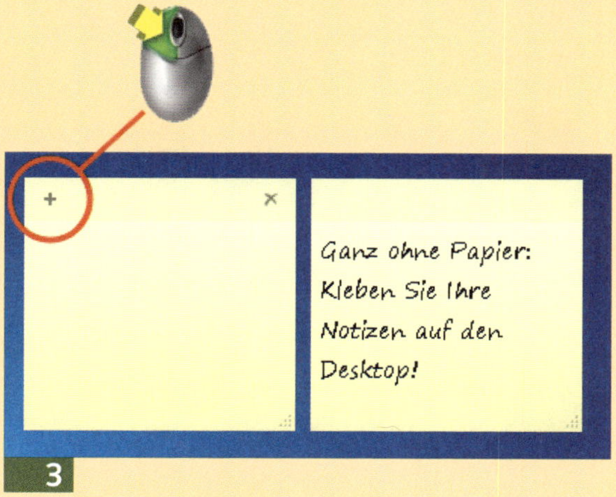

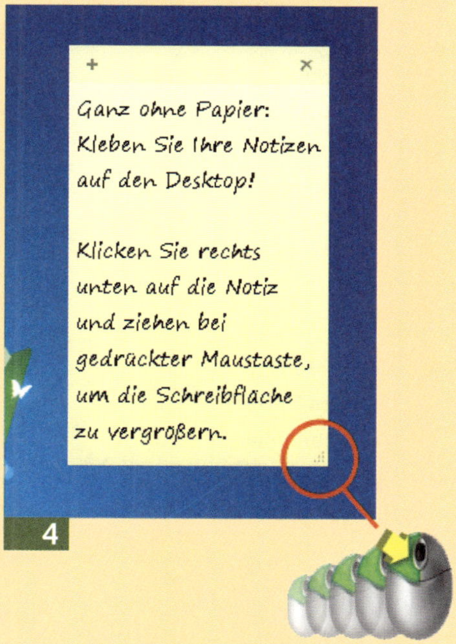

Schritt 3

Um einen weiteren Notizzettel einzublenden, klicken Sie auf das Pluszeichen (+) im vorigen Notizzettel.

Schritt 4

Der Platz reicht Ihnen für Ihre Notizen nicht aus? Klicken Sie dann ins rechte untere Eck des Zettels und ziehen Sie ihn bei gedrückter Maustaste in die gewünschte Größe.

Minianwendungen auf dem Desktop nutzen

Neben den Kurznotizen stehen in Windows 7 viele weitere Minianwendungen zur Verfügung, etwa eine Anzeige des aktuellen Wetterberichts oder ein Währungsrechner.

Eine andere Bezeichnung für Minianwendungen ist „Gadget“. Dieser englische Begriff steht für clevere technische Spielereien aller Art.

1

Im Startmenü auf diesen Eintrag klicken

2

Möchten Sie ein Gadget aus der Minianwendungsgalerie entfernen? Dann klicken Sie es mit der rechten Maustaste an und wählen Sie *Deinstallieren.*

Schritt 1

Um eine Minianwendung auszuwählen, klicken Sie im Startmenü unter *Alle Programme* auf den Eintrag *Minianwendungsgalerie*.

Schritt 2

Ihnen werden verschiedene Minianwendungen angezeigt. Doppelklicken Sie auf eine Anwendung, um Sie auf dem Desktop einzublenden.

TIPP: Mehr Minianwendungen

Falls Ihnen die angezeigten Minianwendungen nicht genügen, laden Sie weitere aus dem Internet. Unten im Auswahlfenster finden Sie hierzu den Link *Weitere Minianwendungen online beziehen.*

3

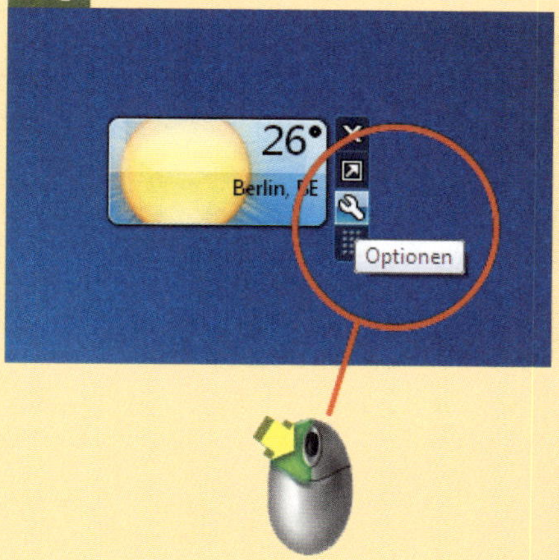

Minianwendungen noch schneller einfügen: Klicken Sie hierzu mit der rechten Maustaste auf eine freie Fläche des Desktops und entscheiden Sie sich für den Eintrag *Minianwendungen.*

4

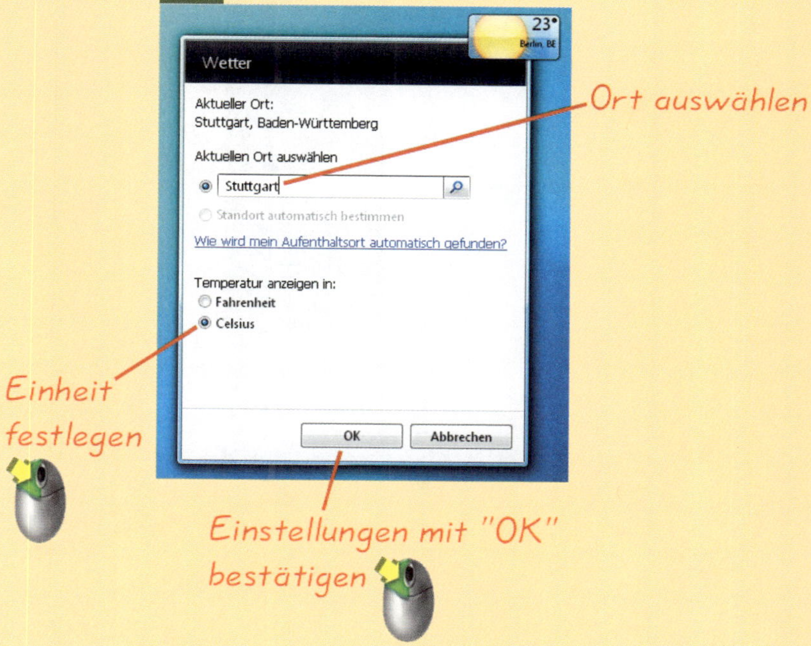

Schritt 3

Die Minianwendung lässt sich bei gedrückter Maustaste in eine beliebige Position des Desktops bringen. Um eine Minianwendung einzurichten, klicken Sie auf das Werkzeugsymbol, das erscheint, wenn Sie den Mauszeiger darüber bewegen.

Schritt 4

Das Einrichten unterscheidet sich je nach Minianwendung. Bei der Wetteranzeige geben Sie einfach den eigenen Standort ein, für den dann der Wetterbericht erstellt wird.

Sie fahren den Computer herunter

Bitte nicht einfach die Stromzufuhr unterbrechen! Auch Windows 7 muss „heruntergefahren“ werden, damit vor dem Abschalten wichtige Einstellungen gespeichert werden.

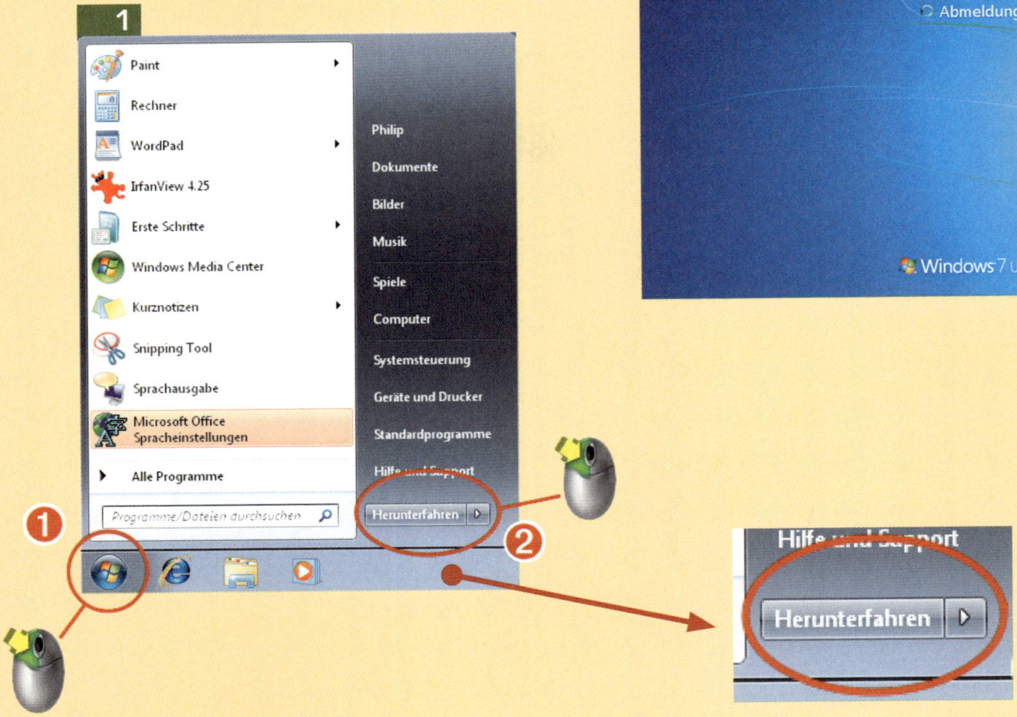

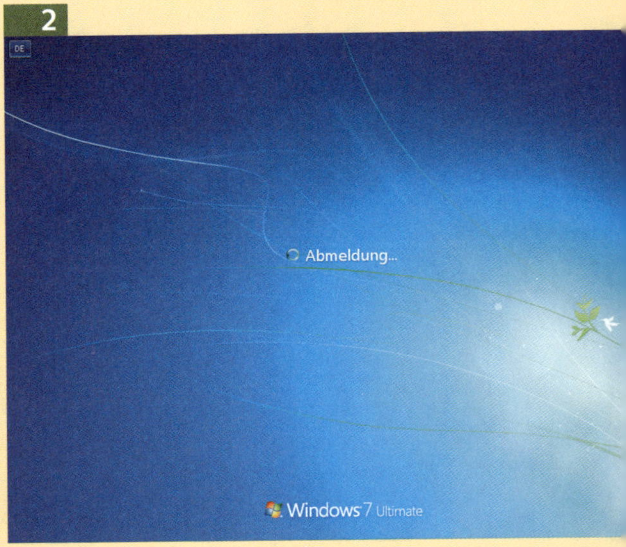

Schritt 1

Öffnen Sie das Startmenü ❶ und klicken Sie auf *Herunterfahren* ❷. Alternativ können Sie auch einfach den Ein-/Ausschalter (Netzschalter) Ihres Computers betätigen – jedoch noch nicht die Stromzufuhr unterbrechen!

Schritt 2

Zunächst wird Ihr Benutzerkonto abgemeldet, d. h., Ihre Einstellungen werden gespeichert, sodass sie beim nächsten Start des Computers wieder zur Verfügung stehen.

INFO: Was sind Updates?

Update ist das englische Wort für Aktualisierung – die Windows-Anwendung Windows Update bringt mit automatischen Updates das Betriebssystem jeweils auf den aktuellen Stand, beispielsweise um erkannte Sicherheitslücken zu schließen.

3

4

Wenn Sie später am PC weiterarbeiten wollen, entscheiden Sie lieber für die Stand-by-Option *Ruhezustand* – der PC lässt sich dann schneller starten (siehe Kapitel 2).

Schritt 3

Gegebenenfalls werden noch Updates installiert. Dies kann einen Moment dauern – über den Installationsfortschritt werden Sie auf dem Bildschirm in Kenntnis gesetzt.

Schritt 4

Dann fährt der Computer herunter und schaltet sich im Normalfall von allein ab. Nun können Sie auch die Stromzufuhr unterbrechen.

2

Windows 7 übersichtlich einrichten

Mit den Aktionen dieses Kapitels richten Sie Windows 7 ganz nach Ihren Vorstellungen ein: für schnelle Programmzugriffe, sichere Benutzerkonten, Energie sparendes Verhalten Ihres PCs und nicht zuletzt für eine Windows 7-Bedienoberfläche, die Ihnen voll und ganz zusagt. In Windows 7 genügen wenige Mausklicks, um das gesamte Design zu verändern – für den Tapetenwechsel zwischendurch. Lassen Sie sich einfach überraschen!

Die Windows-Uhr stellen

Die Systemuhr informiert Sie nicht nur über die Uhrzeit, sondern auch über das aktuelle Datum. Das Stellen der Uhr und das Festlegen der richtigen Zeitzone sind überhaupt kein Problem.

Schon gewusst? Die Windows-Uhr wird vom Computer automatisch gestellt – Voraussetzung ist lediglich eine Verbindung mit dem Internet.

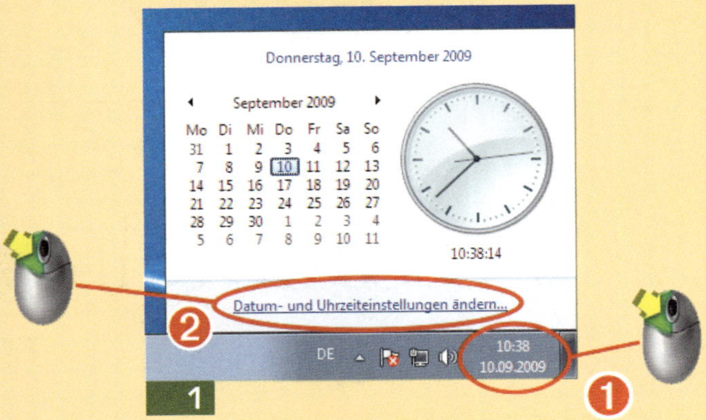

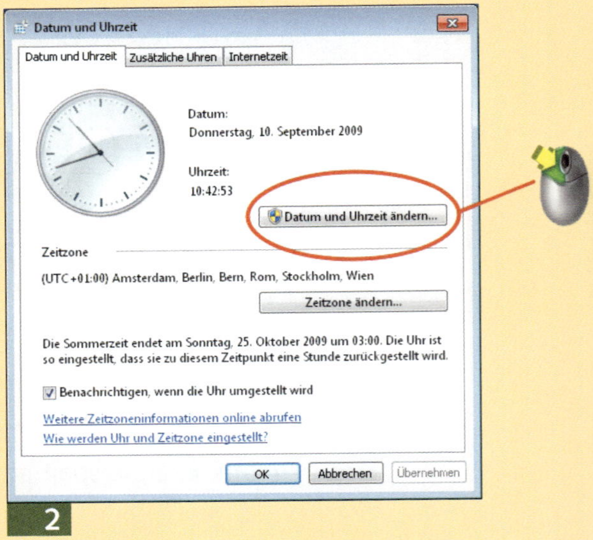

Schritt 1

Klicken Sie auf die Systemuhr rechts unten in der Bedienoberfläche ❶ und wählen Sie dann *Datum- und Uhrzeiteinstellungen ändern* ❷.

Schritt 2

Zum Einstellen von Datum und Uhrzeit klicken Sie auf *Datum und Uhrzeit ändern*.

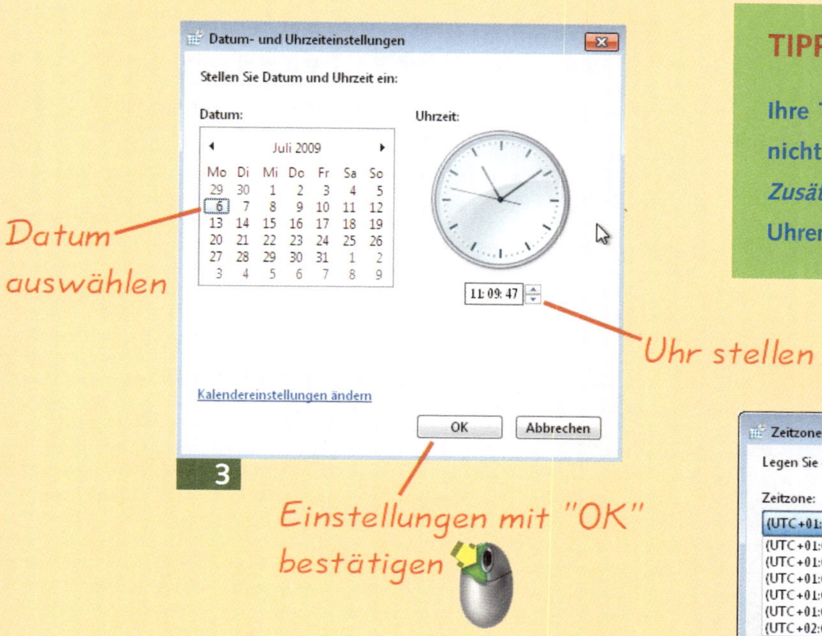

TIPP: Zusätzliche Uhren nutzen

Ihre Tochter studiert in den USA und Sie wissen nicht, ob Sie sie gerade anrufen können? Unter *Zusätzliche Uhren* lassen sich in Windows 7 weitere Uhren für andere Orte der Welt einrichten.

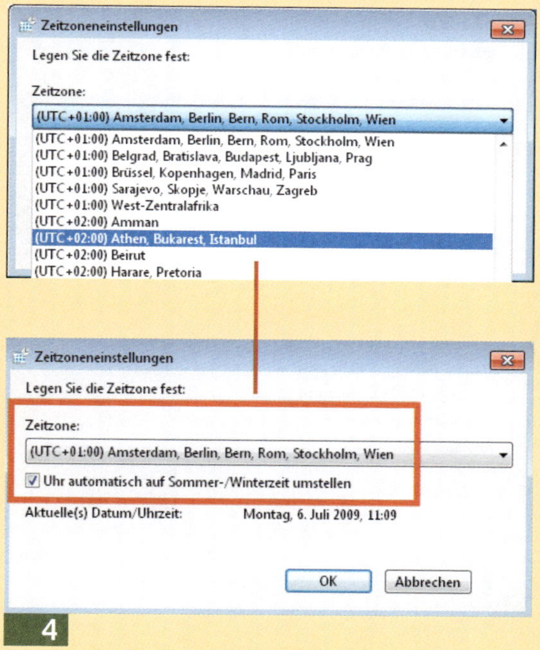

Äußerst praktisch: Die Uhr stellt automatisch zwischen Sommer- und Winterzeit um; Sie brauchen sich da um gar nichts zu kümmern.

Schritt 3

Wählen Sie im Feld *Datum* den aktuellen Tag aus, unter *Uhrzeit* tippen Sie die korrekte Uhrzeit ein. Bestätigen Sie mit *OK*.

Schritt 4

Um eine andere Zeitzone auszuwählen, klicken Sie im Fenster aus Schritt 2 entsprechend auf *Zeitzone ändern* und wählen im Menü die korrekte Zeitzone aus – wichtig beispielsweise, wenn Sie mit dem Notebook auf Reisen sind.

Lieblingsprogramme auf die Taskleiste legen

Ich habe Ihnen die Programmsymbole in der Taskleiste bereits vorgestellt. Nun zeige ich Ihnen, wie Sie für besonders schnelle Zugriffe beliebige Programme dorthin legen.

Sie brauchen mehr Platz in der Taskleiste? Dann klicken Sie mit der rechten Maustaste auf eine freie Fläche derselben, wählen Sie *Eigenschaften* und dann *Kleine Symbole verwenden*.

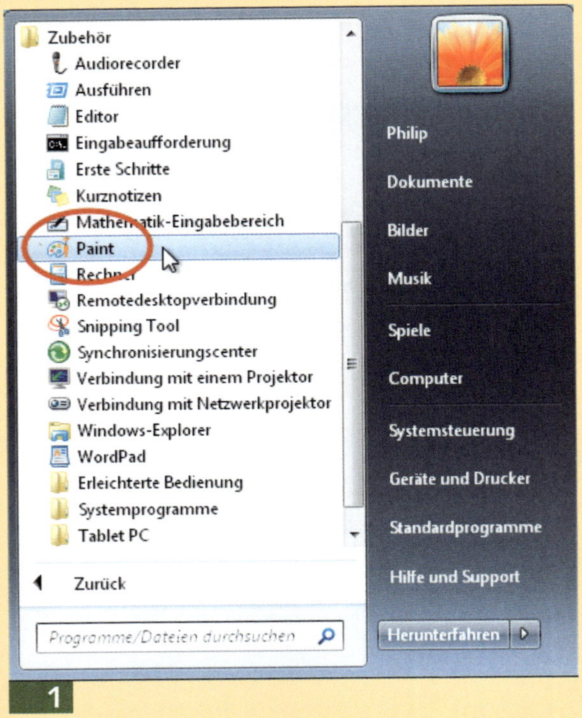

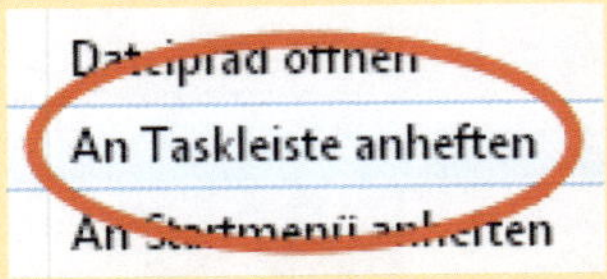

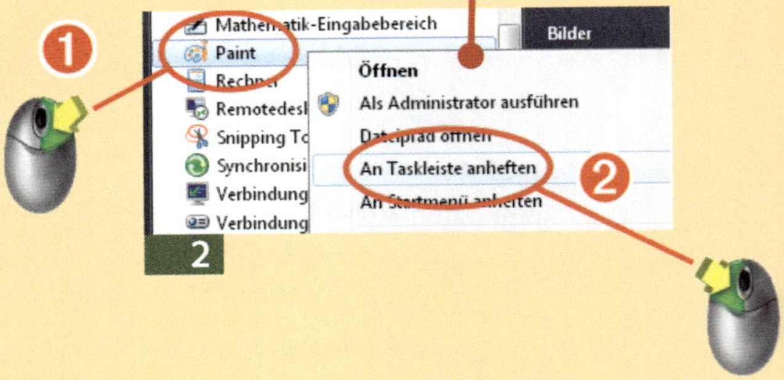

Schritt 1

Bewegen Sie den Mauszeiger auf das gewünschte Programm im Startmenü unter *Alle Programme*, sodass der Eintrag blau unterlegt erscheint

Schritt 2

Klicken Sie die entsprechende Programmverknüpfung mit der rechten Maustaste an ❶ und wählen Sie *An Taskleiste anheften* ❷.

Es steht eine Programmverknüpfung auf dem Desktop zur Verfügung? Ziehen Sie diese einfach auf die Taskleiste, um das Programm dort anzuheften.

TIPP: So geht's auch

Eine andere Methode zum Hinzufügen eines Programmsymbols: Öffnen Sie einfach das Programm, klicken Sie das zugehörige Symbol in der Taskleiste mit der rechten Maustaste an und wählen Sie *Dieses Programm an Taskleiste anheften.*

Schritt 3

Fertig! Schon steht das Programmsymbol dauerhaft in der Taskleiste zur Verfügung.

Schritt 4

Um ein nicht mehr benötigtes Programmsymbol wieder zu entfernen (damit die Übersichtlichkeit in der Taskleiste gewahrt wird), klicken Sie es mit der rechten Maustaste an ❶ und wählen *Dieses Programm von der Taskleiste lösen* ❷.

Das Startmenü individuell einrichten

Sie vermissen bestimmte Funktionen im Startmenü oder wollen es noch übersichtlicher gestalten? So richten Sie das Startmenü ganz nach Ihren Vorstellungen ein!

Registerkarten kommen in Menüfenstern häufig zum Einsatz, um deren Inhalte zu sortieren – das Prinzip ist das gleiche wie z. B. bei Adressbüchern.

Wählen Sie die Registerkarte "Startmenü" aus ...

... und klicken auf "Anpassen"

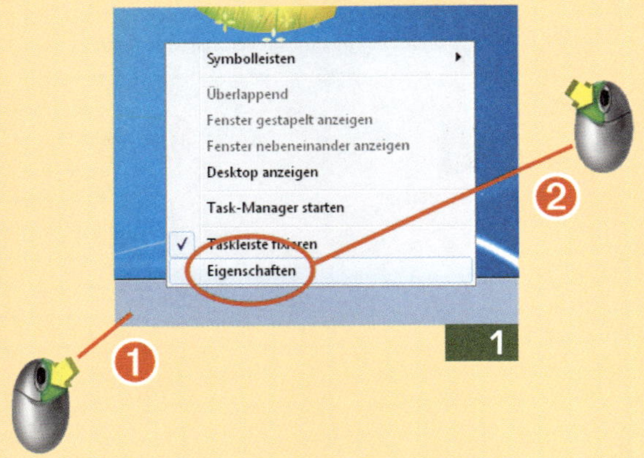

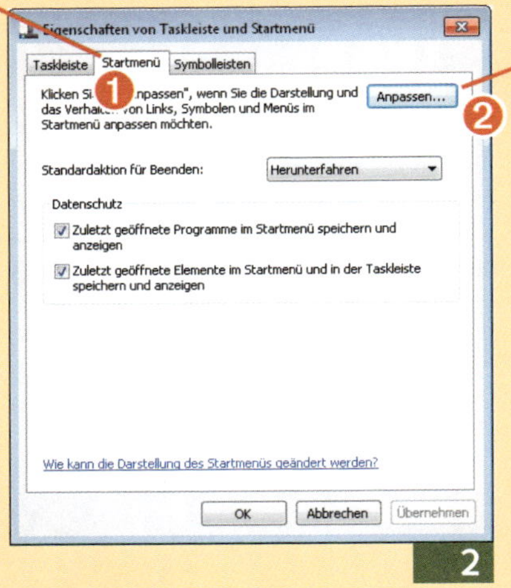

Schritt 1

Klicken Sie mit der rechten Maustaste auf eine freie Fläche der Taskleiste ❶ und wählen Sie im Menü, das sich öffnet, den Eintrag *Eigenschaften* ❷.

Schritt 2

Nun entscheiden Sie sich für die Registerkarte *Startmenü* ❶ und klicken dort auf *Anpassen* ❷.

Bei den runden Optionsfeldern („Radio-Buttons“) kann meist nur eine Option ausgewählt werden, während Kontrollkästchen die Auswahl mehrerer Optionen erlauben.

INFO: Als Menü anzeigen

Wenn Sie sich in Schritt 3 eine Verknüpfung im Startmenü als Menü anzeigen lassen, können Sie den entsprechenden Ordner direkt übers Startmenü öffnen, ohne ein weiteres Fenster aufrufen zu müssen – praktisch etwa bei Ihren eigenen Ordnern!

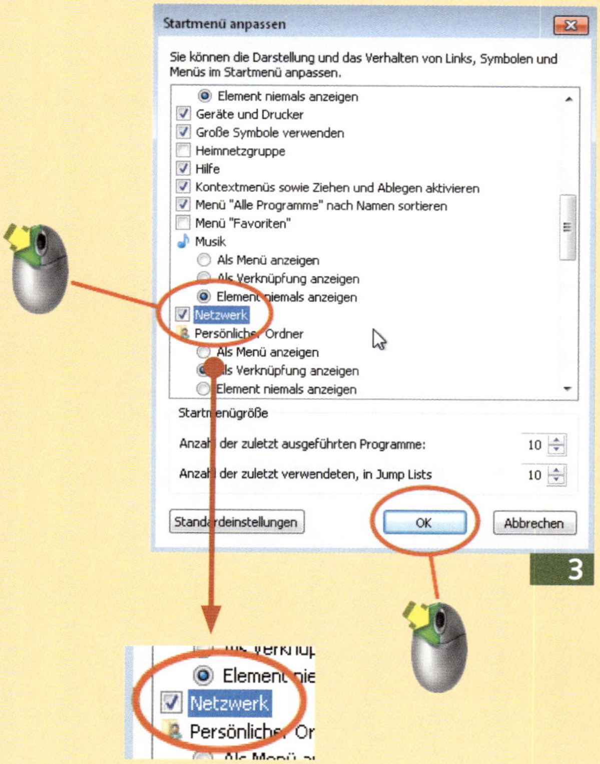

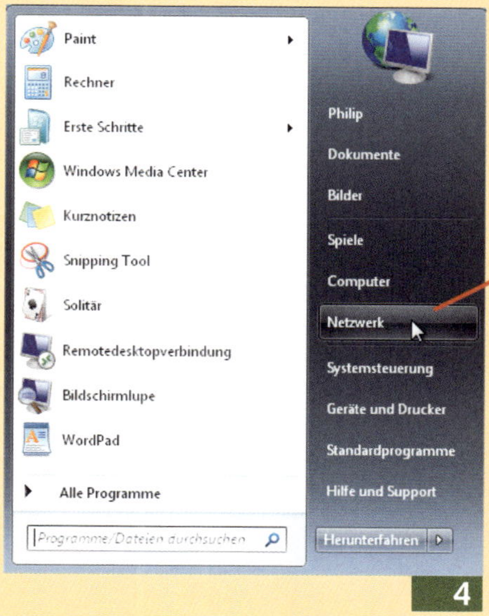

Schritt 3

Mithilfe der Optionsfelder und Kontrollkästchen legen Sie fest, welche Elemente ein- bzw. ausgeblendet werden sollen. Hier blende ich die Verknüpfung zur Musikbibliothek aus, dafür eine Netzwerk-Verknüpfung ein.

Schritt 4

Die Änderungen werden nach dem Speichern der Einstellungen sofort im Startmenü übernommen.

Den Infobereich entschlacken

Der Infobereich rechts unten in der Windows 7-Bedienoberfläche enthält eine Reihe von Systeminformationen – auch solche, die Sie überhaupt nicht benötigen. Blenden Sie diese aus!

Blenden Sie alle Symbole aus, die Sie nicht benötigen. Lassen Sie jedoch in jedem Fall das Wartungscenter-Symbol eingeblendet, um Mängel rasch beheben zu können.

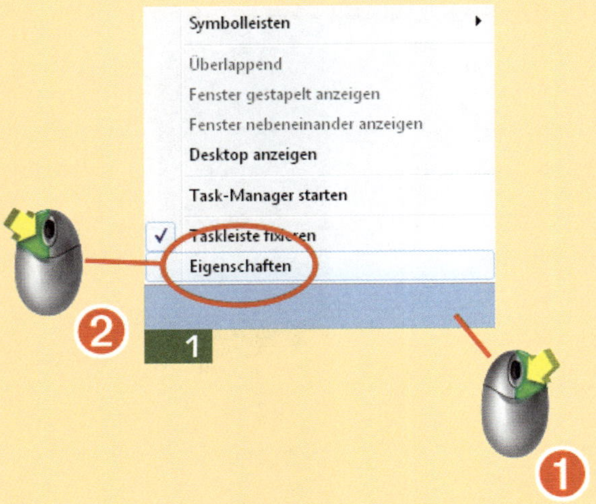

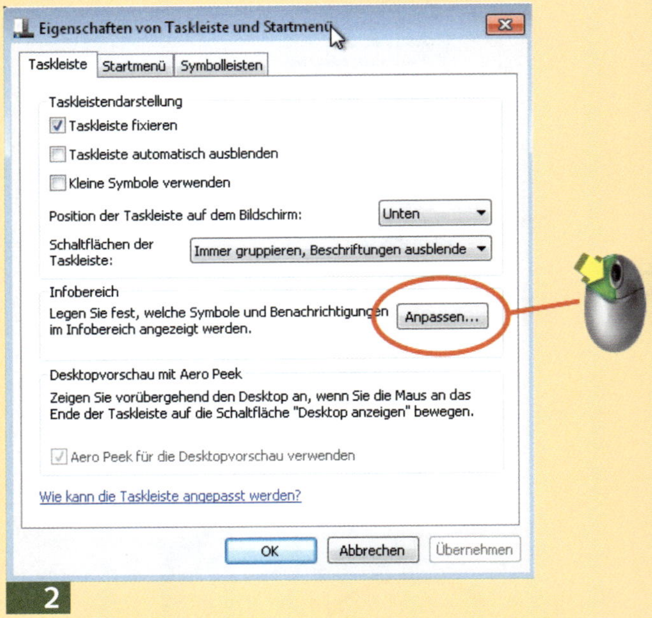

Schritt 1

Um störende Symbole auszublenden, klicken Sie wiederum zunächst mit der rechten Maustaste auf eine freie Fläche der Taskleiste ❶ und wählen *Eigenschaften* ❷.

Schritt 2

Im folgenden Fenster klicken Sie auf *Anpassen*.

Die komplette Taskleiste ausblenden? Klicken Sie diese mit der rechten Maustaste an, wählen Sie *Eigenschaften* und dann *Taskleiste automatisch ausblenden.*

TIPP: Symbole deaktivieren

Um Symbole im Infobereich nicht nur auszublenden, sondern zu deaktivieren, klicken Sie unterhalb des Symbolmenüs in Schritt 3 auf *Systemsymbole aktivieren oder deaktivieren* und treffen Ihre Auswahl.

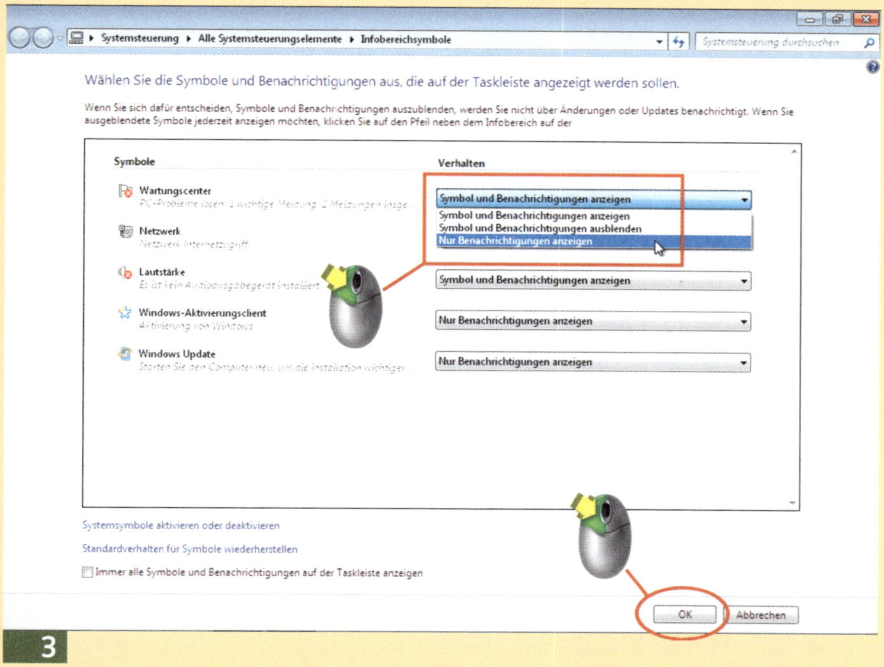

Schritt 3

Für jedes Symbol im Infobereich wird nun ein Menü angezeigt. Soll ein Symbol ausgeblendet werden, entscheiden Sie sich für die Option *Nur Benachrichtigungen anzeigen* (in den meisten Fällen zu empfehlen) oder *Symbol und Benachrichtigungen ausblenden*.

Schritt 4

Sie erinnern sich an das bereits in Kapitel 1 Erfahrene: Die ausgeblendeten Symbole können im Infobereich über das Pfeilsymbol [▲] angezeigt und angeklickt werden.

Verknüpfungen auf dem Desktop erstellen

Sie wollen Programm-, Datei- oder Ordnerverknüpfungen auf den Desktop legen? Das ist eine Sache weniger Handgriffe – und nützlich, um schneller auf die entsprechenden Elemente zuzugreifen.

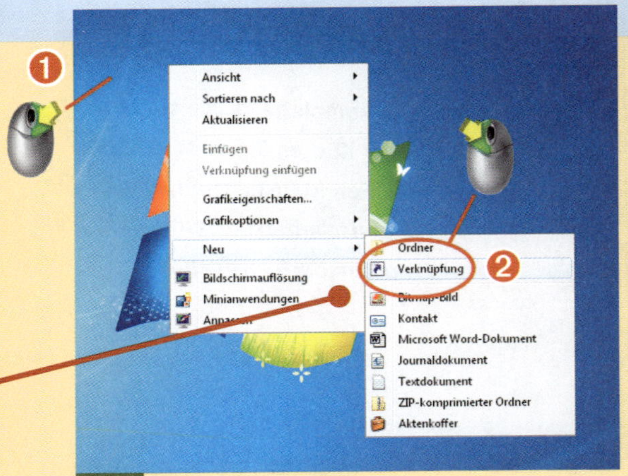

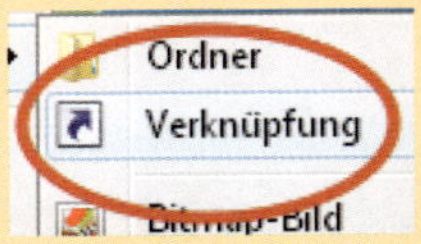

1

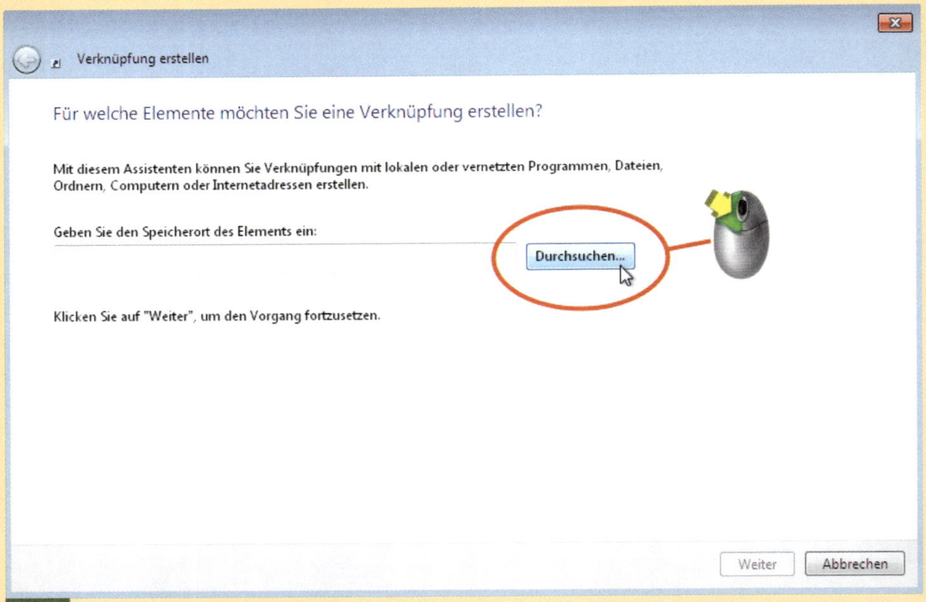

2

Schritt 1

Klicken Sie mit der rechten Maustaste auf eine freie Fläche des Desktops ❶. Im Menü wählen Sie *Neu/Verknüpfung* ❷.

Schritt 2

Klicken Sie im Folgenden auf *Durchsuchen*. Wenn Sie den Speicherpfad des Elements kennen, können Sie diesen ansonsten auch direkt ins Eingabefeld eintippen.

Falls Sie eine Datei per E-Mail versenden wollen: Bloß nicht versehentlich die Verknüpfung verschicken, die Sie an der Endung *.lnk* erkennen.

TIPP: Alternative Methode

Um eine Desktop-Verknüpfung zu erstellen, können Sie Programm, Datei oder Ordner auch im Startmenü bzw. im Windows-Explorer mit der rechten Maustaste anklicken und *Senden an/Desktop (Verknüpfung erstellen)* wählen.

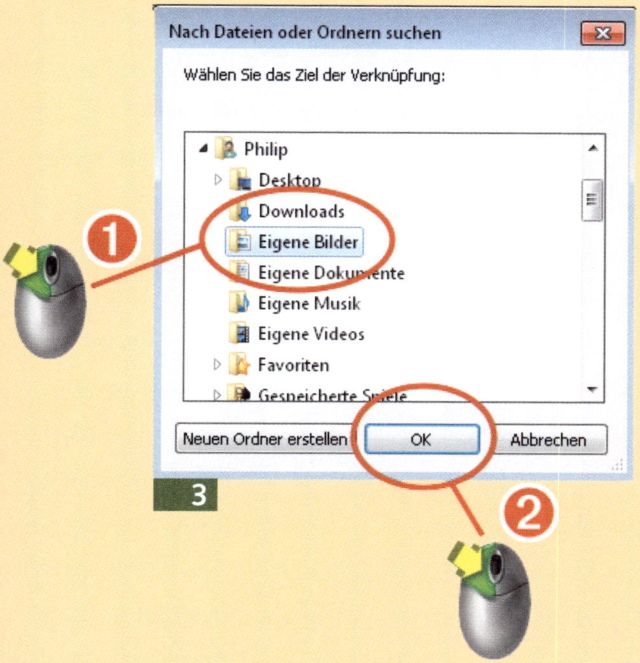

3

Klar: Eine Verknüpfung können Sie jederzeit löschen, ohne dass die zugrunde liegende Datei ebenfalls gelöscht wird.

4

Schritt 3

Wählen Sie das Programm, die Datei oder den Ordner aus, zu dem eine Verknüpfung erstellt werden soll ❶, und bestätigen Sie Ihre Auswahl mit *OK* ❷. Beenden Sie dann den Assistenten ...

Schritt 4

... und freuen Sie sich über die prompt erstellte Desktop-Verknüpfung. Diese können Sie nun entweder direkt auf dem Desktop nutzen oder sie an einen anderen Speicherort verschieben, z. B. in den *Autostart*-Ordner.

Sie passen die Bildschirmauflösung an

Die Bildschirmauflösung entscheidet darüber, wie groß – oder klein – die Inhalte auf dem Bildschirm angezeigt werden. In Windows 7 erfolgt das Anpassen der Auflösung noch schneller als in früheren Windows-Versionen.

Bei der Bildschirmauflösung gilt: Je niedriger die Auflösung, desto größer werden die Inhalte dargestellt – und umgekehrt.

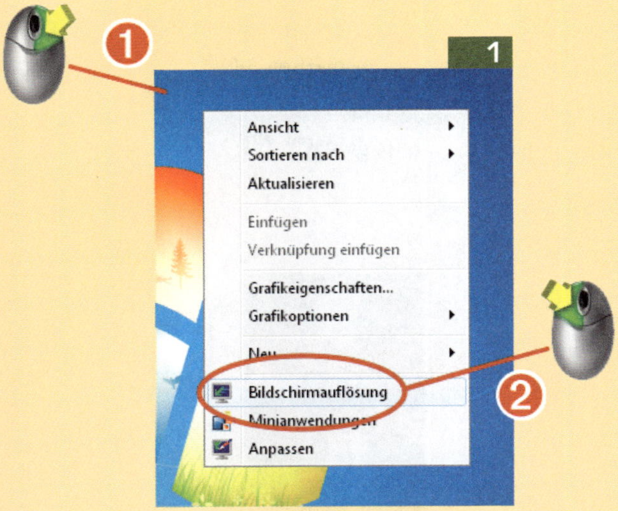

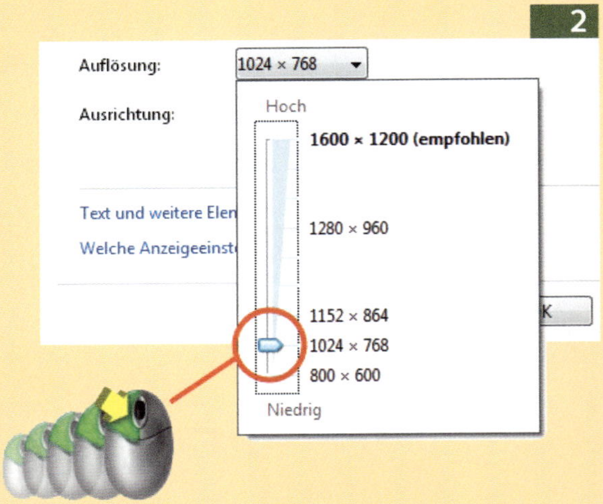

Schritt 1

Sie klicken mit der rechten Maustaste auf eine freie Fläche des Desktops ❶ und wählen den Eintrag *Bildschirmauflösung* ❷.

Schritt 2

Im Menü wählen Sie nun die gewünschte Auflösung. Ich selbst verwende eine Auflösung von 1024 x 768 Pixel und kann diese für Bildschirmgrößen bis ca. 20 Zoll wärmstens empfehlen.

Bildschirminhalte vergrößern? Mit der Tastenkombination Win+[+] gar kein Problem. Um zur normalen Ansicht zu wechseln, wählen Sie Win+Esc.

INFO: Was ist ein Pixel

Pixel ist ein anderes Wort für Bildpunkt. Eine Auflösung von 1024 x 768 Pixeln weist 1024 Bildpunkte in der Breite und 768 Bildpunkte in der Höhe auf, die das auf dem Bildschirm angezeigte Bild ergeben.

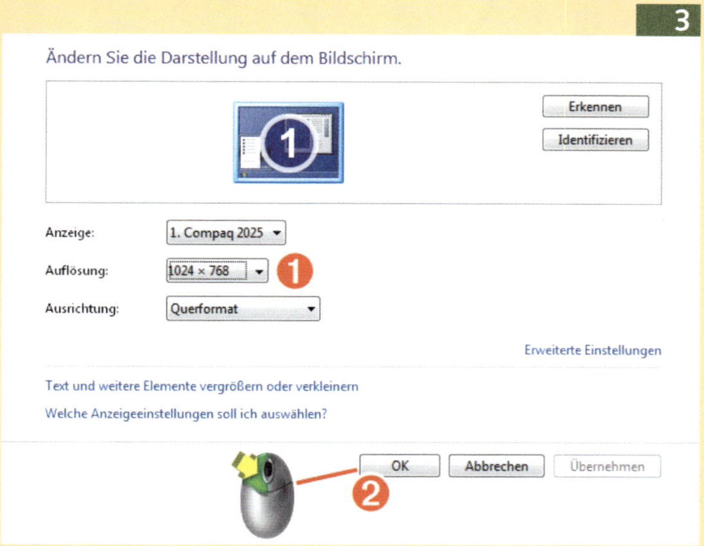

Verwenden Sie noch einen Röhren-Monitor? Dann sollten Sie sich schnell einen LCD-Bildschirm zulegen. Das lohnt sich in jedem Fall, nicht nur wegen des viel geringeren Stromverbrauchs!

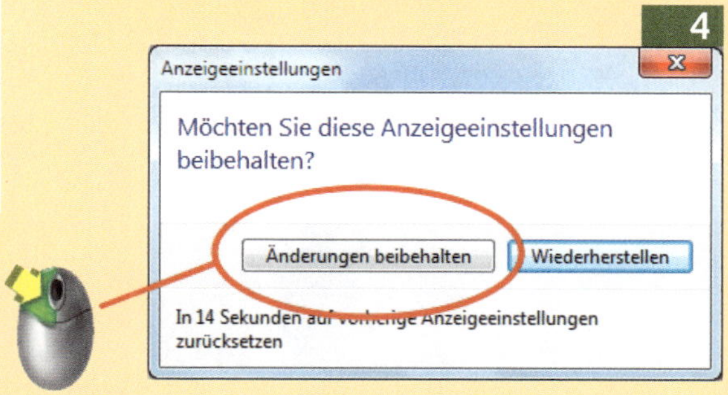

Schritt 3

Überprüfen Sie noch einmal die Einstellungen ❶ und bestätigen Sie diese dann mit *OK* ❷.

Schritt 4

Die Bildschirmauflösung wird umgestellt. Bestätigen Sie mit *Änderungen beibehalten*.

Ein neuer Bildschirmhintergrund

Öfter mal ein Tapetenwechsel bringt Abwechslung in den PC-Alltag. Einen neuen Bildschirmhintergrund einzurichten ist mit Windows 7 ein echtes Kinderspiel!

Tolle Desktophintergründe finden Sie auch im Web: Suchen Sie doch mal unter *http://images.google.de* nach *desktophintergrund* oder nach *wallpaper*.

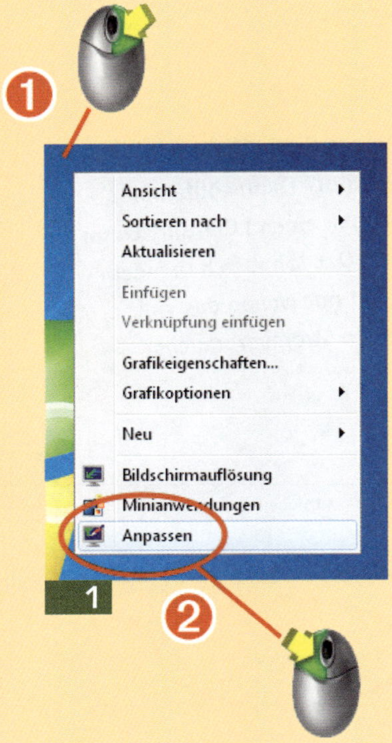

Schritt 1

Sie klicken mit der rechten Maustaste auf eine freie Fläche des Desktops ❶ und wählen im Menü den Eintrag *Anpassen* ❷.

Schritt 2

Als Nächstes klicken Sie auf *Desktophintergrund* ...

4

TIPP: Automatischer Wechsel

Sie können in Windows 7 auch mehrere Bildschirmhintergründe auswählen – diese werden dann im von Ihnen (im Menü aus Schritt 3) festgelegten Intervall automatisch gewechselt.

3

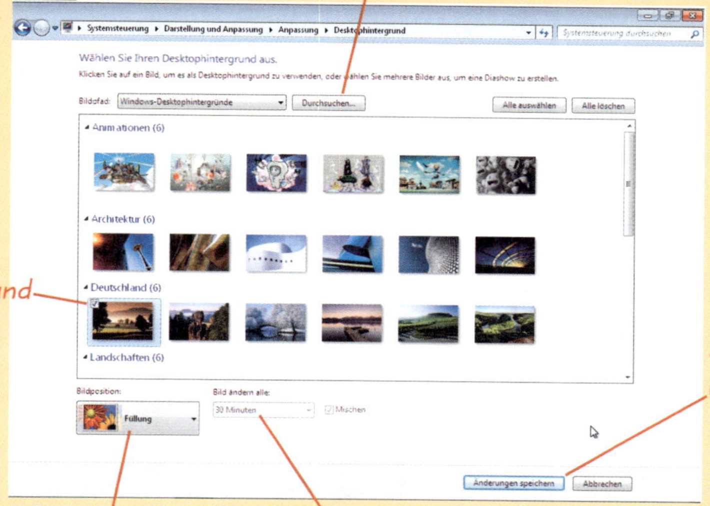

Schritt 3

... und wählen einen Hintergrund aus, der Ihnen zusagt. Bestätigen Sie Ihre Auswahl mit *Änderungen speichern*.

Schritt 4

Fertig! Der neue Desktophintergrund steht nun zur Verfügung. Sieht gut aus, nicht wahr? Übrigens: Auch eigene Fotos lassen sich als Desktophintergrund einsetzen (Mindestgröße = Bildschirmauflösung). Wählen Sie Ihre Bilddatei unter *Durchsuchen* aus.

Einen Bildschirmschoner einrichten

Bildschirmschoner sind heutzutage nicht mehr notwendig, um den Bildschirm zu „schonen“, verschönern aber den Bildschirm, wenn Sie Ihren Rechner eine Weile nicht benutzen. So klappt es mit dem Einrichten.

Um den Bildschirmschoner zu beenden, bewegen Sie einfach die Maus oder drücken eine beliebige Taste.

Alternative zum Bildschirmschoner: Verwenden Sie die Tastenkombination Win+L, um den Desktop zu sperren.

1

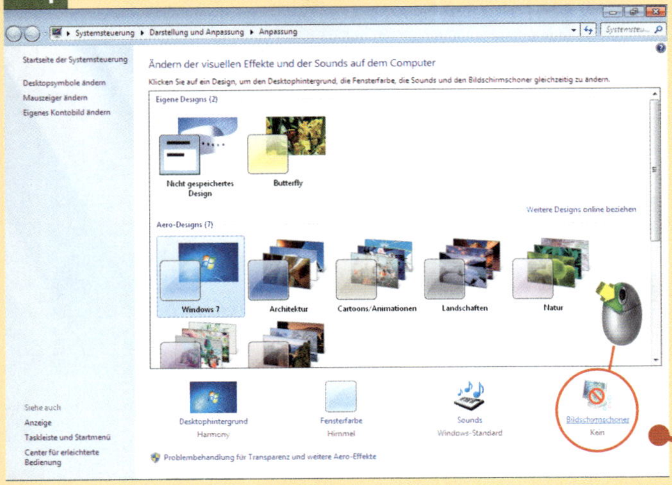

2

Per Mausklick auswählen

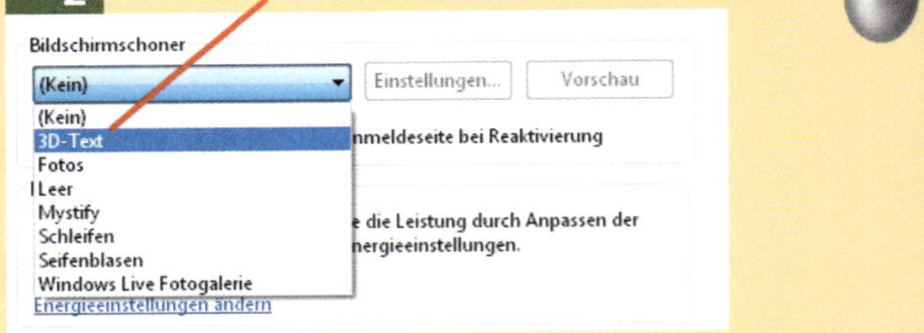

Schritt 1

Wählen Sie erneut das bereits in der vorigen Aktion kennengelernte Fenster *Anpassung* und klicken Sie dort auf *Bildschirmschoner*.

Schritt 2

Wählen Sie im Menü einen der verfügbaren Bildschirmschoner aus – entscheiden Sie sich z. B. für das Erstellen eines motivierenden 3-D-Textes.

Zugriffsschutz: Aktivieren Sie in Schritt 4 *Anmeldeseite bei Reaktivierung*, damit das Kennwort abgefragt wird, wenn Sie weiterarbeiten wollen.

TIPP: Mehr Bildschirmschoner

Sie suchen Bildschirmschoner zu allen möglichen Themen? Dann empfehle ich Ihnen die Webseite *http://www.bildschirmschoner.de* mit vielen Bildschirmschonern zum Runterladen.

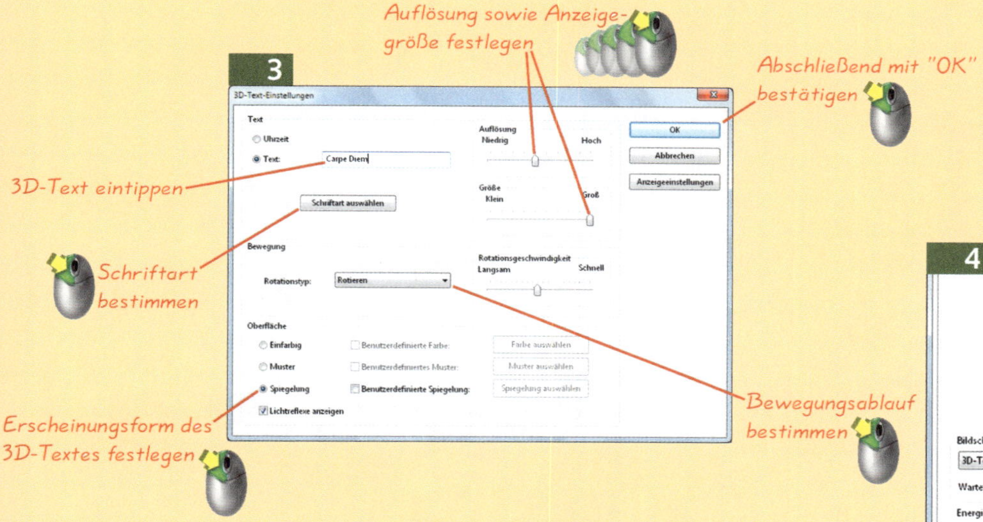

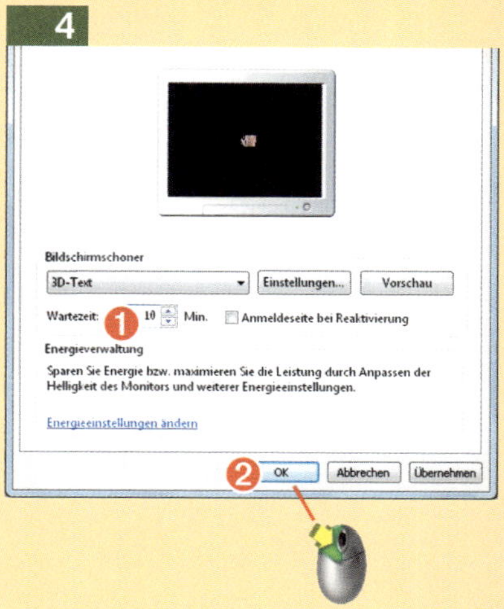

Schritt 3

Klicken Sie auf *Einstellungen* und legen Sie Modalitäten zur Anzeige des Bildschirmschoners fest, etwa den Text, der angezeigt werden soll.

Schritt 4

Bestimmen Sie schließlich noch, nach welchem Zeitraum, in dem Sie Ihren PC nicht nutzen, der Bildschirmschoner aktiviert werden soll ❶. Speichern Sie die Einstellungen dann mit *OK* ab ❷.

Das Windows 7-Design ändern

Windows 7 ermöglicht es Ihnen, das gesamte Design der Bedienoberfläche (Farben, Sounds, Desktophintergrund) auf einen Schlag Ihrem Geschmack anzupassen – und das mit nur wenigen Handgriffen.

Sehprobleme? Um Texte auf dem Bildschirm besser lesen zu können, stehen auch mehrere „Designs mit hohem Kontrast" zur Auswahl.

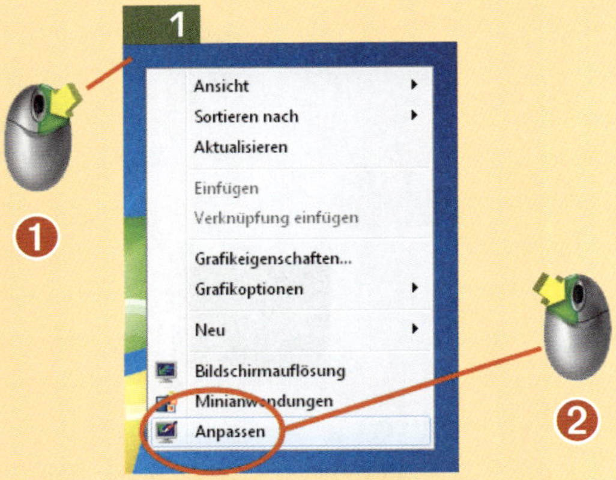

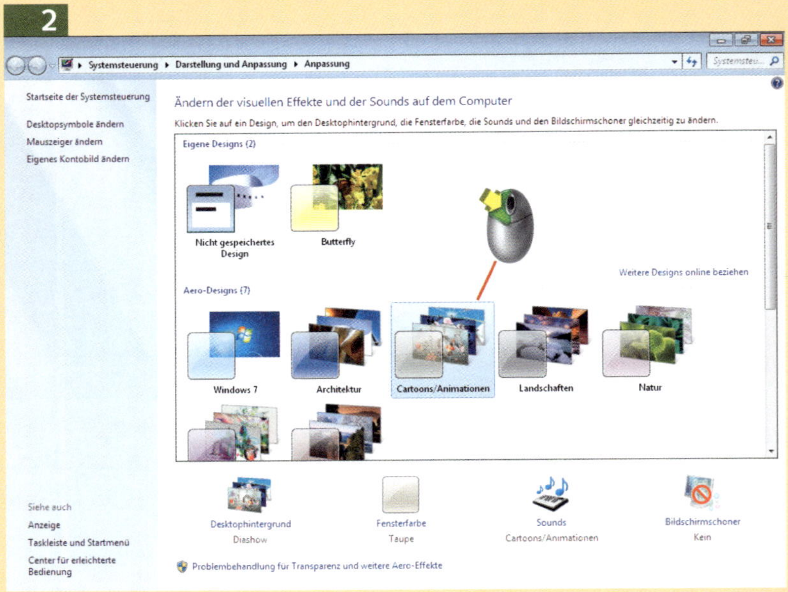

Schritt 1

Wie gehabt: Sie klicken mit der rechten Maustaste auf eine freie Fläche des Desktops ❶ und wählen *Anpassen* ❷.

Schritt 2

Suchen Sie sich nun in der Liste einfach ein Design aus, das Ihnen zusagt. Durch Anklicken wird es eingerichtet.

Sie verwenden Windows 7 Starter auf Ihrem Netbook? Desktophintergründe und Designs lassen sich dann leider nur mit zusätzlicher Software ändern.

3

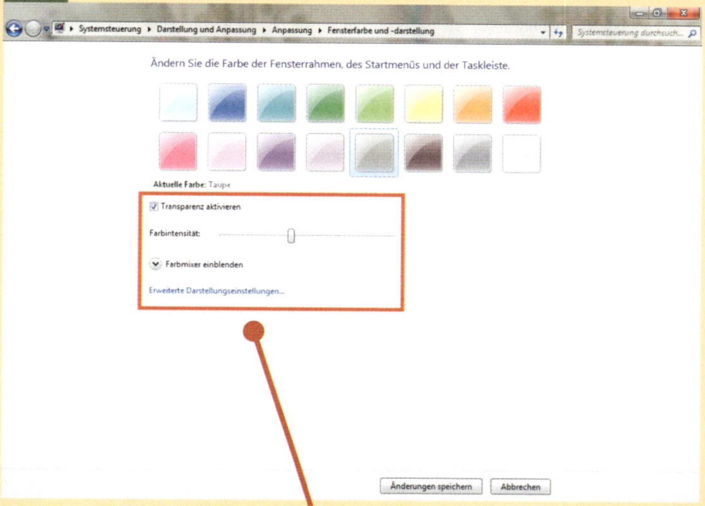

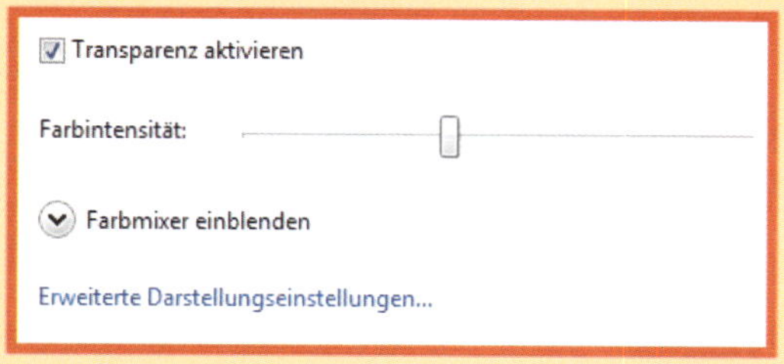

TIPP: Weitere Designs online

Eine Reihe attraktiver Designs sind in Windows 7 bereits eingebaut. Weitere beziehen Sie aus dem Internet. Ich empfehle die Google-Suche nach *"Windows 7" designs* – damit finden Sie schnell entsprechende Download-Galerien.

4

Schritt 3

Selbstverständlich können Sie das gewählte Design individuell anpassen, etwa im Hinblick auf die Fensterfarbe.

Schritt 4

Gefällt Ihnen das Ergebnis? Wenn nicht, entscheiden Sie sich innerhalb weniger Sekunden für ein anderes Windows 7-Design!

Einstellungen zur PC-Maus

Die Maus ist neben der Tastatur das wichtigste Eingabegerät für Ihren Computer. Richten Sie sie deshalb von Anfang an optimal ein.

Eine PC-Maus müssen Sie nur per USB verbinden, schon steht der Mauszeiger zur Verfügung. Bei Funk-Mäusen muss zusätzlich die Verbindung zum Empfangsgerät hergestellt werden.

Die Einstellungen für die PC-Maus gelten selbstverständlich auch für Touchpads, die bei Notebooks zum Einsatz kommen.

1

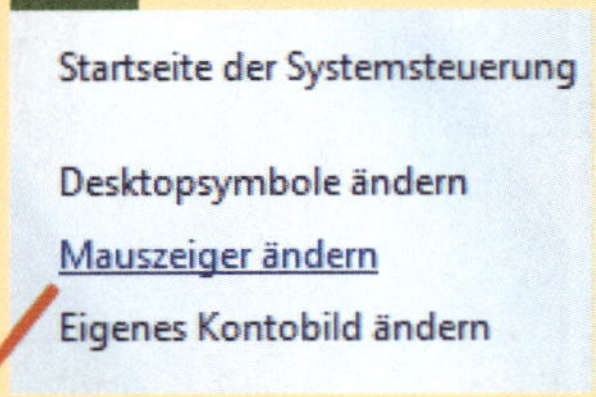

Diesen Eintrag finden Sie im Fenster "Anpassung"

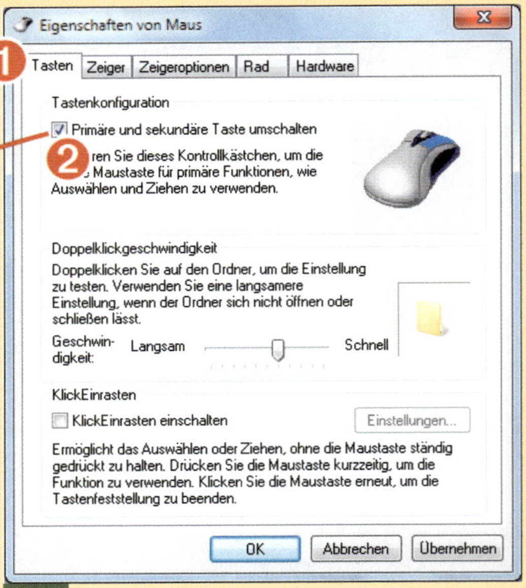

2

Schritt 1

Sie öffnen erneut das Fenster *Anpassung* und klicken links oben auf den Eintrag *Mauszeiger ändern*.

Schritt 2

Nützlich für Linkshänder: Schalten Sie unter der Registerkarte *Tasten* ❶ die Tastenfunktionen um, indem Sie das entsprechende Kontrollkästchen aktivieren ❷ – die rechte Maustaste fungiert dann als linke und umgekehrt.

Sie wollen schneller scrollen? Dann verwenden Sie die Bild-Tasten im rechten Bereich der PC-Tastatur.

TIPP: Mauszeiger ändern

Unter der Registerkarte *Zeiger* können Sie jederzeit einen anderen Mauszeiger auswählen. Mein Tipp: Suchen Sie bei Google nach *mauszeiger galerie* – damit machen Sie schnell interessante Mauszeiger ausfindig.

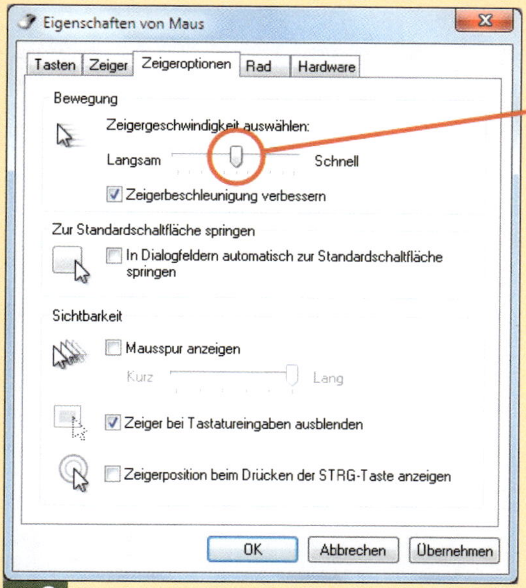

3

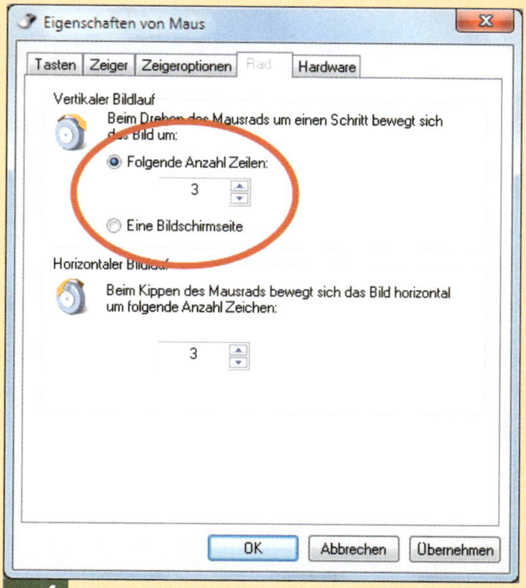

4

Schritt 3

Wie schnell oder langsam soll sich der Mauszeiger bewegen? Dies legen Sie unter der Registerkarte *Zeigeroptionen* fest, indem Sie den Schieberegler in die gewünschte Richtung bewegen. Probieren Sie es aus und justieren Sie Ihre Wunsch-Geschwindigkeit!

Schritt 4

Bleiben noch Einstellungen zum Scrollrad, die Sie unter der Registerkarte *Rad* vornehmen. Bestimmen Sie hier, wie schnell oder langsam beim Drehen des Rads die Bildschirminhalte gescrollt (= nach oben oder unten bewegt) werden sollen.

So legen Sie ein neues Benutzerkonto an

Mehrere Personen verwenden den Computer? Dann sollte jeder ein eigenes Benutzerkonto erhalten, damit eigene Einstellungen gespeichert werden können.

Zu jedem Benutzerkonto gehört ein Kontobild. Um dieses anzupassen, klicken Sie das jeweilige Benutzerkonto an und wählen *Bild ändern*.

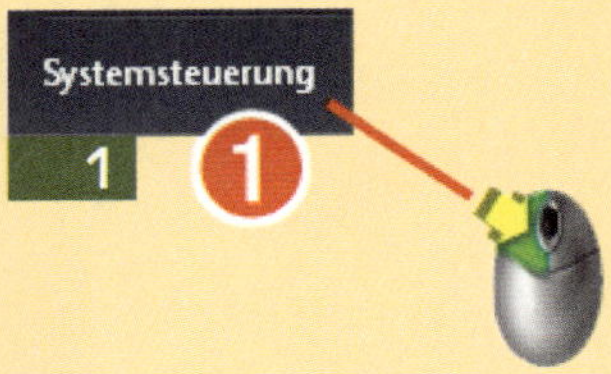

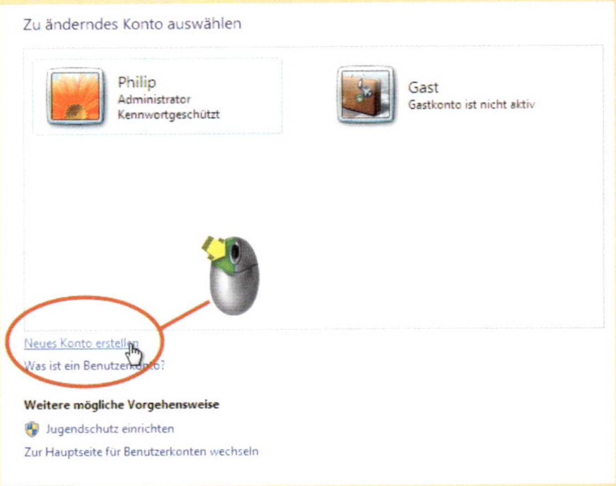

2

Schritt 1

Sie entscheiden sich im Startmenü für den Eintrag *Systemsteuerung* ❶ und klicken im Fenster, das sich öffnet, auf *Benutzerkonten hinzufügen/entfernen* ❷. (Ein Administrator-Benutzerkonto wurde bereits bei der Windows 7-Installation angelegt.)

Schritt 2

Unterhalb der Benutzerkontenliste klicken Sie auf *Neues Konto erstellen*.

4

TIPP: Gast-Benutzerkonto

Aktivieren Sie per Mausklick das Benutzerkonto *Gast*, wenn mal Ihre Schwiegermutter zu Besuch ist und diese den Computer verwenden will – sie kann dann Internet & Co. nutzen, aber keine Einstellungen speichern.

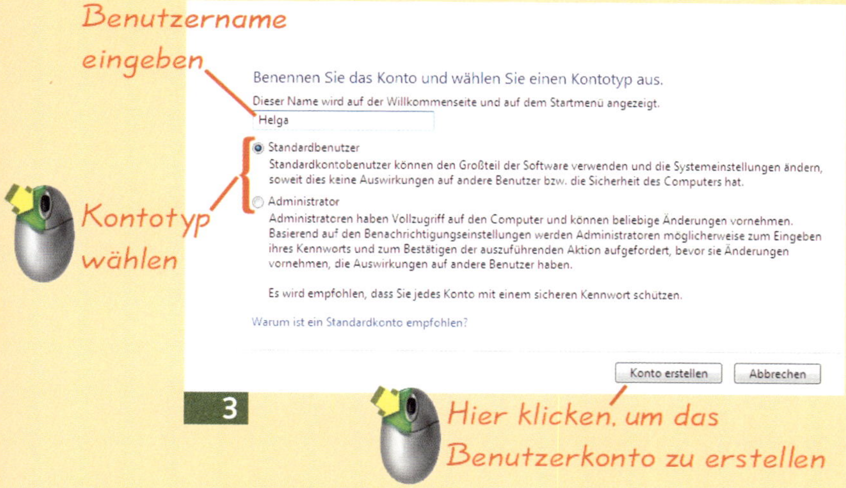

3

Unter diesem Pfad stehen die mit dem Benutzerkonto erstellten Benutzerordner zur Verfügung: *C:\Benutzer\Ihr Benutzername.*

Schritt 3

Geben Sie einen beliebigen Benutzernamen ein und entscheiden Sie, über welche Rechte der neue Benutzer verfügen soll (im Normalfall *Standardbenutzer*). Mit *Konto erstellen* wird das Benutzerkonto erstellt.

Schritt 4

Beim Hochfahren des PCs oder bei einem Benutzerwechsel wird per Mausklick das gewünschte Benutzerkonto ausgewählt. Jeder Benutzer kann nun eigene Einstellungen vornehmen und Dateien in seinem Benutzerordner speichern, ohne dass ein anderer Benutzer Zugriff darauf hat.

Kennwortschutz für das Benutzerkonto

Die eigenen Einstellungen und Dateien sollen vor dem Zugriff durch andere PC-Nutzer geschützt werden? Kein Problem: Jedes Benutzerkonto kann mit einem eigenen Kennwort versehen werden.

Die Kennwortabfrage erfolgt bei jedem Start des PCs, aber auch bei einem Benutzerwechsel sowie bei der „Reaktivierung" (Stand-by, Bildschirmschoner).

Bei Vergesslichkeit: Erstellen Sie eine „Kennwortrücksetzdiskette" – in der Systemsteuerung unter *Benutzerkonten und Jugendschutz/Benutzerkonten*.

1

2

Schritt 1

Entscheiden Sie sich wie in der vorigen Aktion im Startmenü für *Systemsteuerung* und dort für *Benutzerkonten hinzufügen/entfernen*. Diesmal wählen Sie in der Benutzerkontenliste dasjenige Benutzerkonto aus, für das ein Kennwort erstellt werden soll.

Schritt 2

Klicken Sie im nächsten Schritt auf *Kennwort erstellen*.

4

TIPP: Das richtige Kennwort

Wählen Sie ein sicheres Passwort, auf das man nicht so leicht kommt, also bitte nicht „hallo“ o. Ä.! Besonders sicher sind willkürliche Kombinationen aus Ziffern und Buchstaben – Sie dürfen diese bloß nicht vergessen.

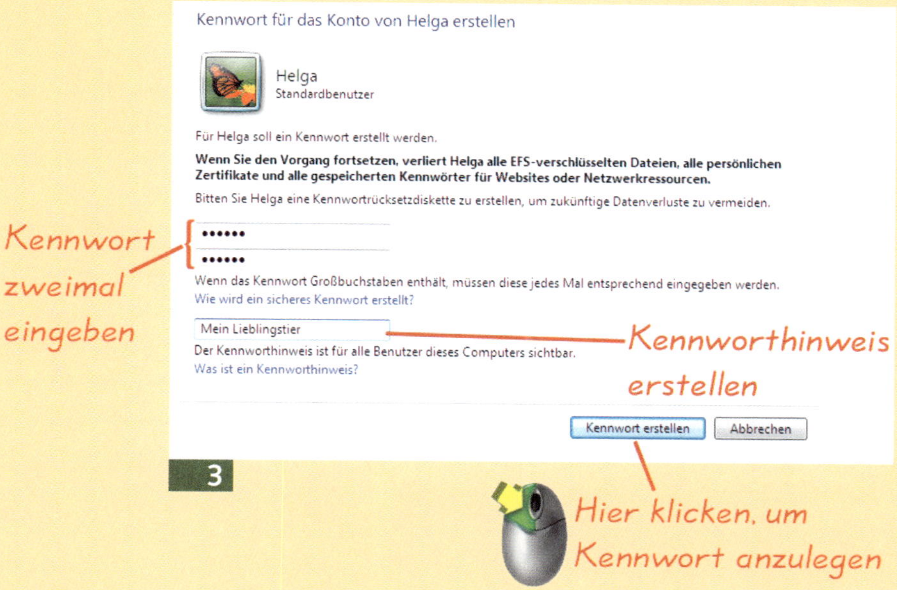

3

Schritt 3

Geben Sie das gewünschte Kennwort zweimal ein und versehen Sie es mit einem Kennworthinweis, der Sie bei Vergessen an das Kennwort erinnert. Mit *Kennwort erstellen* versehen Sie das Benutzerkonto mit einem Kennwortschutz.

Schritt 4

Das Kennwort wird dann bei jeder Anmeldung abgefragt – ohne Kennwort haben Sie keinen Zugriff auf das Benutzerkonto.

Die richtigen Energieeinstellungen

Bei den heutigen Strompreisen ist Energie sparen nicht mehr nur fürs Notebook interessant, um die Akku-Laufzeit zu erhöhen. So nehmen Sie in Windows 7 die richtigen Energieeinstellungen vor.

Auch so sparen Sie Energie: Drehen Sie einfach die Helligkeit an Ihrem Monitor etwas herunter - aber nur so weit, dass Sie nicht bald eine neue Brille brauchen!

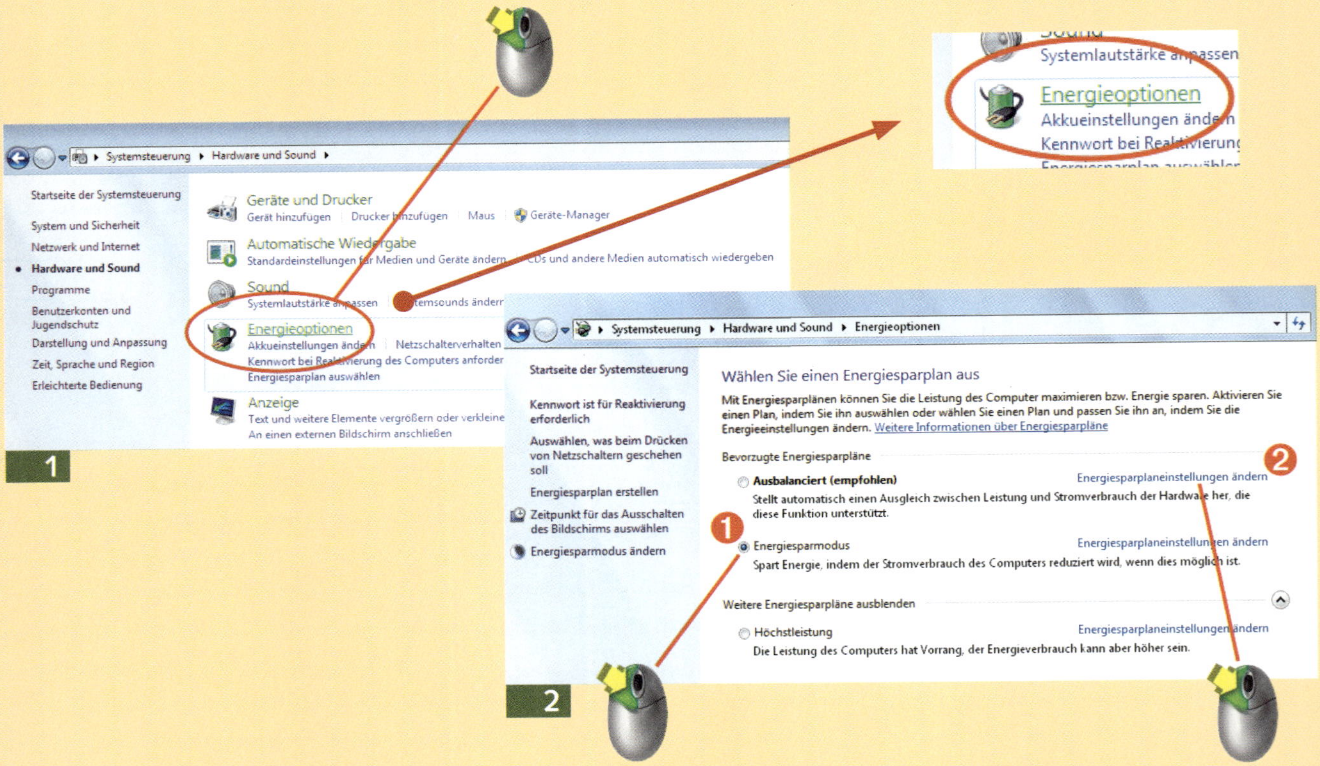

Schritt 1

Öffnen Sie im Startmenü die *Systemsteuerung* und klicken Sie zunächst auf *Hardware und Sound*. Wählen Sie dann die *Energieoptionen*.

Schritt 2

Sie können nun einfach den *Energiesparmodus* ❶ auswählen, das Fenster wieder schließen, und fertig. Vorteil des Energiesparmodus: Sie sparen Strom. Nachteil: Der Computer läuft auf „Sparflamme", also nicht mit Höchstleistung.

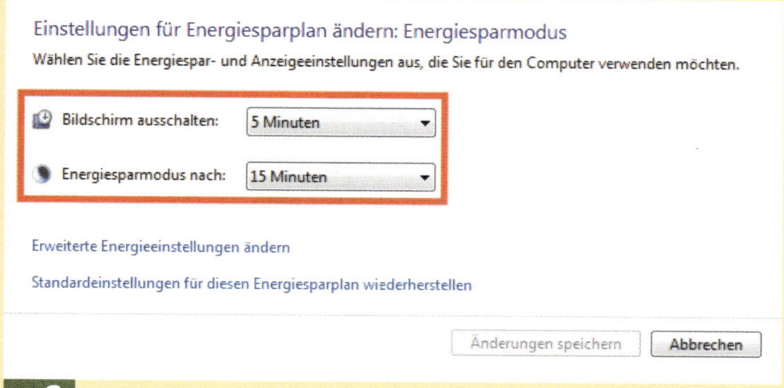

3

TIPP: Downloads im Hintergrund

Wenn Sie im Hintergrund Dateien herunterladen, empfehle ich, den automatischen Energiesparmodus zu deaktivieren – sonst kann es durchaus mal passieren, dass Downloads zwischendrin abgebrochen werden.

Wählen Sie zum Stromsparen geringe Abschalt-Intervalle. Manchmal kann das Abschalten nerven, z. B. wenn Sie am PC einen Film betrachten – dieses Problem beheben Sie in Schritt 3.

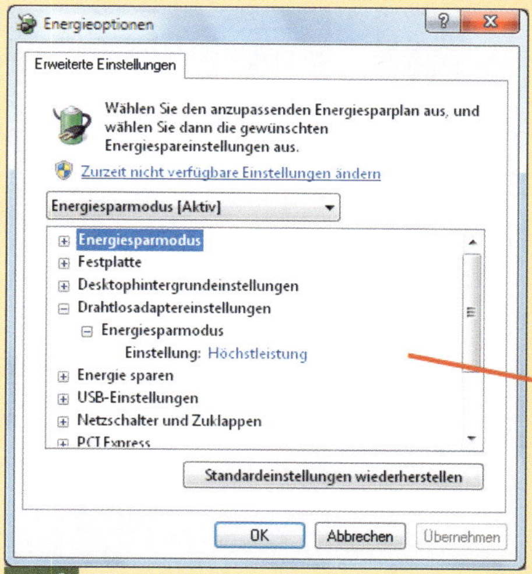

4

Energieeinstellungen individuell anpassen

Schritt 3

Oder Sie nehmen individuelle Einstellungen zum Energiesparplan vor. In diesem Fall klicken Sie auf *Energiesparplaneinstellungen ändern* (siehe ❷ im Bild zu Schritt 2) und treffen Ihre Auswahl bezüglich Ausschalten des Bildschirms und Energiesparmodus des Rechners.

Schritt 4

Mit *Erweiterte Energieeinstellungen ändern* lässt sich der Energiesparplan individuell im Hinblick auf die Hardware des Computers anpassen: Brauchen Sie z. B. wirklich die volle Leistung des WLAN-Adapters? Muss die Festplatte auf vollen Touren laufen?

Automatisch Energie sparen beim Notebook

Mein Tipp, falls Sie ein Notebook oder Netbook verwenden: Lassen Sie Windows 7 automatisch in den Energiesparmodus gehen, wenn Sie den Laptopdeckel zuklappen.

Weitere nützliche Einstellungen zum Notebook nehmen Sie im Mobilitätscenter vor, das Sie mit der Tastenkombination Win+X aufrufen.

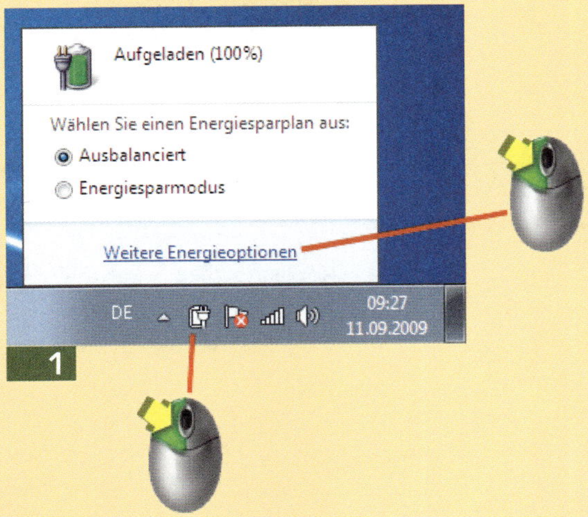

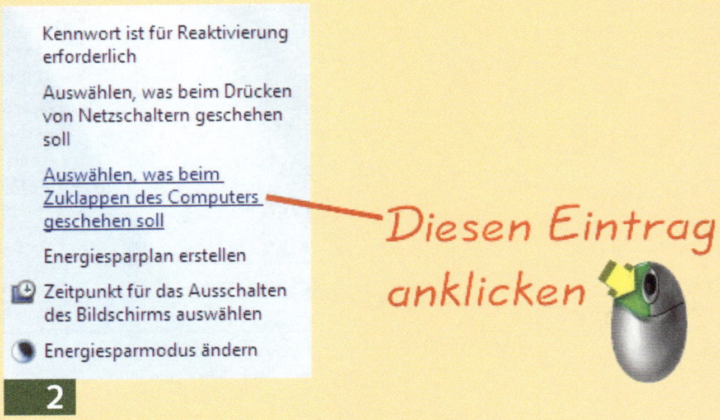

Schritt 1

Sie rufen die Energieoptionen auf wie in der vorigen Aktion beschrieben – beim Notebook können Sie das übrigens auch direkt über das entsprechende Symbol im Infobereich () bewerkstelligen.

Schritt 2

Klicken Sie in der Liste links auf *Auswählen, was beim Zuklappen des Computers geschehen soll*.

Verwenden Sie die Tastenkombination Strg+Alt+Entf, um verschiedene Optionen zur Abmeldung des Benutzerkontos sowie zum Abschalten des PCs zu erhalten.

INFO: Zwei Stand-by-Modi

Windows 7 bietet Ihnen zwei Stand-by-Modi an: Beim *Energie sparen* bleibt im Gegensatz zum *Ruhezustand* der Arbeitsspeicher erhalten, und die Reaktivierung erfolgt sehr schnell. Der Ruhezustand ist dafür noch sparsamer.

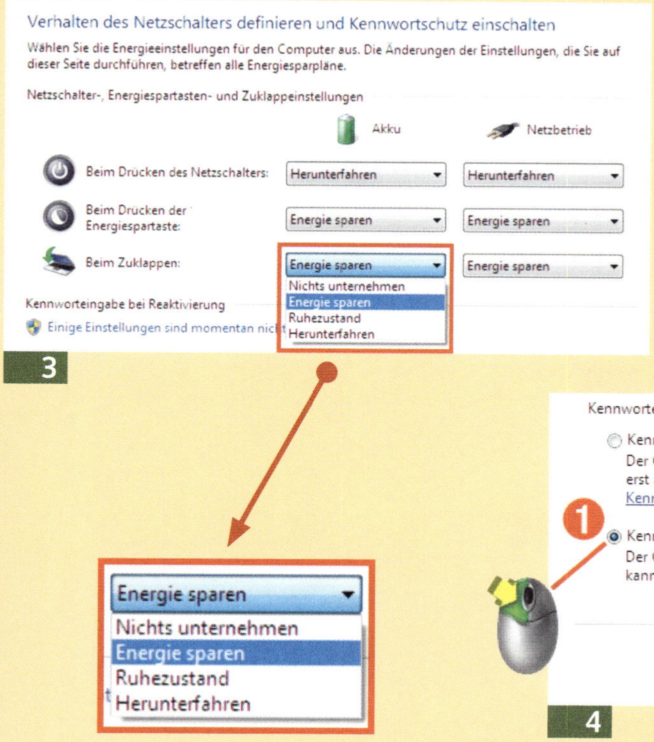

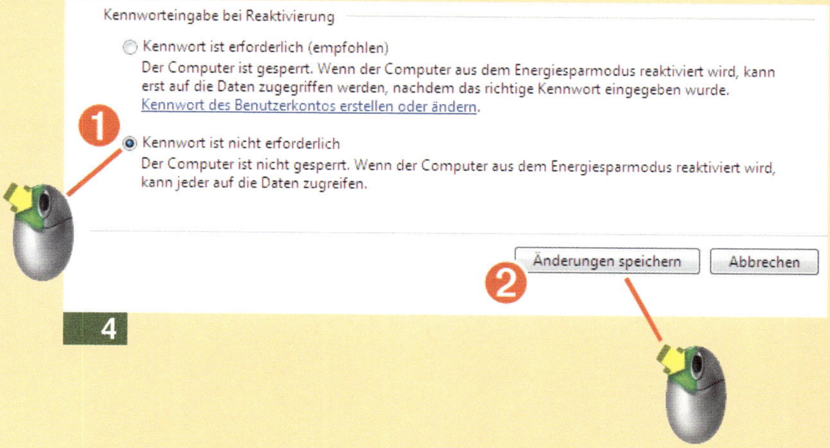

Schritt 3

Nun wählen Sie einfach in den Menüs die gewünschten Optionen aus. Ich selbst schalte das Notebook beim Betätigen des Netzschalters ab und lasse es beim Zuklappen des Laptopdeckels Energie sparen, z. B. wenn ich mal den Arbeitsort verlege.

Schritt 4

Soll beim „Aufwecken" des Computers Ihr Benutzerkennwort abgefragt werden? Dann treffen Sie die entsprechende Auswahl ❶ und speichern die Einstellungen ab ❷.

Lernen Sie die Systemsteuerung kennen

In der Systemsteuerung nehmen Sie alle wichtigen Einstellungen rund um Windows 7 vor. Einige Funktionen haben Sie bereits kennengelernt. Machen Sie sich nun mit der Systemsteuerung als Ganzes vertraut.

Die Systemsteuerung ist das Herzstück von Windows 7. Hier nehmen Sie wichtige Einstellungen vor, z. B. im Hinblick auf Geräte, Desktop, Sicherheit oder Netzwerk.

Schnellerer Zugriff: Klicken Sie im Startmenü auf den Eintrag *Systemsteuerung* und ziehen Sie ihn bei gedrückter Maustaste auf den Desktop.

1

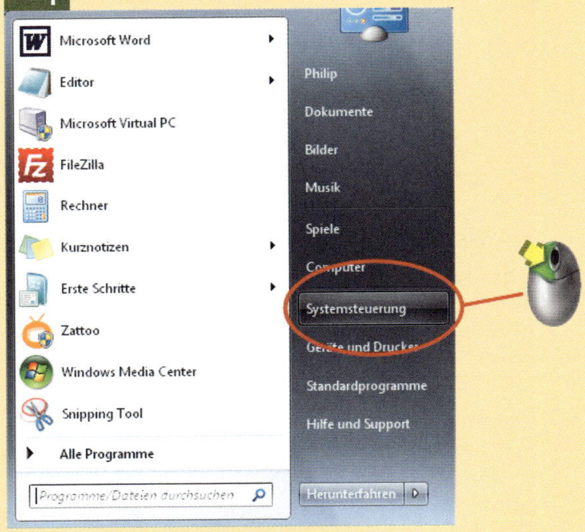

2

Schritt 1

Das kennen Sie bereits: Sie öffnen das Startmenü und klicken auf *Systemsteuerung*, um die Systemsteuerung aufzurufen.

Schritt 2

Die einzelnen Funktionen der Systemsteuerung sind in Kategorien untergliedert. Klicken Sie eine Kategorie an, um Zugriff auf entsprechende Funktionen zu erhalten, hier *System und Sicherheit*.

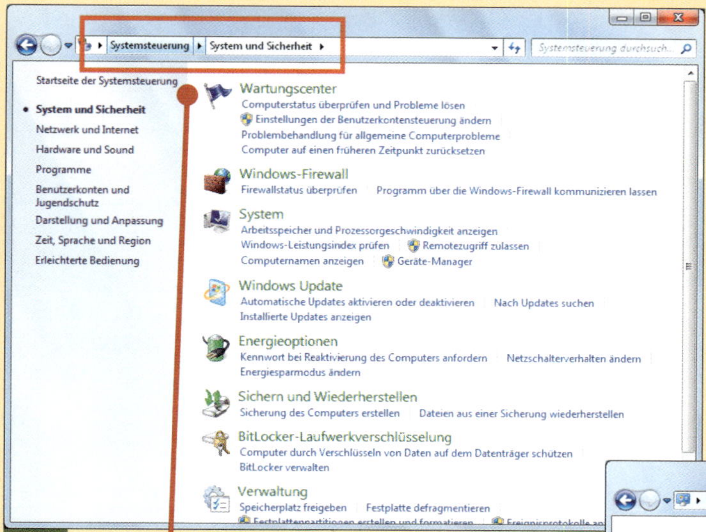

3

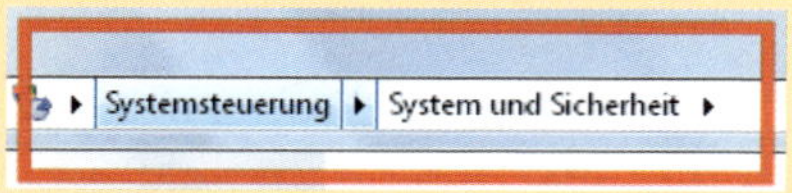

TIPP: Funktionen als Symbole

Neben der Kategorieansicht bietet Windows 7 für die Systemsteuerung auch eine Symbolansicht an (*Große Symbole* bzw. *Kleine Symbole*), die Sie unterhalb des Suchfeldes auswählen können – Sie erhalten dann eine Übersicht über alle Funktionen auf einen Blick.

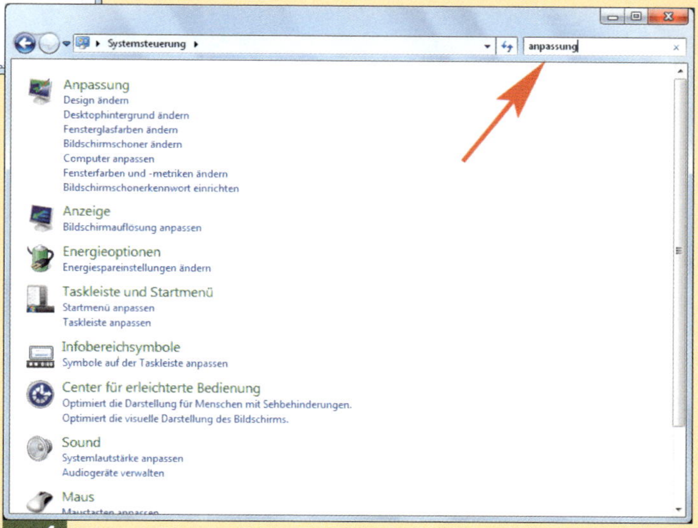

4

Schritt 3

In der Adressleiste wird Ihnen der in der Systemsteuerung zurückgelegte Pfad angezeigt – diesen können Sie auch zur Navigation verwenden!

Schritt 4

Sie haben keine Lust, sich durch die Kategorien zu klicken? Dann verwenden Sie das eingebaute Suchfeld rechts oben in der Systemsteuerung, um die gewünschte Funktion ausfindig zu machen, wie hier z. B. das Fenster *Anpassung*.

3

Mit Dateien und Ordnern sicher umgehen

Dokumente, Bilder und Co. werden auf Ihrem Computer in Form von Dateien gespeichert, die wiederum in Ordnern sowie in Windows 7 auch in Bibliotheken organisiert werden. Alles Wichtige über den richtigen Umgang mit diesen Elementen erfahren Sie in diesem Kapitel. Schaffen Sie optimale Ordnung auf Ihrem PC! Und wenn Sie mal nicht gleich fündig werden? Dann verwenden Sie die ausgezeichneten Suchfunktionen, die Windows 7 Ihnen bietet.

Mehr Ordnung für Ihre Dateien

Das wichtigste Programm zum Organisieren Ihrer Dateien und Ordner ist der Windows-Explorer. Er hat in Windows 7 gegenüber früheren Windows-Versionen eine Reihe von Veränderungen erfahren.

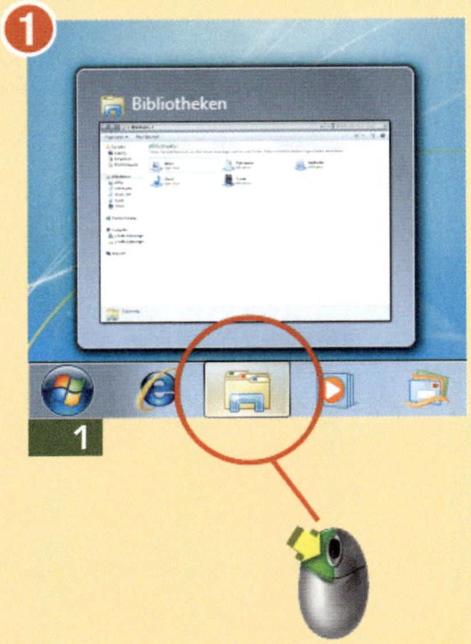

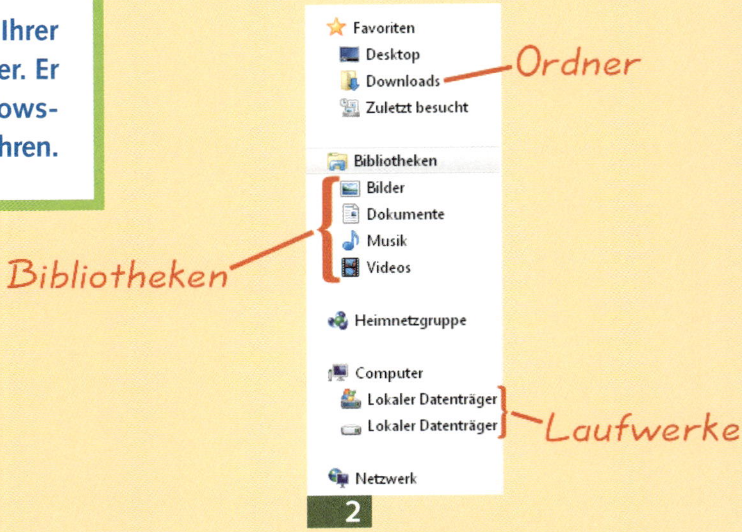

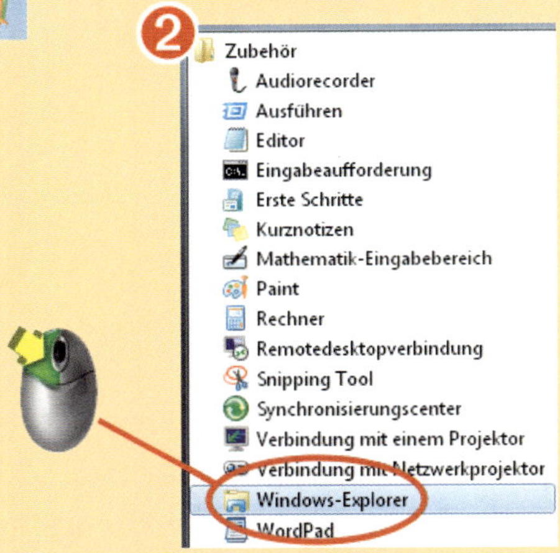

Schritt 1

Sie finden ein Programmsymbol des Windows-Explorers in der Taskleiste. Klicken Sie es an, um das Programm zu öffnen ❶. Alternativ starten Sie den Windows-Explorer im Startmenü unter *Alle Programme/Zubehör* ❷.

Schritt 2

Im Bereich links des Explorers finden Sie zur Navigation eine Übersicht der auf dem Computer verfügbaren Laufwerke (Speichermedien für Ihre Dateien), Bibliotheken (siehe Infobox) und Ordner (zum Ordnen Ihrer Dateien). Klicken Sie ein Element an, um es zu öffnen.

Den Windows-Explorer noch schneller öffnen: Verwenden Sie hierzu die Tastenkombination [Win]+[E].

INFO: Das bringen Bibliotheken

Die in Windows 7 verfügbaren Bibliotheken erlauben es Ihnen, Ordner und Dateien in bestimmten Kategorien zu gruppieren, ohne deren ursprünglichen Speicherort zu verschieben.

3

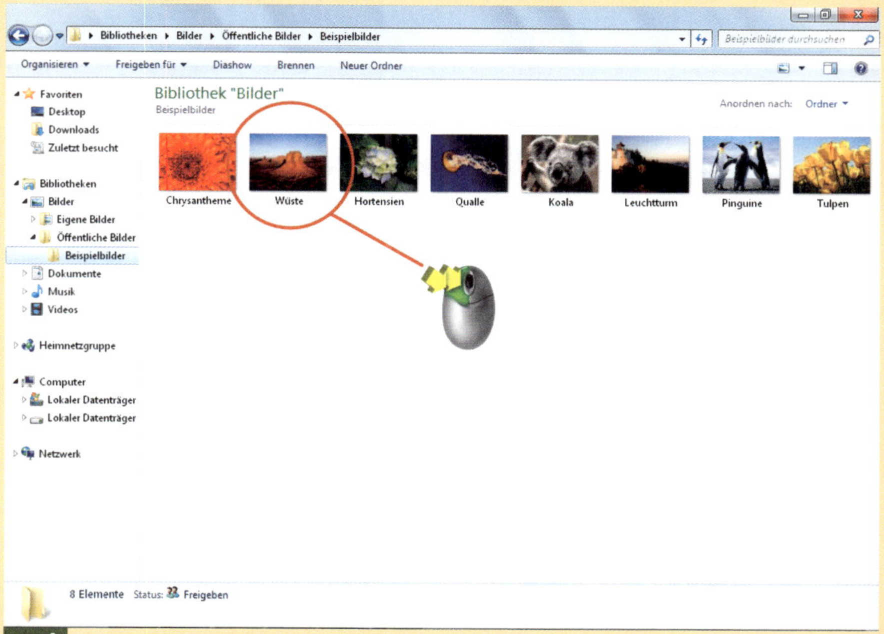

4

Schritt 3

Ein Ordner kann weitere Unterordner enthalten, die Sie sich durch einen Klick auf den zugehörigen Pfeil ▷ anzeigen lassen.

Schritt 4

Die in einem Ordner enthaltenen Dateien werden Ihnen im großen Feld rechts angezeigt und lassen sich dort per Doppelklick öffnen.

Neue Bibliotheken und Ordner erstellen

Vier Standardbibliotheken für Bilder, Dokumente, Musik und Videos sind in Windows 7 bereits vorhanden. Benötigen Sie weitere Kategorien? Das Erstellen ist schnell erledigt.

Bibliotheken haben den Vorteil, Ordner aufzunehmen, ohne deren ursprünglichen Speicherort zu verändern.

Natürlich können Sie eine Bibliothek später per Entf-Taste problemlos wieder löschen – die ihr zugewiesenen Ordner und Dateien bleiben erhalten.

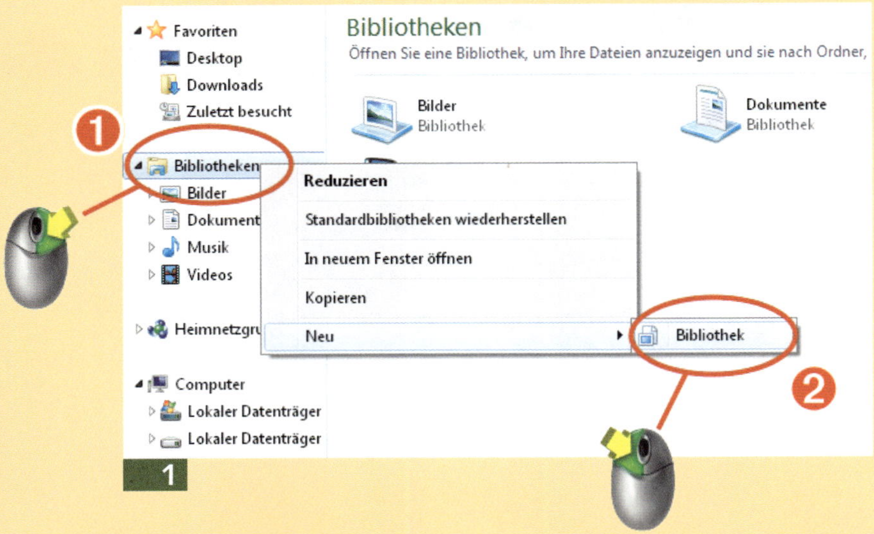

1

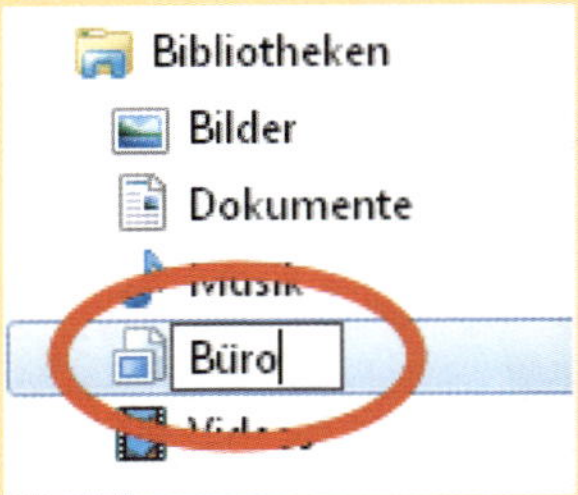

2

Schritt 1

Um eine neue Bibliothek zu erstellen, klicken Sie in der Leiste links mit der rechten Maustaste auf den Eintrag *Bibliotheken* ❶ und wählen *Neu/Bibliothek* ❷.

Schritt 2

Geben Sie der neuen Bibliothek einen schlüssigen Namen und bestätigen Sie mit der Enter-Taste.

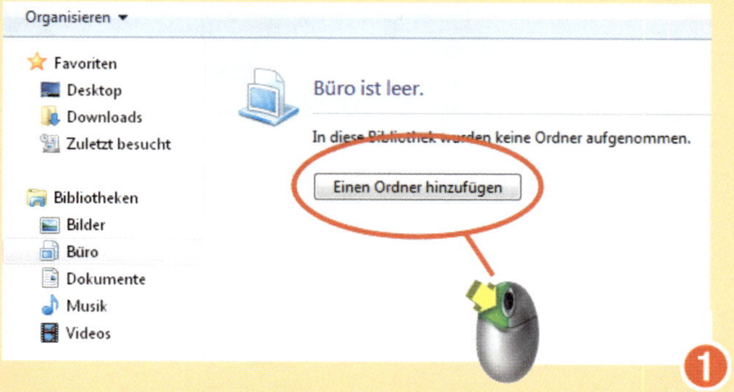

TIPP: Ordner hinzufügen

Wenn eine Bibliothek bereits einen Ordner enthält, erscheint die Schaltfläche *Einen Ordner hinzufügen* nicht mehr. In diesem Fall klicken Sie auf die angezeigte Anzahl der Orte und wählen dann *Hinzufügen*.

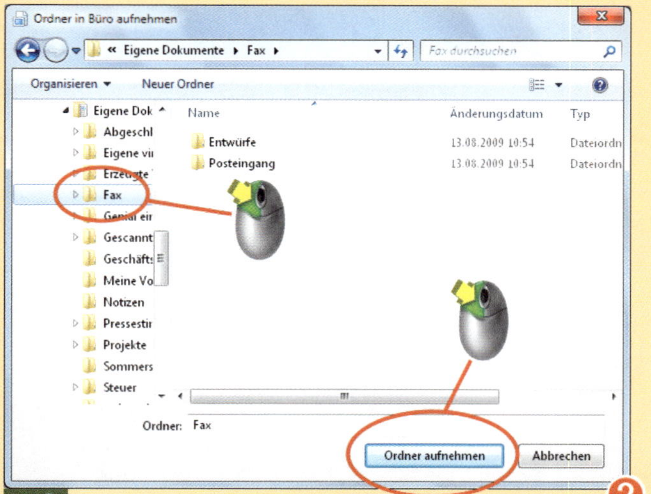

3

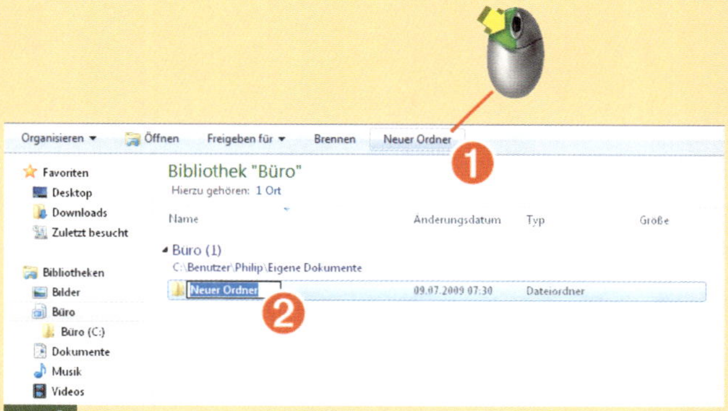

4

Schritt 3

Um der neuen Bibliothek einen Ordner hinzuzufügen, wählen Sie die Bibliothek in der Leiste links aus, klicken auf *Einen Ordner hinzufügen* ❶ und geben im Folgenden den Ordnerpfad an (Ordner auswählen, dann auf *Ordner aufnehmen* klicken) ❷.

Schritt 4

Neuer Ordner gewünscht? Dazu klicken Sie in der Menüleiste auf *Neuer Ordner* ❶ und geben dem Ordner anschließend einen schlüssigen Namen ❷.

Dateien in einer Bibliothek speichern

Wie kommen Ihre Dateien nun in eine Bibliothek? Ganz einfach: durch Abspeichern in einem Ordner, der in die entsprechende Bibliothek aufgenommen wurde.

Wenn Sie eine Datei in einer Bibliothek speichern, wird diese automatisch im ersten zugewiesenen Ordner abgelegt, z. B. *Eigene Dokumente*.

Übrigens: Auch Unterordner eines Ordners werden in die Bibliothek übernommen.

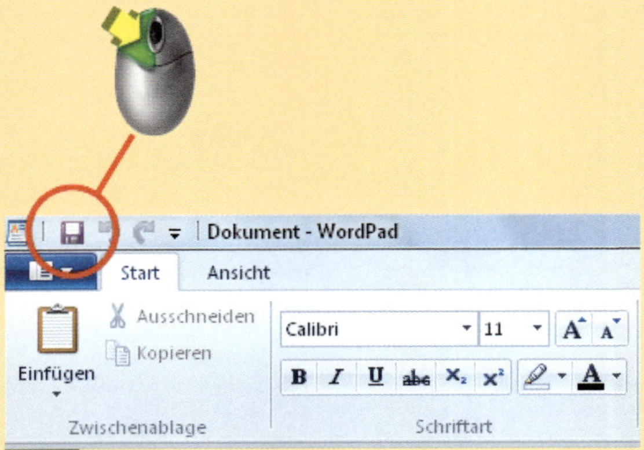

1

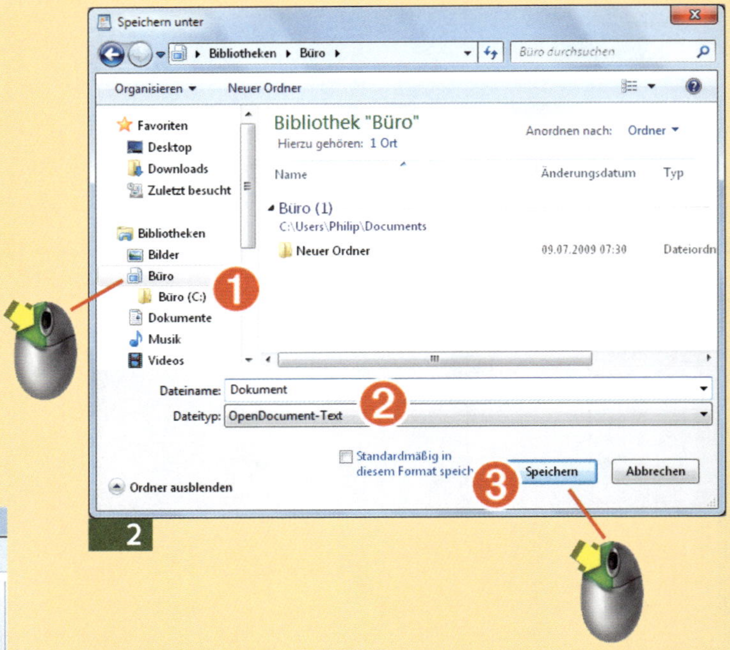

2

Schritt 1

Sie wählen im Programm *Datei/Speichern unter* bzw. klicken auf ein Diskettensymbol, das in vielen Programmen zur Verfügung steht.

Schritt 2

Wählen Sie die gewünschte Bibliothek aus ❶, bestimmen Sie Dateinamen sowie Dateiformat ❷ und klicken Sie dann auf *Speichern* ❸.

Kann eine Bibliothek in die Taskleiste gelegt werden? Nur indirekt: Wenn Sie die Verknüpfung in die Taskleiste ziehen, wird die Bibliothek an den Windows Explorer angeheftet (Programmsymbol mit rechter Maustaste anklicken, dann sehen Sie's).

INFO: Automatische Zuordnung

Praktisch: Windows 7 erkennt automatisch den zu speichernden Dateityp und bietet Ihnen die entsprechende Bibliothek an.

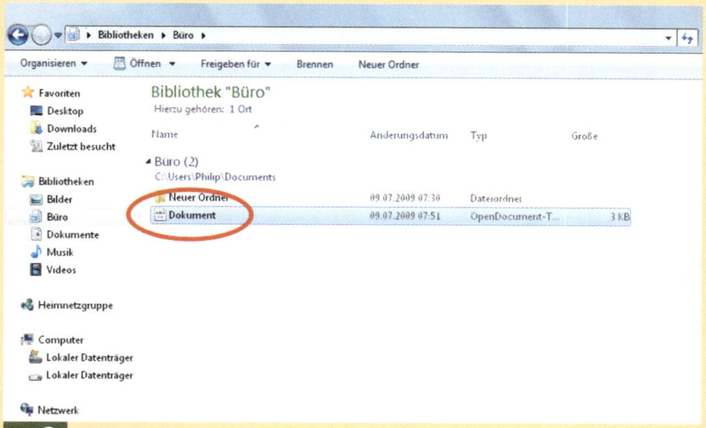

3

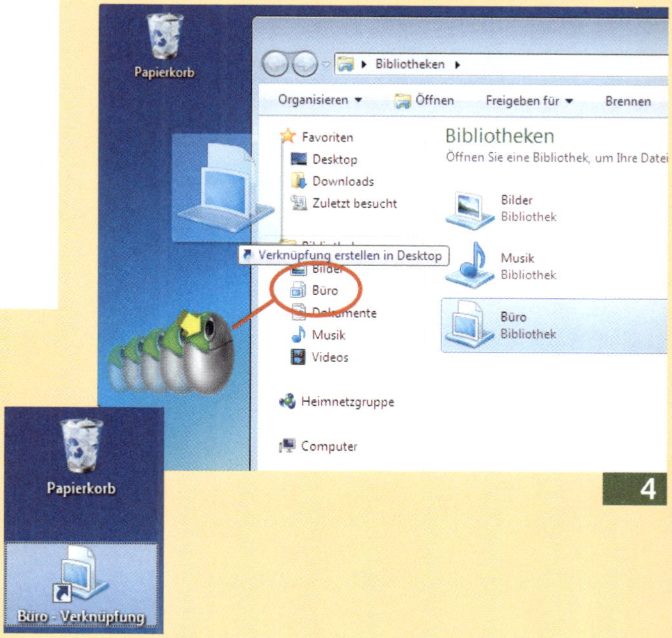

4

Schritt 3

Fertig! Die Datei steht nun in der Bibliothek bzw. im zugrunde liegenden Ordner zur Verfügung. Dieser Ordner kann nun gegebenenfalls auch noch in andere Bibliotheken aufgenommen werden (siehe vorige Aktion).

Schritt 4

Erstellen Sie für schnelle Dateizugriffe eine Verknüpfung zur Bibliothek, indem Sie diese bei gedrückter Maustaste auf den Desktop ziehen.

Schneller Zugriff auf Ordner

Oben in der Navigationsleiste des Windows-Explorers finden Sie den Eintrag *Favoriten* – hier verknüpfen Sie häufig genutzte Ordner für schnelle Zugriffe. Und das geht so:

In Ihrem Benutzerordner finden Sie ebenfalls einen Ordner *Favoriten* – dieser dient allerdings zum Speichern der Internet-Favoriten.

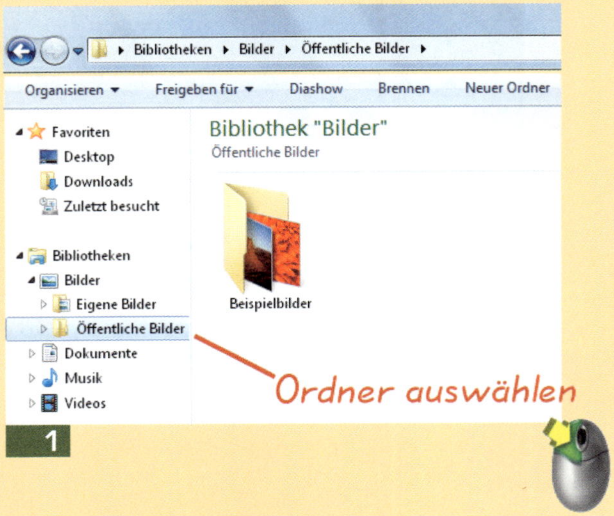

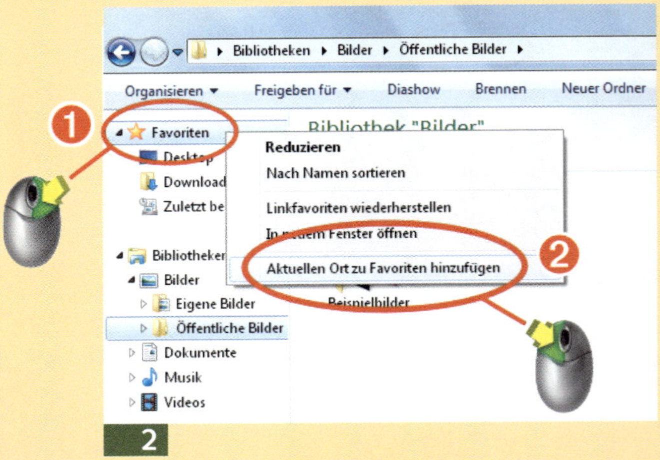

Schritt 1

Wählen Sie zunächst per Linksklick den Ordner aus, den Sie den Favoriten hinzufügen möchten.

Schritt 2

Klicken Sie dann mit der rechten Maustaste auf den Favoriten-Eintrag ❶ und wählen Sie *Aktuellen Ort zu Favoriten hinzufügen* ❷.

Die Favoriten lassen sich sortieren. Klicken Sie einfach einen Favoriten an und ziehen Sie ihn bei gedrückter Maustaste in die gewünschte Position.

TIPP: Ordner „rüberziehen“

Sie können einen Ordner im Windows-Explorer auch einfach bei gedrückter Maustaste zum Favoriten-Eintrag ziehen, um dort eine Verknüpfung zu erstellen.

Das Ergebnis: Die Verknüpfung „Öffentliche Bilder“ wurde gelöscht

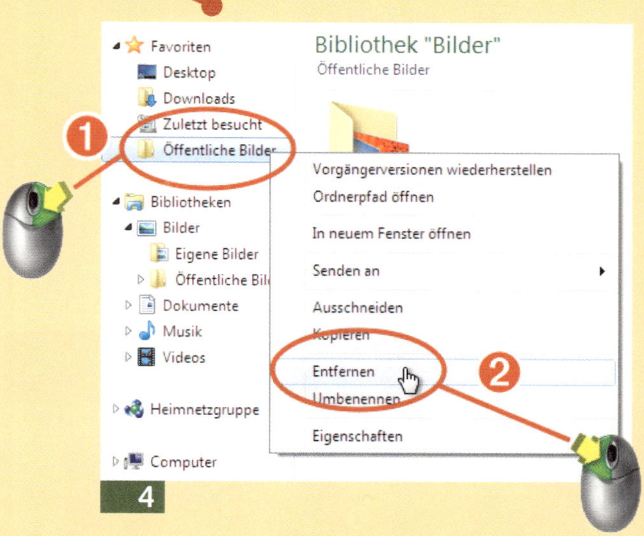

Schritt 3

Sie stellen fest: Der gewünschte Ordner (hier: *Öffentliche Bilder*) ist nun in den Favoriten verfügbar.

Schritt 4

Selbstverständlich können Sie eine Verknüpfung dort auch wieder löschen, ohne dass der ursprüngliche Ordner davon berührt wird. Hierzu einfach den Eintrag mit der rechten Maustaste anklicken ❶ und *Entfernen* wählen ❷.

Dateien und Ordner kopieren

Dateien und Ordner lassen sich im Windows-Explorer problemlos von einem Speicherort in einen anderen kopieren oder verschieben – und das ganz ohne Informatikstudium.

Kopieren per Drag & Drop: Halten Sie dazu beim Ziehen mit der Maus einfach die [Strg]-Taste gedrückt, ansonsten werden die Dateien verschoben.

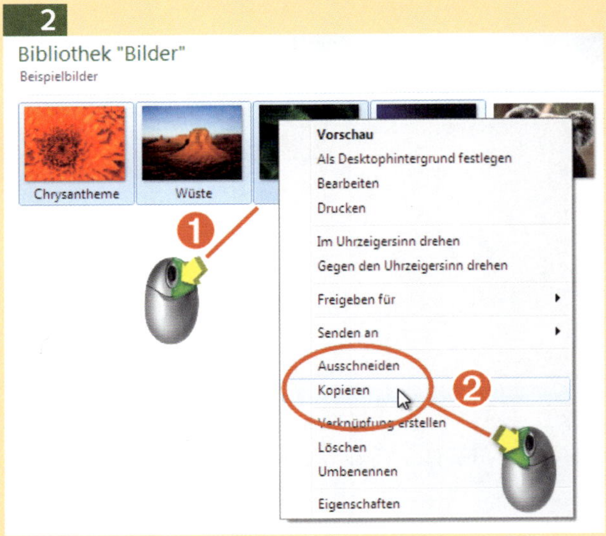

Mehrere Dateien wählen Sie bei gedrückter "Strg"-Taste aus

Schritt 1

Wählen Sie per Mausklick die zu kopierenden Dateien aus. Um mehrere Dateien zu selektieren, halten Sie dabei die [Strg]-Taste gedrückt. Mit der Tastenkombination [Strg]+[A] wählen Sie sämtliche in einem Ordner befindlichen Elemente aus.

Schritt 2

Klicken Sie die markierten Elemente mit der rechten Maustaste an ❶ und wählen Sie *Kopieren* ❷. Alternativ können Sie auch die Tastenkombination [Strg]+[C] verwenden.

Blitzschnell eingefügt: Die Dateien stehen jetzt im gewünschten Ordner zur Verfügung

INFO: Verschieben vs. Kopieren

Wenn Sie eine Datei kopieren, duplizieren Sie sie, d. h., sie bleibt am ursprünglichen Speicherort erhalten. Um Dateien lieber zu verschieben, wählen Sie in Schritt 2 statt *Kopieren* den Eintrag *Ausschneiden* (Strg+X).

Wie bei den Dateien: Per Rechtsklick Menü aufrufen ...

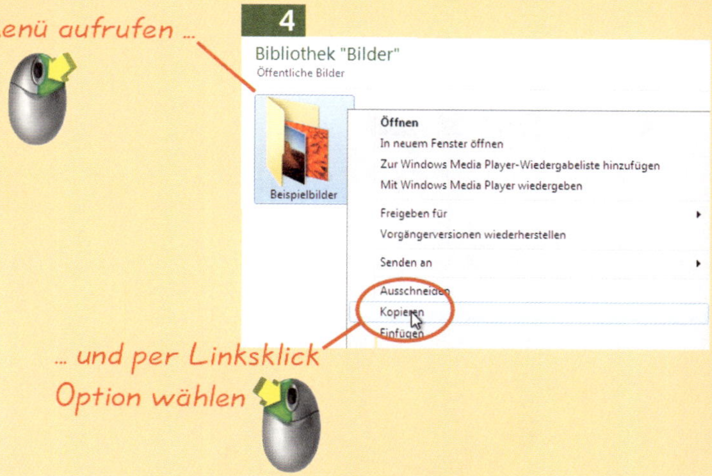

... und per Linksklick Option wählen

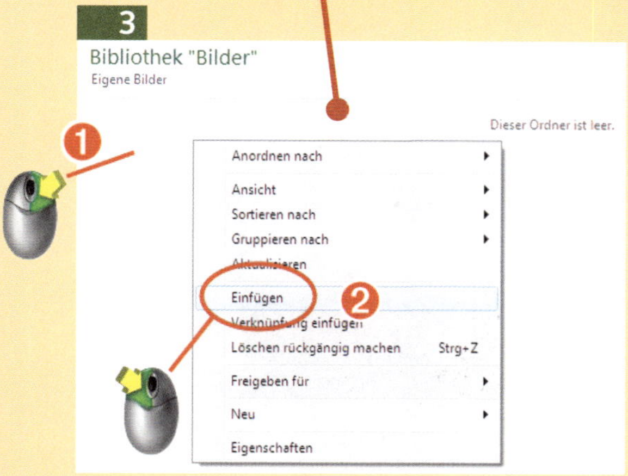

Schritt 3

Nun öffnen Sie einen beliebigen Ordner, in den die Dateien verschoben werden sollen (hier: *Eigene Bilder*), klicken mit der rechten Maustaste hinein ❶ und entscheiden sich für *Einfügen* ❷ (Tastenkombination Strg+V).

Schritt 4

Zum Kopieren von Ordnern verfahren Sie auf gleiche Weise: Sie markieren einen Ordner (hier: *Beispielbilder*) und verfahren wie in Schritt 1-3 beschrieben. Selbstverständlich können auch Dateien und Ordner gleichzeitig kopiert werden.

Dateien und Ordner umbenennen

Dateinamen wurden von einem Programm – oder beispielsweise der Digitalkamera – automatisch erstellt und sollen geändert werden? Wiederum genügen wenige Handgriffe.

Bitte die Dateiendung nicht ändern, da sonst der Dateityp nicht mehr erkannt wird, z. B. von Word, wenn die Endung *.doc* fehlt.

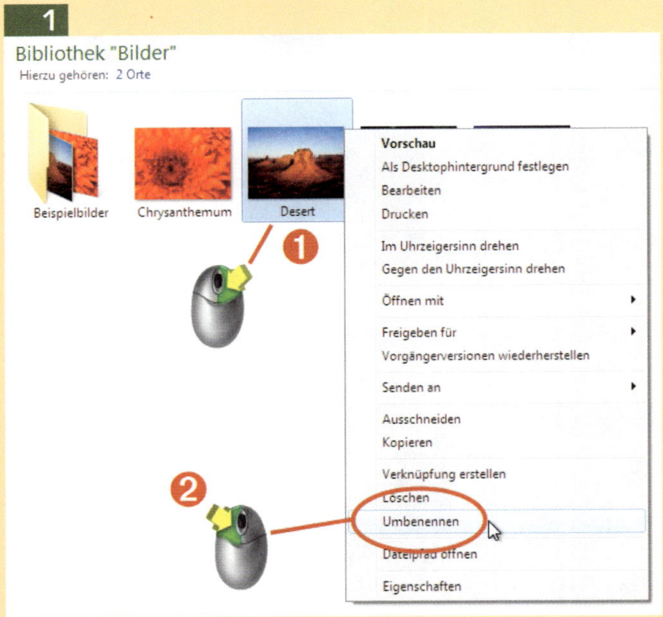

Schritt 1

Klicken Sie die Datei (oder den Ordner), die Sie umbenennen wollen, mit der rechten Maustaste an ❶ und wählen Sie *Umbenennen* ❷.

Schritt 2

Geben Sie dann einfach den neuen Datei- bzw. Ordnernamen ein und betätigen Sie die Enter-Taste. Schon fertig!

Zum Umbenennen einer Datei können Sie diese auch ganz einfach zweimal langsam hintereinander anklicken - führen Sie aber keinen Doppelklick durch!

TIPP: Welche Dateinamen?

Mein Tipp: Vergeben Sie von Anfang an Dateinamen, die auf den Inhalt einer Datei schließen lassen – Sie behalten dann den Durchblick, wenn Sie einmal sehr viele Dateien auf Ihrem Rechner gespeichert haben.

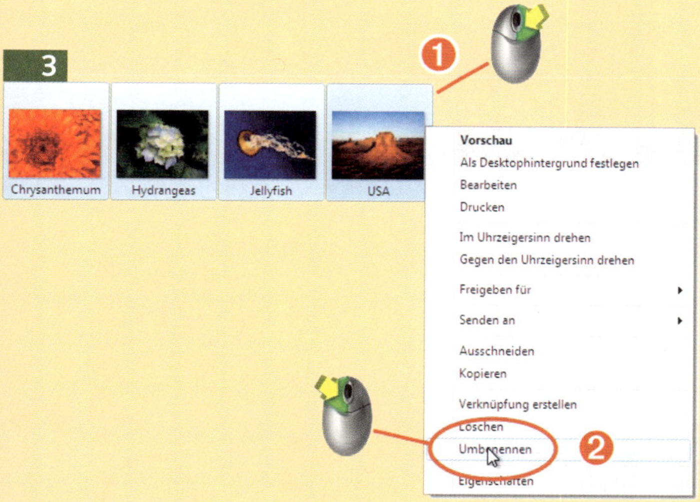

Schritt 3

Auch mehrere Dateien gleichzeitig lassen sich umbenennen. Hierzu wählen Sie diese bei gedrückter [Strg]-Taste aus, klicken sie anschließend wieder mit der rechten Maustaste an ❶ und entscheiden sich im Menü für den Eintrag *Umbenennen* ❷.

Schritt 4

Der Dateiname, den Sie vergeben, wird nun für alle ausgewählten Dateien verwendet – mit einer automatisch generierten Nummer hinter jedem Dateinamen.

Sie wünschen Details zu einer Datei?

Der Windows-Explorer bietet Ihnen pfiffige Ansichtsoptionen für Ihre Dateien: Lassen Sie sich Bilder als „große Symbole“ anzeigen oder nehmen Sie die Details einer Datei unter die Lupe, um schneller auf die gesuchte Datei zuzugreifen.

Die Ansichtsgröße mit dem Scrollrad der Maus verändern: Halten Sie hierbei einfach die Strg-Taste gedrückt.

Die Details bieten nicht nur Informationen, sondern auch Sortiermöglichkeiten, z. B. lassen sich per Mausklick alle Fotos nach Aufnahmedatum sortieren.

1

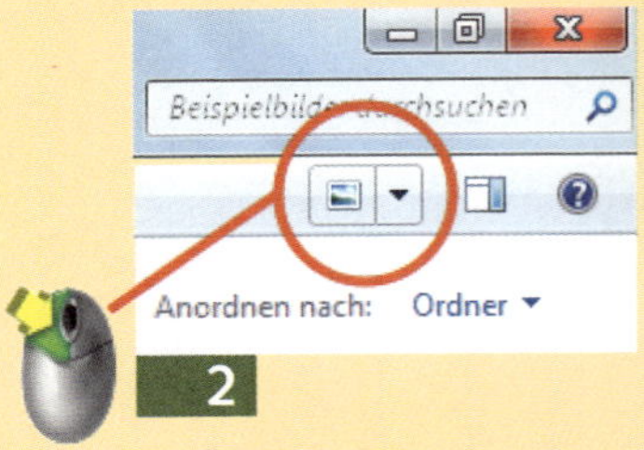

2

Schritt 1

Klicken Sie eine Datei im Windows-Explorer an ❶ – in der Leiste unten werden Ihnen dann Details dazu angezeigt, wie hier z. B. Dateiname, Dateityp, Aufnahmedatum oder Bildgröße ❷.

Schritt 2

Um eine andere Ansichtsoption auszuwählen, klicken Sie auf das Symbol [Symbol] bzw. den zugehörigen Pfeil rechts oben im Windows-Explorer.

Für welche Ansichtsoption Sie sich entscheiden, richtet sich auch nach der Art der Datei. Bei Dokumenten etwa bringen die großen Symbole nichts - ich persönlich bevorzuge da *Details*.

INFO: Dateieigenschaften

Um alle verfügbaren Informationen zu einer Datei abzurufen, klicken Sie diese mit der rechten Maustaste an und wählen *Eigenschaften*. Unter der Registerkarte *Details* werden Ihnen die Informationen angezeigt.

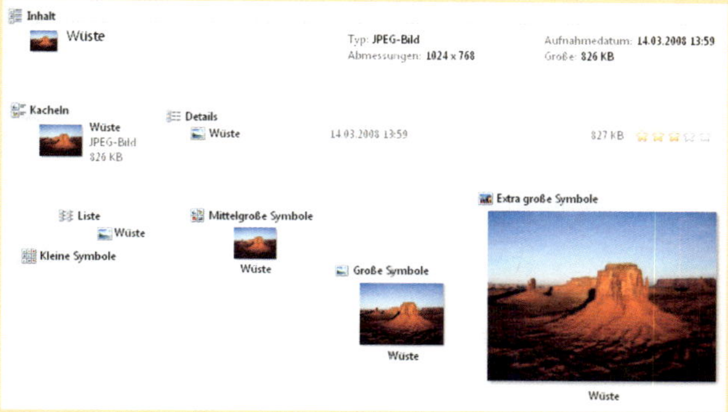

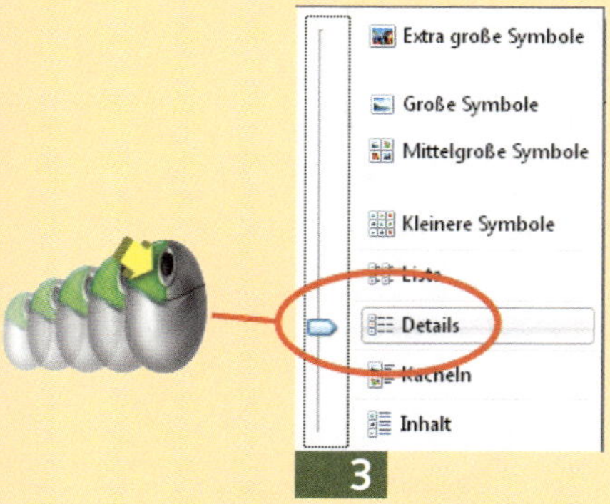

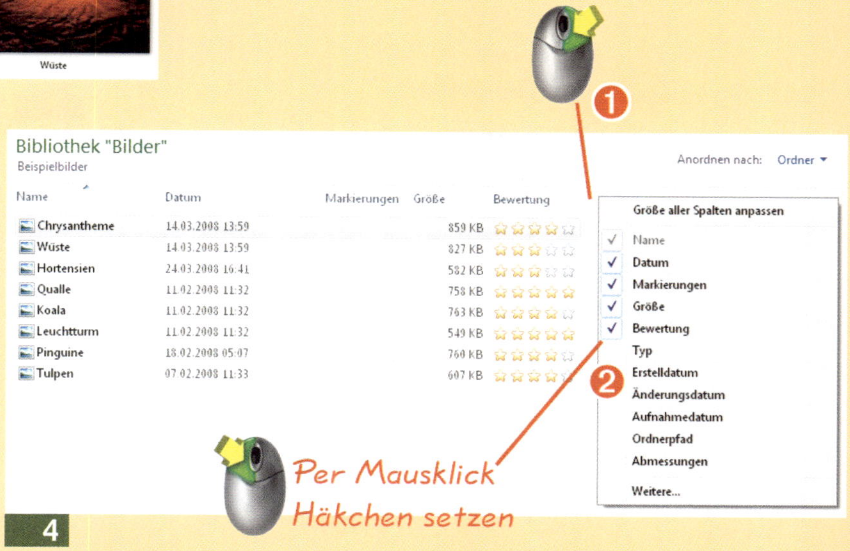

Schritt 3

Mithilfe des Schiebereglers entscheiden Sie sich für die gewünschte Ansichtsoption, etwa *Details* für mehr Informationen zu den Dateien.

Schritt 4

Weitere Details gewünscht? Klicken Sie mit der rechten Maustaste neben die Leiste oberhalb der Dateien ❶ und wählen Sie weitere anzuzeigende Details im Menü aus ❷.

So erhalten Sie eine Dateivorschau

Sie müssen nicht mehrere Dateien umständlich öffnen, um endlich die gesuchte zu finden. Verwenden Sie stattdessen die Dateivorschau, die Ihnen der Windows-Explorer anbietet, z. B. um die in einem Ordner enthaltenen Bilder zu sondieren.

Für eine Vorschau von Bilddateien steht in Windows 7 das Programm Windows-Fotoanzeige zur Verfügung, das bei einem Doppelklick auf ein Bild standardmäßig zur Anwendung kommt.

Noch schnellere Dateivorschau: Wählen Sie eine Datei aus und drücken Sie die Tasten Alt+P, um das Vorschaufenster einzublenden (und es zu schließen).

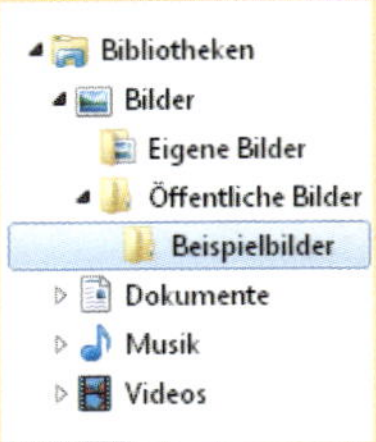

1

Ordner im Windows Explorer auswählen

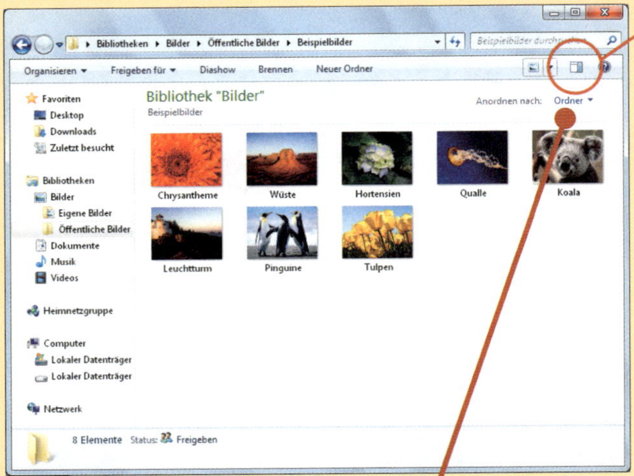

2

Schritt 1

Öffnen Sie den Windows-Explorer und wählen Sie den Ordner aus, in dem sich die gesuchte Datei befindet.

Schritt 2

Klicken Sie nun rechts oben im Windows-Explorer auf das Symbol ◫.

INFO: Vorschau ausblenden

Um das Vorschaufenster wieder auszublenden, klicken Sie auf das Symbol ▢, das nach dem Einblenden des Vorschaufensters rechts oben im Windows-Explorer angezeigt wird.

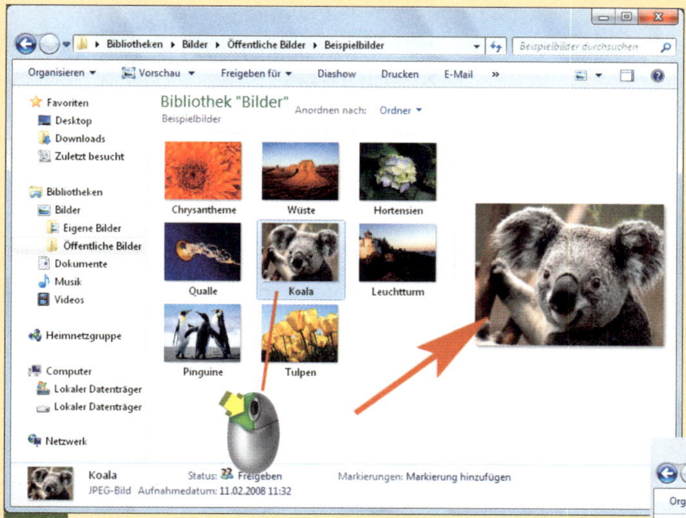

3

Tipp: Im Vorschaufenster lassen sich auch Text-Dokumente anzeigen – dadurch bietet sich die Nutzung als „Karteikarten"-System für Vokabeln & Co. an.

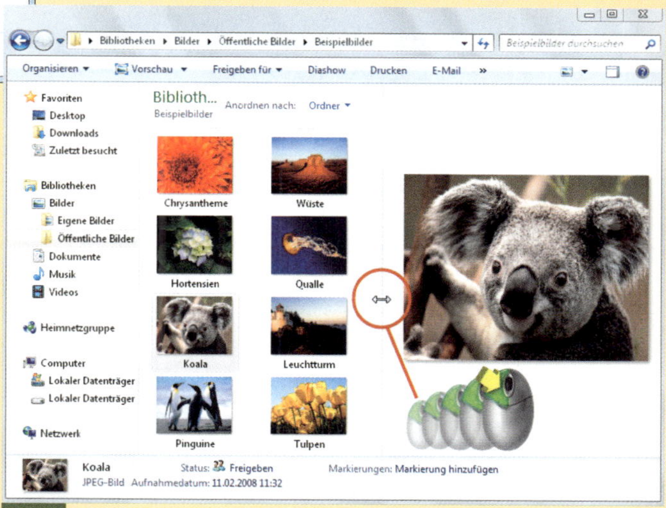

4

Schritt 3

Das Vorschaufenster wird eingeblendet. Wählen Sie nun einfach die Dateien aus, die in der Vorschau angezeigt werden sollen, z. B. Bilder, Videos oder Dokumente.

Schritt 4

Das Vorschaufenster lässt sich mit wenigen Handgriffen vergrößern: Klicken Sie dazu auf dessen Rand, es erscheint dann ein Doppelpfeil ⇔, den Sie bei gedrückter Maustaste nach links ziehen.

Versteckte Dateien anzeigen lassen

Bestimmte Dateien werden in Windows 7 ausgeblendet – versteckt. Um sich diese anzeigen zu lassen, etwa um eine nicht benötigte Datei zu löschen, gehen Sie folgendermaßen vor.

Bei versteckten Dateien kann es sich z. B. um unvollständige Downloads handeln. Lassen Sie sich diese anzeigen, um sie löschen zu können!

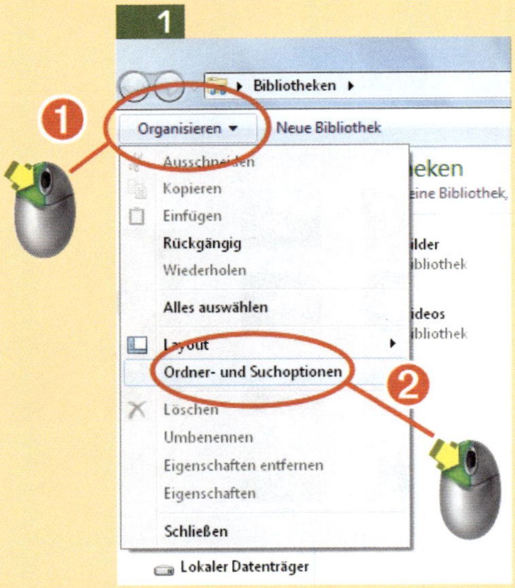

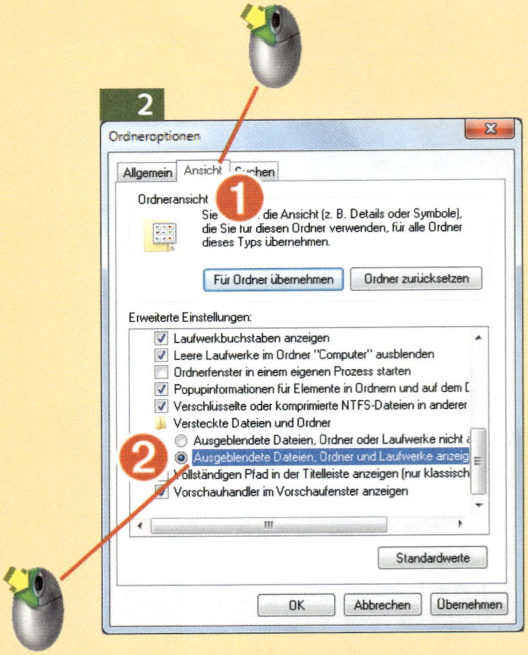

Schritt 1

Klicken Sie in der Menüleiste des Windows-Explorers auf *Organisieren* ❶ und entscheiden Sie sich für den Eintrag *Ordner- und Suchoptionen* ❷.

Schritt 2

Unter der Registerkarte *Ansicht* ❶ aktivieren Sie die Option *Ausgeblendete Dateien, Ordner und Laufwerke anzeigen* ❷.

INFO: Wieder verstecken

Im Normalfall lassen Sie die versteckten Dateien und die Systemdateien lieber ausgeblendet. Zum Zurücksetzen der Einstellungen klicken Sie in den Ordner- und Suchoptionen auf *Standardwerte*.

3

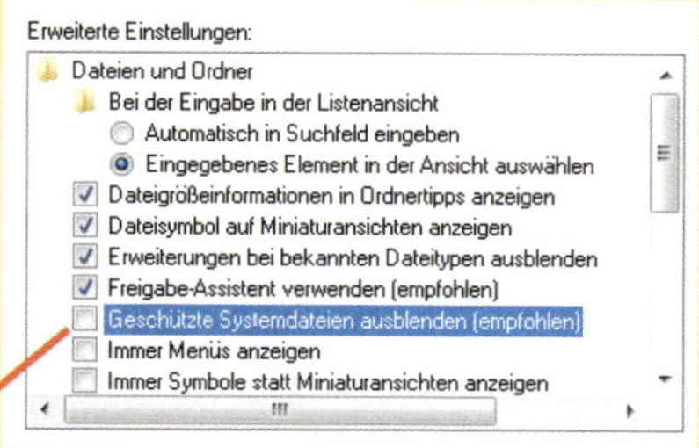

Häkchen entfernen, um Systemdateien anzuzeigen

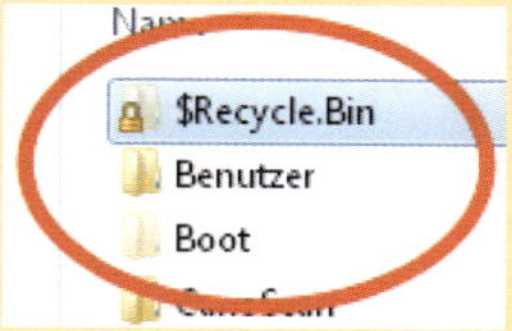

4

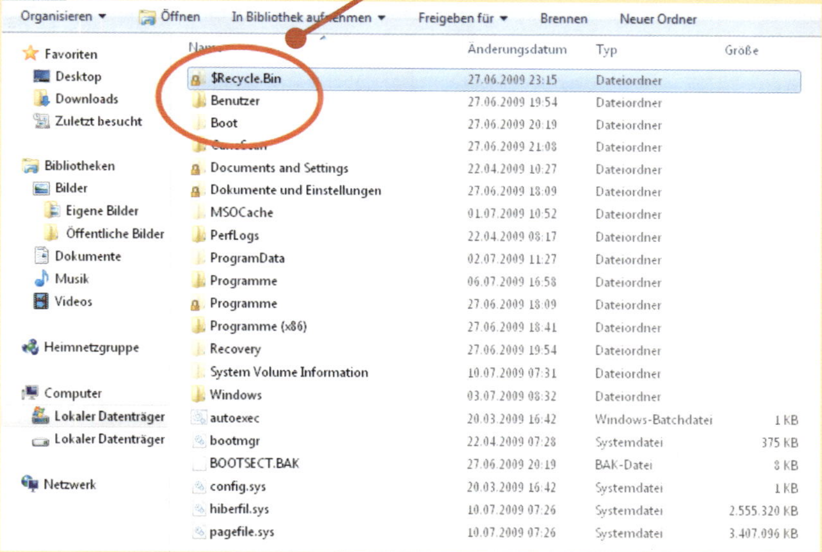

Löschen Sie versteckte Dateien nur, wenn Sie wissen, worum es sich handelt – Sie könnten ansonsten Schaden im Betriebssystem anrichten!

Schritt 3

Auch geschützte Systemdateien können Sie sich anzeigen lassen, indem Sie das Kontrollkästchen *Geschützte Systemdateien ausblenden* deaktivieren.

Schritt 4

Sie stellen fest: Es werden im Windows-Explorer nun sämtliche vorhandenen Ordner und Dateien angezeigt, und eine zuvor versteckte Datei kann geöffnet, kopiert oder gar gelöscht werden.

Dateien suchen & finden

Für die effiziente Suche nach Dateien auf Ihrem Rechner verwenden Sie am besten das in den Windows-Explorer eingebaute Suchfeld – das erspart Ihnen das lästige Durchstöbern einzelner Ordner.

Blitzschnell ein Suchfenster aufrufen: Verwenden Sie hierfür die Tastenkombination Win+F.

Sie können übrigens nicht nur nach Namen suchen, sondern auch nach Eigenschaften, z. B. nach Dateityp (*jpg*, *doc* usw.), um alle Dateien dieses Typs zu finden.

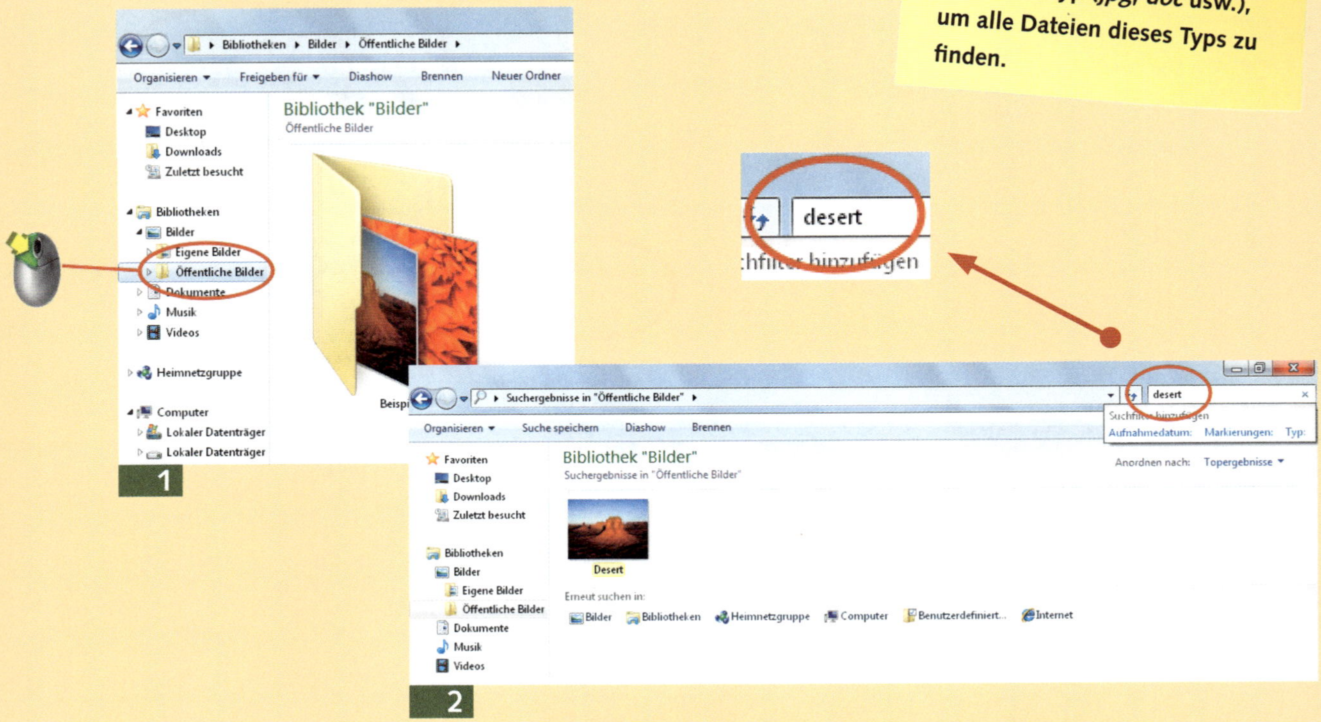

Schritt 1

Öffnen Sie den Windows-Explorer und wählen Sie links das Laufwerk, die Bibliothek oder den Ordner aus, den Sie durchsuchen möchten.

Schritt 2

Ins Suchfeld rechts oben tippen Sie nun einen Suchbegriff ein – die Suche wird bereits während des Eintippens gestartet. Hier z. B. suche ich nach einem englischen Wüsten-Bild und tippe deshalb *desert* ein.

TIPP: Suchoperatoren verwenden

Bei der Suche nach Dateien können Sie – wie in Suchmaschinen – Operatoren verwenden, um die Suche zu präzisieren: ein Leerzeichen für „und“; AND NOT für „und nicht“; OR für „oder“. Also z. B. *sonne mond AND NOT sterne*.

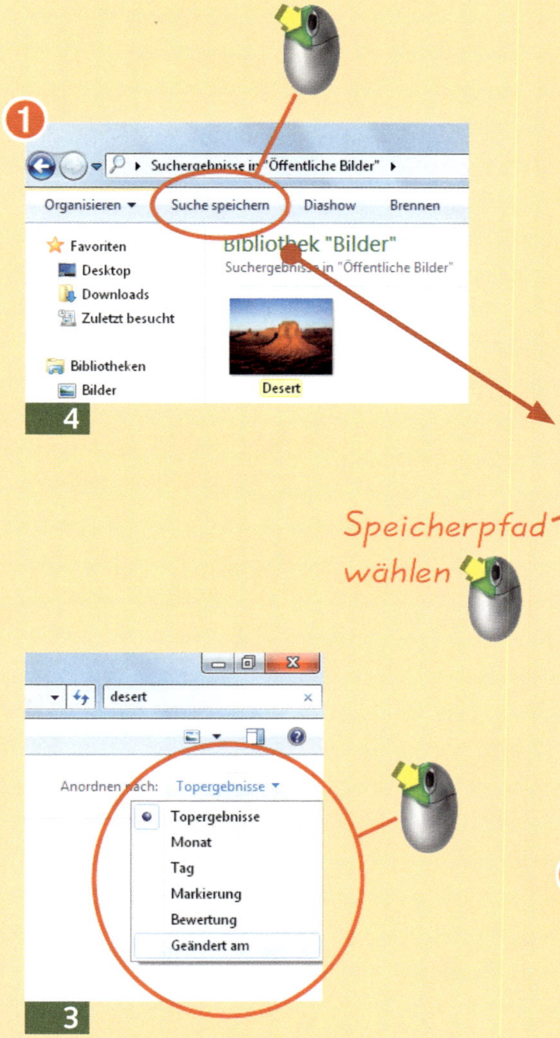

Schritt 3

Sehr viele Suchergebnisse? Unterhalb des Suchfeldes finden Sie ein Sortiermenü, um die Suchergebnisse nach unterschiedlichen Kriterien anzuordnen, z. B. nach Erstellungsmonat, Bewertung oder Änderungsdatum.

Schritt 4

Mein Tipp: Speichern Sie häufiger verwendete Suchen einfach ab. In der Menüleiste des Windows-Explorers findet sich hierfür nach einer durchgeführten Suche der Eintrag *Suche speichern*.

Dateien und Ordner löschen

Kurt Tucholsky schrieb einmal: „Die Basis einer gesunden Ordnung ist ein großer Papierkorb.“ Auch in Windows 7 steht ein solcher zur Verfügung – und ich empfehle seine rege Nutzung, damit auf Ihrem PC stets genügend Speicherplatz zur Verfügung steht.

Wichtig: Programmdateien nicht einfach löschen! Diese müssen Sie deinstallieren, und zwar in der Systemsteuerung unter *Programme*. Ansonsten verbleibt Datenmüll auf dem PC.

So geht's auch: Wenn Sie eine Datei bei gedrückter Maustaste auf das auf dem Desktop befindliche Papierkorbsymbol schieben, wird sie ebenfalls gelöscht.

1

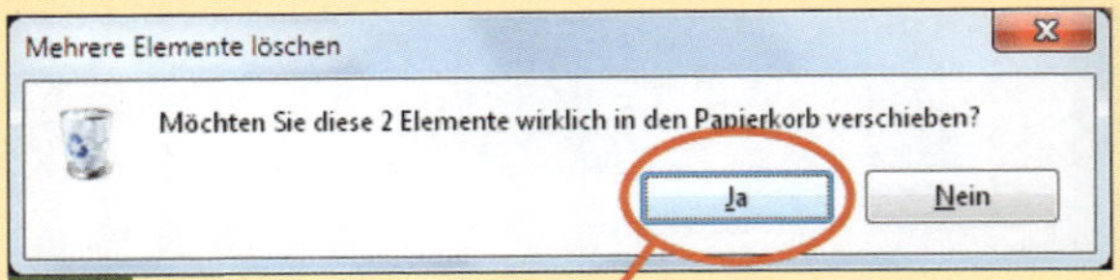

2

Schritt 1

Um eine nicht mehr benötigte Datei zu löschen, wählen Sie diese per Mausklick aus. Mehrere Dateien markieren Sie bei gedrückter [Strg]-Taste.

Schritt 2

Betätigen Sie dann einfach die [Entf]-Taste und bestätigen Sie mit *Ja*. Die Datei wird nun in den Papierkorb verschoben, was je nach Dateigröße einen Moment dauern kann.

Auch das komplette „Abschalten" des Papierkorbs ist möglich. Hierzu aktivieren Sie in Schritt 4 die Option *Dateien sofort löschen*.

Um eine Datei ohne Umweg über den Papierkorb zu löschen, halten Sie beim Betätigen der [Entf]-Taste die [Umschalt]-Taste gedrückt.

TIPP: Ordnung halten

Viele Menschen sind die reinsten Messies – zumindest was den Computer betrifft. Bewahren Sie auch jedes Gerümpel (also nicht mehr benötigte Dateien) auf? Löschen Sie diese lieber gleich, um den Überblick zu behalten!

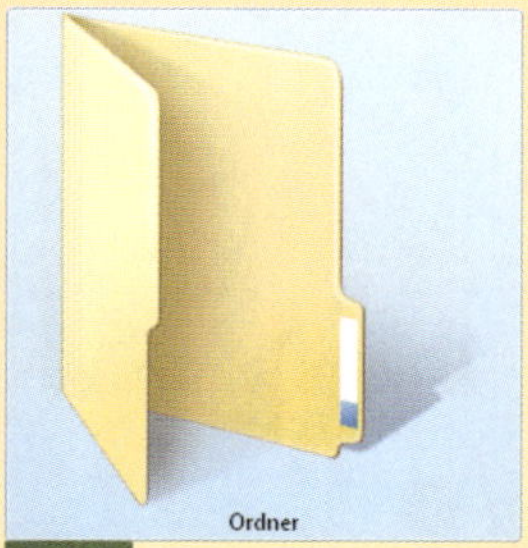

3

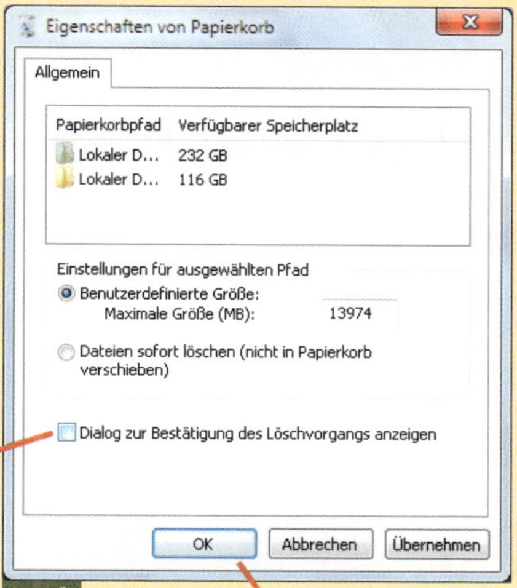

4

Dieses Kontrollkästchen deaktivieren ...

... und mit "OK" bestätigen

Schritt 3

Ordner markieren und löschen Sie auf gleiche Weise. Auch deren gesamter Inhalt wird in den Papierkorb verschoben.

Schritt 4

Sie wollen die Sicherheitsabfrage aus Schritt 2 abschalten? Dann klicken Sie mit der rechten Maustaste auf das Papierkorbsymbol auf dem Desktop () und wählen *Eigenschaften*. Deaktivieren Sie das Kästchen *Dialog zur Bestätigung des Löschvorgangs anzeigen*.

Gelöschte Dateien wiederherstellen

Dateien werden zunächst nicht vollständig gelöscht, sondern in den Papierkorb verschoben. Vorteil: Versehentlich gelöschte Dateien können mit wenigen Handgriffen wiederhergestellt werden.

Sie wollen alle gelöschten Dateien im Papierkorb wiederherstellen? Dann in Schritt 2 ein Klick auf *Alle Elemente wiederherstellen.*

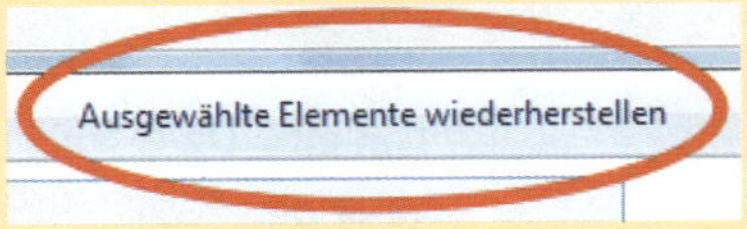

1

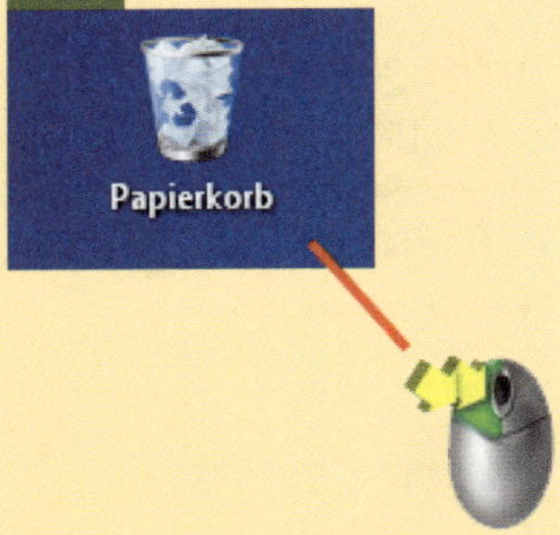

2

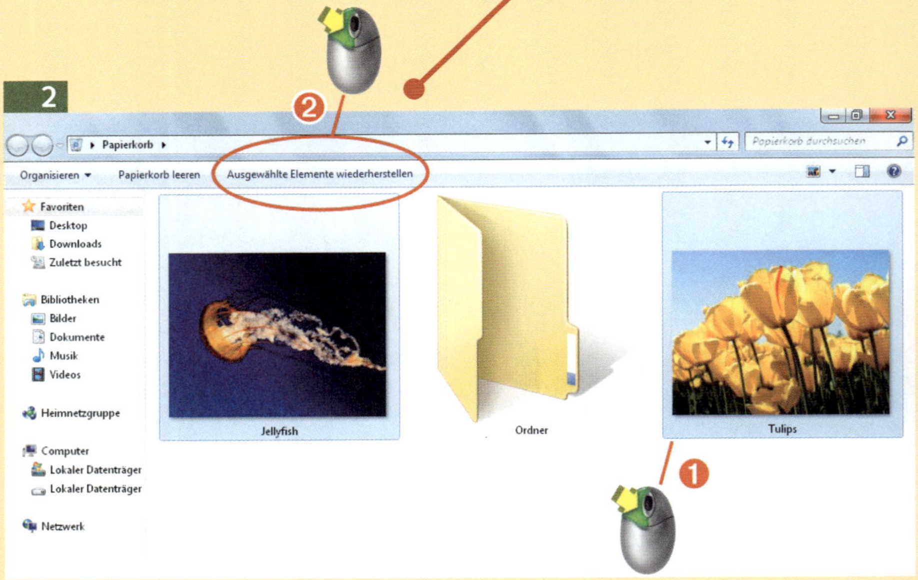

Schritt 1

Doppelklicken Sie auf das Papierkorbsymbol, das Sie links oben auf dem Desktop finden.

Schritt 2

Wählen Sie die Dateien aus, die Sie wiederherstellen möchten (mehrere Dateien bei gedrückter [Strg]-Taste) ❶ und klicken Sie dann auf *Ausgewählte Elemente wiederherstellen* ❷. Die Dateien stehen prompt wieder am ursprünglichen Speicherort zur Verfügung.

Den Papierkorb schneller leeren: Klicken Sie das Papierkorb-Symbol auf dem Desktop dazu mit der rechten Maustaste an und wählen Sie *Papierkorb leeren*.

INFO: Vorsicht, Dateispione!

Übrigens lassen sich auch aus dem Papierkorb gelöschte Dateien von Profis unter Umständen wiederherstellen. Hierzu dienen entsprechende Programme wie z. B. UndeletePlus (*http://undeleteplus.com*).

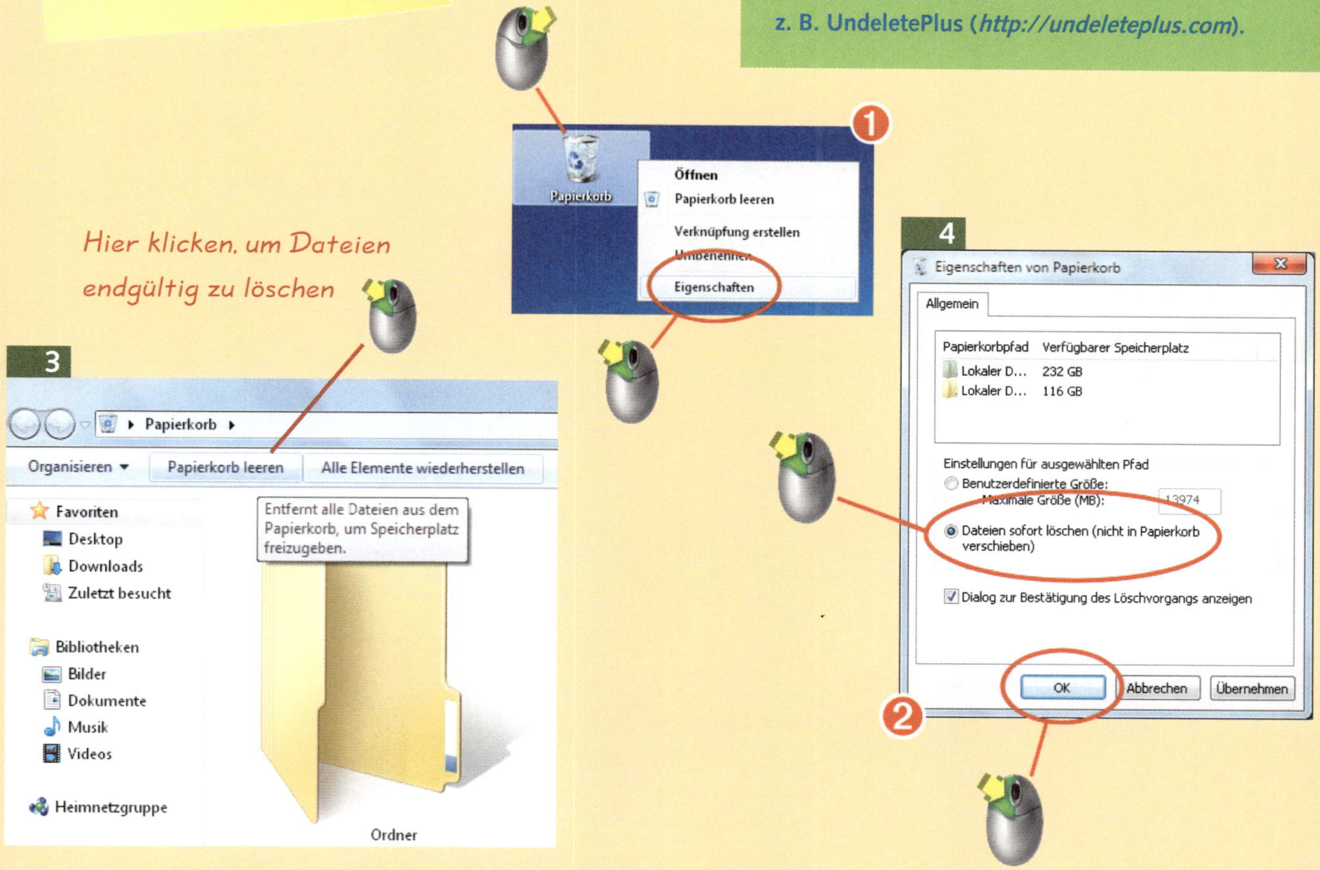

Schritt 3

Um Dateien und Ordner stattdessen endgültig zu löschen, klicken Sie auf *Papierkorb leeren*.

Schritt 4

Dateien sollen ohne Umweg über den Papierkorb sofort gelöscht werden? Um das zu bewerkstelligen, klicken Sie das Papierkorbsymbol mit der rechten Maustaste an und wählen *Eigenschaften* ❶. Aktivieren Sie die Option *Dateien sofort löschen* und bestätigen Sie mit *OK* ❷.

Dateien und Ordner komprimieren

Wenn Sie mehrere Dateien per E-Mail versenden oder diese einfach auf Ihrem Rechner archivieren möchten, empfehle ich das Komprimieren im sogenannten ZIP-Format. Es ist ganz einfach!

Setup-Dateien (mit der Endung *.exe*) zur Installation eines Programms im ZIP-Ordner? Programme lassen sich installieren, ohne den komprimierten Ordner zuvor zu entpacken.

1

Dateien per Mausklick und gedrückter "Strg"-Taste auswählen

2

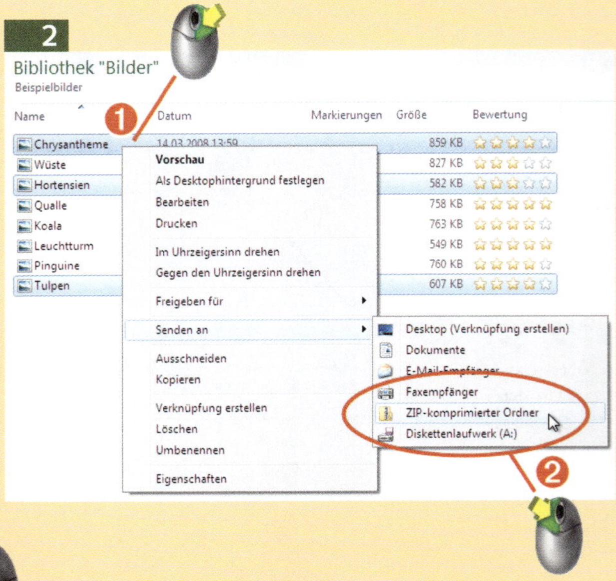

Schritt 1

Sie wählen zunächst im Windows-Explorer die Elemente aus, die komprimiert werden sollen, also die gewünschten Dateien und Ordner. Hier im Beispiel will ich mehrere Bilder „packen“.

Schritt 2

Klicken Sie die Auswahl dann mit der rechten Maustaste an ❶ und entscheiden Sie sich im Menü für *Senden an/ZIP-komprimierter Ordner* ❷.

Ein weiteres sehr häufig genutztes Format zum Komprimieren von Dateien ist *RAR*. Zum Entpacken laden Sie WinRAR unter *http://www.winrar.de* aus dem Web.

INFO: ZIP-Ordner entpacken

Um einen komprimierten Ordner später wieder zu entpacken, klicken Sie diesen mit der rechten Maustaste an und wählen *Alle extrahieren.*

Dem ZIP-Ordner können Sie weitere Dateien hinzufügen, indem Sie diese einfach bei gedrückter Maustaste auf den Ordner schieben.

3

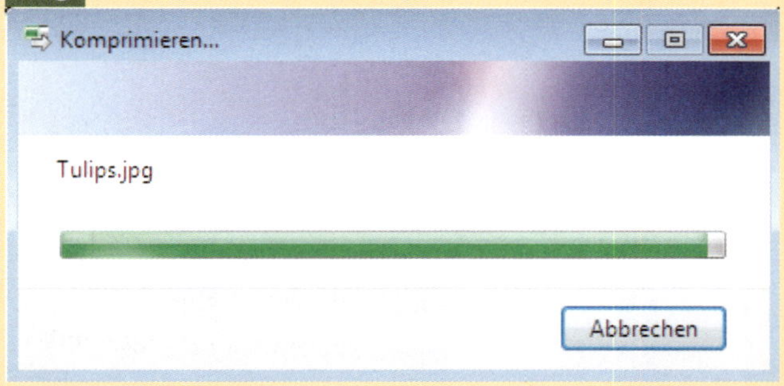

4

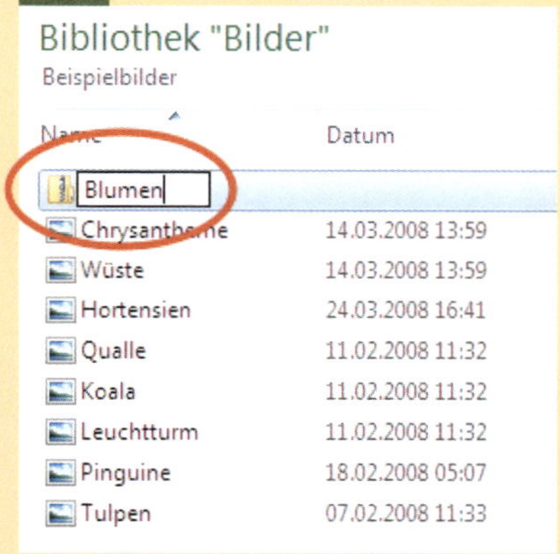

Schritt 3

Die markierten Elemente werden daraufhin komprimiert ...

Schritt 4

... und Sie müssen dem ZIP-Ordner nur noch einen schlüssigen Namen geben. Genial einfach!

Standardprogramme festlegen

Eine Datei wird nicht mit dem Programm geöffnet, mit dem Sie dies wünschen? So bestimmen Sie, welches Programm für das Öffnen eines bestimmten Dateityps verwendet werden soll.

Für viele Dateitypen sind Standardprogramme festgelegt. Einige Programme, z. B. Multimediaprogramme wie der RealPlayer, ändern die Einstellungen jedoch ungefragt.

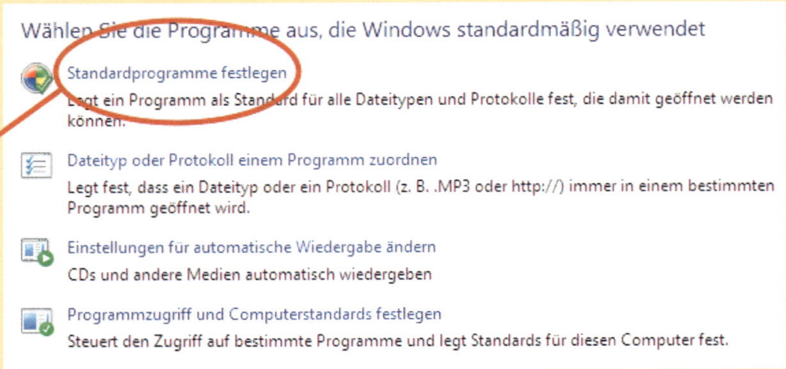

2

1

So geht's noch einfacher: Um für einen bestimmten Dateityp ein Standardprogramm festzulegen, klicken Sie die Datei mit der rechten Maustaste an und wählen *Öffnen mit/Standardprogramm auswählen*.

Schritt 1

Öffnen Sie das Startmenü und klicken Sie auf den Eintrag *Standardprogramme*.

Schritt 2

Entscheiden Sie sich im Folgenden zunächst für *Standardprogramme festlegen*.

Hier einige häufig vorkommende Dateitypen:

Dateityp	Endung	Standardprogramm
Dokumente	.doc, .rtf, .txt	z. B. Word
Tabellen	.xls, .csv	z. B. Excel
Bilder	.jpg, .bmp, .gif, .png, .tif	z. B. Windows-Fotogalerie
Videos	.avi, .mpg, .flv, .wmv	z. B. VLC Media Player
Musik	.mp3, .wav, .wma, .mid	z. B. Windows Media Player

INFO: Was ist ein „Dateityp"?

Es gibt verschiedene Dateiformate für Bilder, Dokumente, Videos usw., die Sie jeweils an der Dateiendung erkennen. Der Dateityp *.jpg* beispielsweise entspricht dem JPG-Format für komprimierte Bilder.

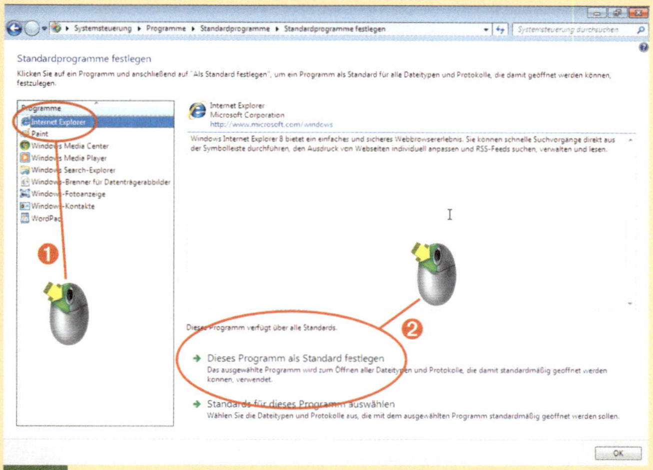

3

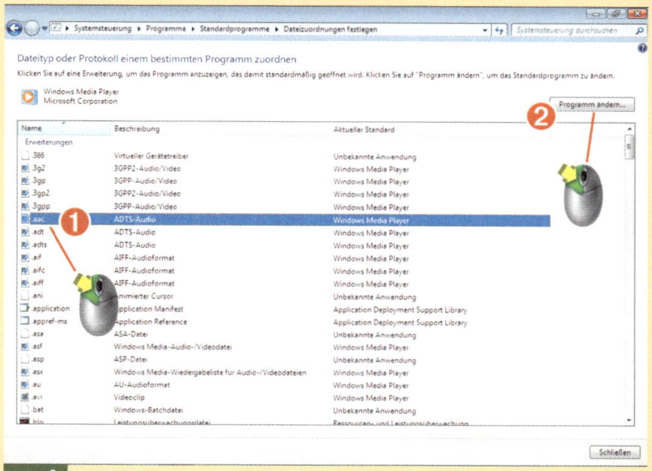

4

Schritt 3

Wählen Sie in der Liste links ein gewünschtes Standardprogramm aus ❶ und klicken Sie dann auf *Dieses Programm als Standard festlegen* ❷, um dem Programm die entsprechenden Dateitypen zuzuordnen, z. B. das Öffnen von Webseiten mit dem Internet Explorer 9.

Schritt 4

Um einzelnen Dateitypen ein Programm zuzuordnen, klicken Sie im Fenster aus Schritt 2 auf *Dateityp oder Protokoll einem Programm zuordnen*. Wählen Sie den Dateityp in der Liste aus ❶ und klicken Sie dann auf *Programm ändern* ❷.

4

Programme & Geräte bequem installieren & verwalten

Um die Möglichkeiten Ihres Computers auszuschöpfen, benötigen Sie Programme und Geräte. In diesem Kapitel zeige ich Ihnen, wie Sie auf bereits vorhandene Zubehörprogramme zugreifen, weitere Programme installieren und Geräte – etwa einen Drucker – problemlos anschließen und betriebsbereit machen. Auch die sogenannten Windows Live Essentials möchte ich Ihnen vorstellen – nützliche Programme für E-Mail, Bilder & Co., die Sie zum Nulltarif nachrüsten.

Nützliche Zubehörprogramme in Windows 7

Windows 7 enthält eine Reihe nützlicher Zubehörprogramme, die Sie nicht zusätzlich installieren müssen. Lassen Sie mich Ihnen einige besonders nützliche Anwendungen kurz vorstellen.

Sie vermissen Programme mit bestimmten Funktionen, z. B. ein Allround-Programm zum Brennen von CDs und DVDs? Unter *http://www.freeware.de* finden Sie kostenlose Programme aller Art!

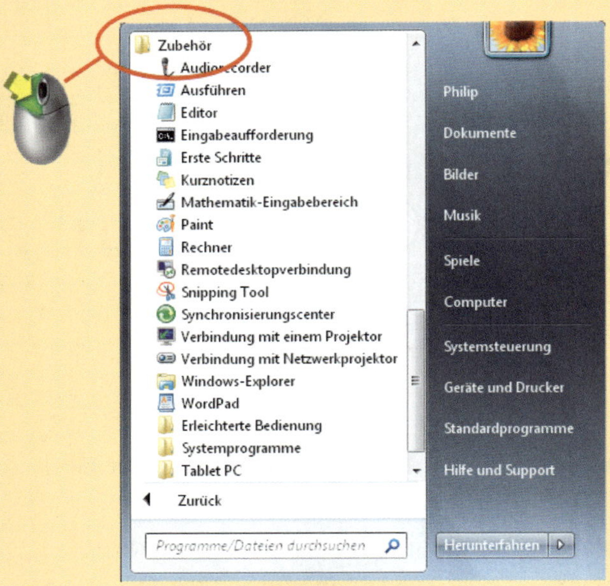

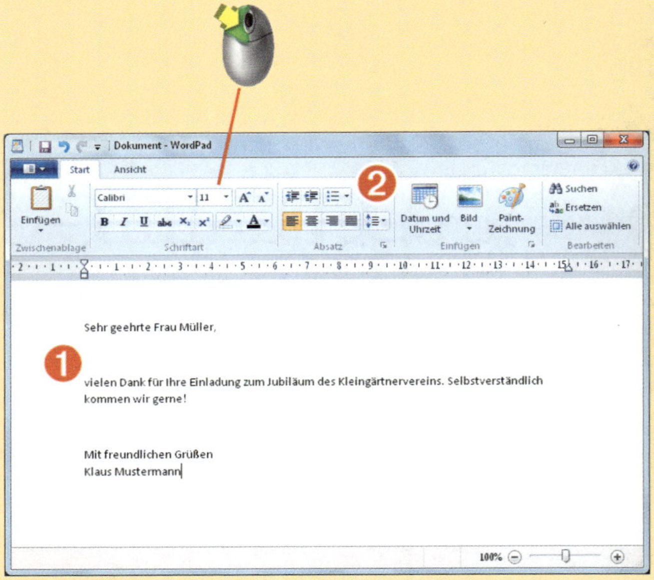

Zubehör-Ordner

Sie finden die Windows 7-Zubehörprogramme im Startmenü unter *Alle Programme* bzw. unter *Alle Programme/Zubehör*.

WordPad

Mit WordPad erstellen Sie auf die Schnelle Texte (z. B. einen Brief) ❶ und formatieren diese per Mausklick im Hinblick auf Schriftart, Schriftgröße usw. ❷.

Der Rechner lässt sich nicht nur mit der Maus bedienen – tippen Sie Ihre Rechenaufgabe einfach per Tastatur ein und lösen Sie sie per Enter-Taste auf.

TIPP: Rechner-Ansichten

Neben dem Standard-Rechner stehen auch ein wissenschaftlicher Rechner und ein Statistik-Rechner zur Verfügung – rufen Sie die entsprechende Ansicht einfach in der Menüleiste des Rechners auf!

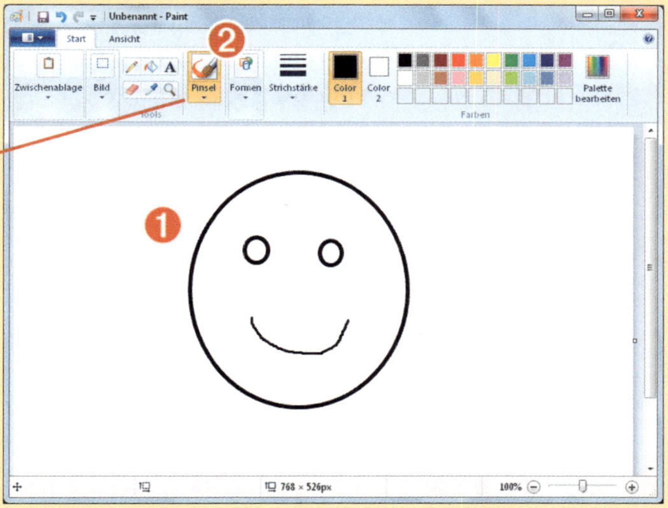

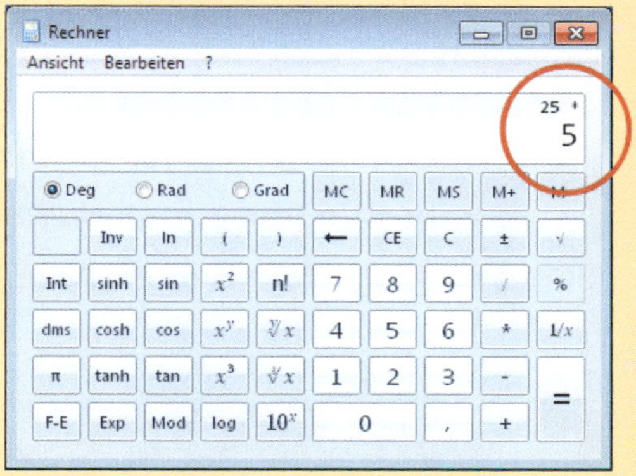

Paint

Bei Paint läuft es gleich wie bei WordPad, nur dass Sie beliebige Zeichnungen erstellen (etwa zum Gestalten einer Einladungskarte) ❶ und diese im Hinblick auf Farben, Formen usw. formatieren ❷.

Rechner

Kein Taschenrechner zur Hand? Kein Problem! Windows 7 beinhaltet einen praktischen Rechner auch für gehobene Ansprüche.

Nützliche Zubehörprogramme in Windows 7

INFO: Speicherformat wählen

Damit Sie mit dem Editor eine Datei in beliebigem Format speichern können, wählen Sie als Dateityp *Alle Dateien* aus und geben den gewünschten Dateityp (z. B. *.htm* oder *.bat*) direkt im Dateinamen an.

Standardmäßig werden die mit dem Editor erstellten Dokumente im Text-Format (*.txt*) gespeichert. Sie können jedoch auch eine beliebige andere Dateiendung festlegen.

Praktisch: Die mit dem Audiorecorder getätigten Aufnahmen werden im speichersparenden WMA-Format abgelegt (einer von Microsoft geschaffenen Alternative zu MP3).

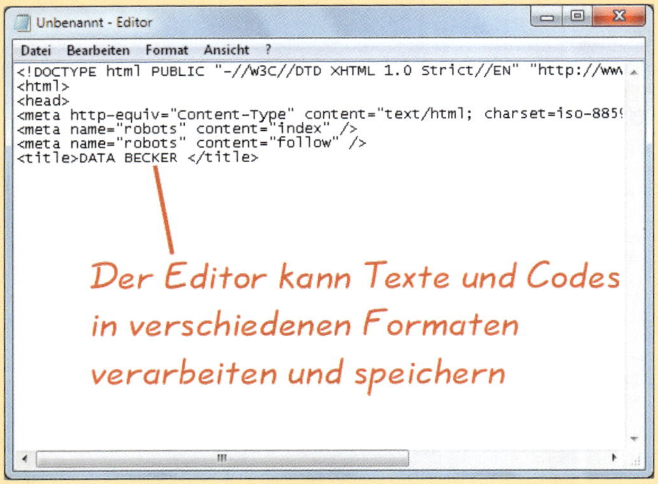

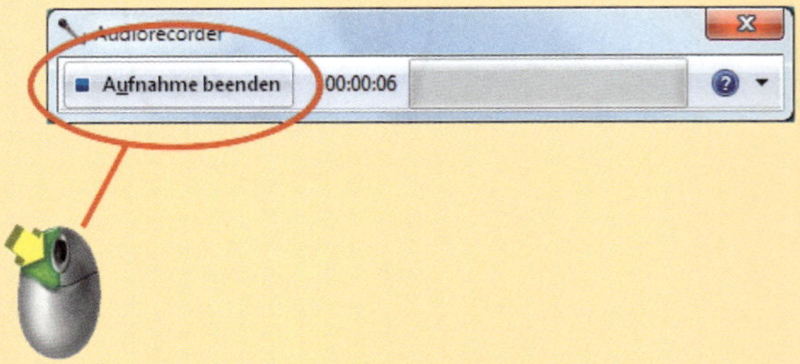

Editor

Der Editor hat seine Form im Vergleich zu früheren Windows-Versionen nicht verändert. Das unscheinbare Programm ist ein kleiner Alleskönner im Hinblick auf Texte und Programmcodes, z. B. können Sie damit kleine Webseiten erstellen.

Audiorecorder

Aufnahme starten und beenden – so einfach kann es mit dem Audiorecorder sein, Texte in den Computer zu sprechen (oder zu singen). Voraussetzung ist lediglich, dass ein Mikrofon angeschlossen ist. Verwandeln Sie Ihren PC mit diesem Tool in ein Diktiergerät!

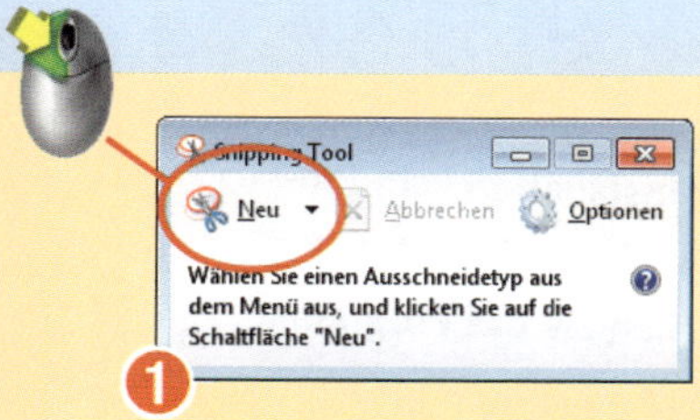

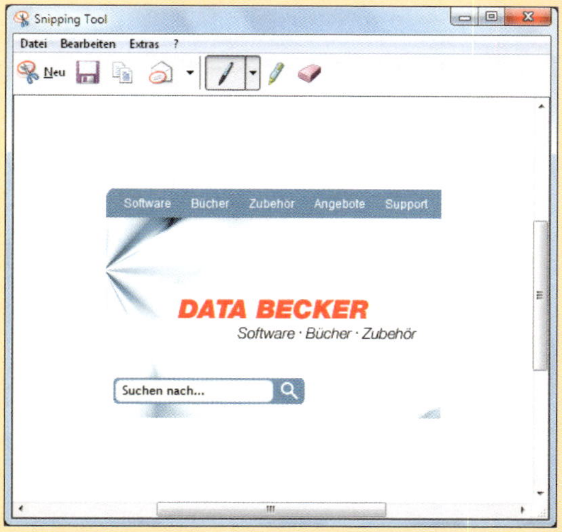

TIPP: Screenshots erstellen

Sie wollen Bildschirminhalte abfotografieren. Betätigen Sie hierzu einfach die [Druck]-Taste bzw. [Alt]+[Druck] zum Fotografieren eines Fensters. Mit [Strg]+[V] fügen Sie den Screenshot dann in ein Programm wie Paint oder Word ein.

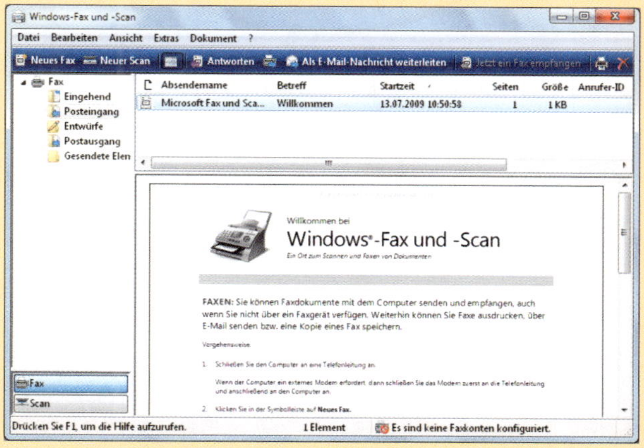

Snipping Tool

Ein praktisches Helferlein, um Bildschirminhalte aller Art auszuschneiden und als Datei zu speichern: das Snipping Tool (das Wort kommt vom englischen „to snip" für „schneiden"). Auch komplette Screenshots (siehe Tippbox) lassen sich problemlos anfertigen.

Windows-Fax und -Scan

Faxe senden und empfangen direkt vom Computer aus – hierzu dient das bereits mit Windows Vista eingeführte Programm Windows-Fax und -Scan.

Neue Programme installieren

Wenn Ihnen die Windows 7-Zubehörprogramme nicht genügen (was in der Regel der Fall sein wird), kaufen Sie einfach neue und installieren diese auf Ihrem Rechner. Übrigens hat auch DATA BECKER jede Menge erstklassiger Software im Programm!

Nach der Installation kein Programmeintrag im Startmenü? Dann suchen Sie das Programm im Windows-Explorer unter *C:\Programme*.

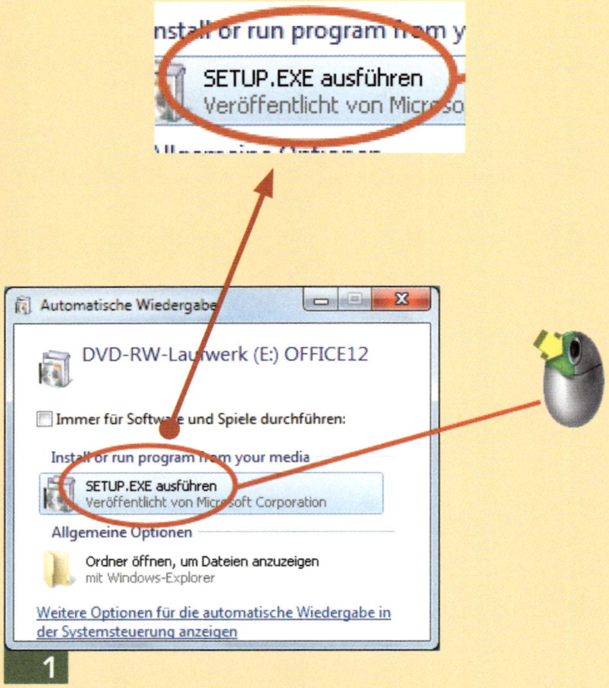

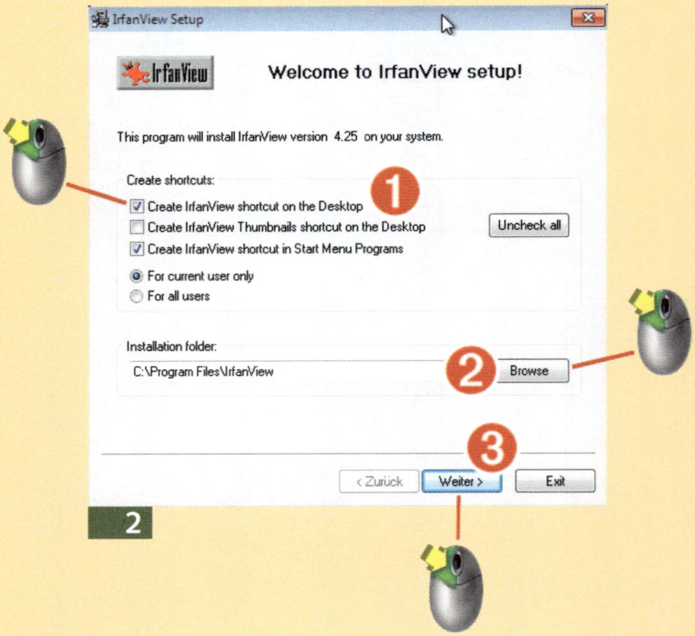

Schritt 1

Sie legen den Installations-Datenträger ins Laufwerk ein und starten die Setup-Datei. Bei aus dem Internet heruntergeladenen Programmen doppelklicken Sie auf die Setup-Datei – aber nicht ohne vorherige Malware-Prüfung (siehe Kapitel 10).

Schritt 2

Ein Assistent – er ist von Programm zu Programm verschieden – führt Sie durch den Installations-Vorgang. In diesem Fall wählen Sie aus, wo Programmeinträge erstellt werden sollen ❶, bestimmen den Installationsordner ❷, klicken auf *Weiter* ❸.

Manchmal ist eine „Produktaktivierung“ übers Internet notwendig – dabei werden Daten zum PC an den Hersteller geschickt, um Raubkopien zu verhindern.

INFO: Ältere Software

Falls es bei älteren Programmen Probleme bei der Installation geben sollte, bietet Ihnen das Betriebssystem automatisch eine Neuinstallation der Software mit empfohlenen Einstellungen an.

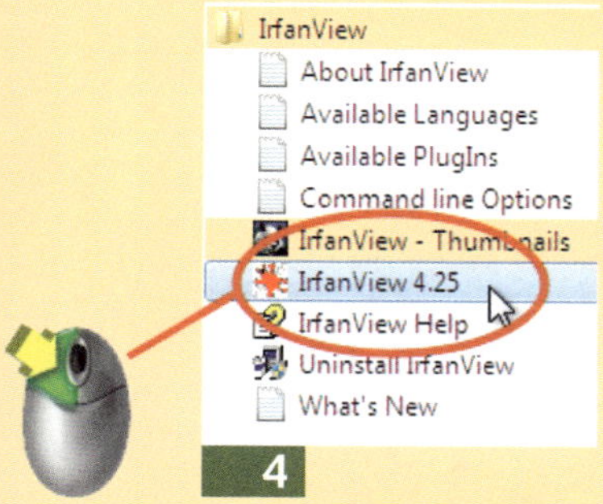

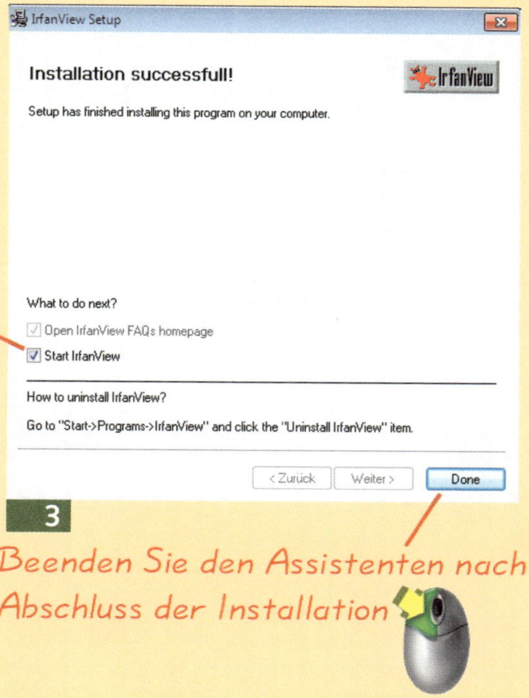

Schritt 3

Es sind noch einige weitere Angaben erforderlich, etwa das Akzeptieren der Lizenzbedingungen. Schließlich kann die Installation durchgeführt werden – Sie werden über die vollendete Programminstallation informiert ...

Schritt 4

... und können das Programm nun auf Ihrem Computer nutzen. Im Startmenü unter *Alle Programme* finden Sie einen Programmeintrag, den Sie zum Starten des Programms anklicken.

Windows Live Essentials nachrüsten

Die Windows Live Essentials beinhalten eine Reihe nützlicher und kostenloser Programme wie etwa Windows Live Mail (Nachfolger von Windows Mail bzw. Outlook Express) oder Windows Live Fotogalerie (Nachfolger von Windows-Fotogalerie). Installieren Sie sie mit wenig Mühe!

Sie können die Windows Live-Downloadseite auch aufrufen, indem Sie im Browser die Webadresse *http://download.live.com* öffnen.

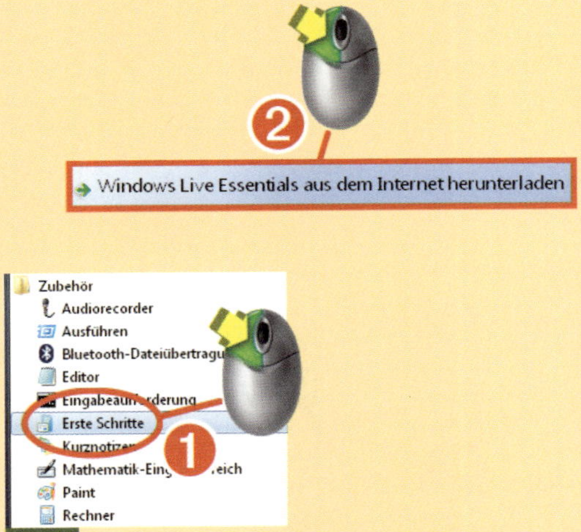

1

2

Schritt 1

Klicken Sie im Startmenü unter *Alle Programme* auf *Erste Schritte* ❶. Entscheiden Sie sich im folgenden Fenster (zweimal) für *Windows Live Essentials aus dem Internet herunterladen* ❷.

Schritt 2

Im Browser-Fenster, das sich öffnet, klicken Sie auf *Jetzt herunterladen* und führen das Installationsprogramm aus.

Wenn Sie später weitere Windows Live Essentials installieren möchten, kein Problem: Weitere Programme lassen sich wie hier beschrieben nachrüsten.

INFO: Welche Programme wählen?

Installieren Sie nur diejenigen Programme, die Sie auch wirklich benötigen, wie etwa Mail und Fotogalerie. Einige der Windows Live Essentials werden Sie ab Kapitel 7 noch näher kennenlernen.

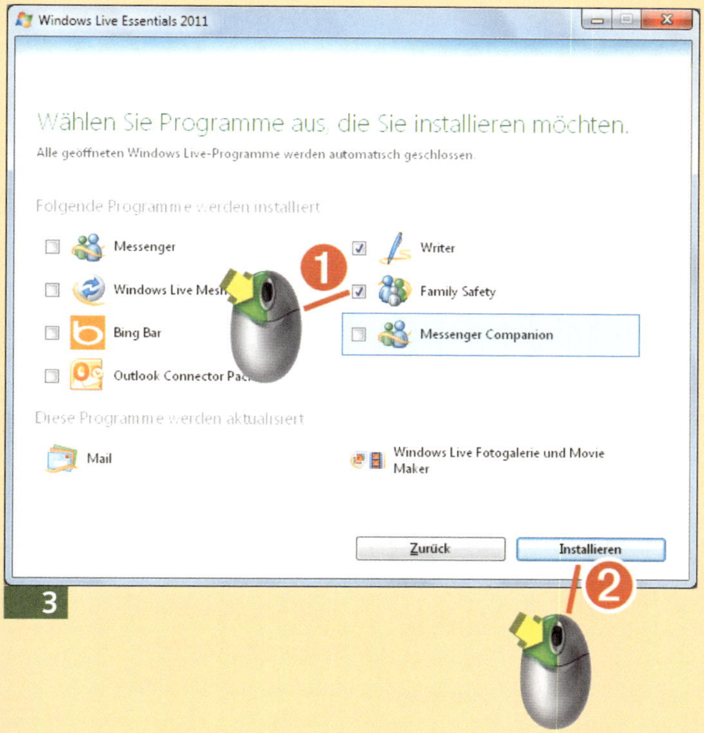

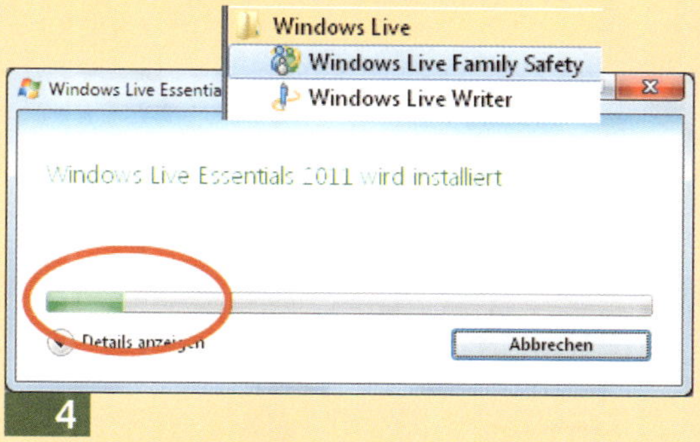

Schritt 3

Entscheiden Sie durch Setzen bzw. Entfernen von Häkchen, welche Programme installiert werden sollen und welche nicht ❶. Mit *Installieren* ❷ starten Sie die Installation der von Ihnen gewählten Programme.

Schritt 4

Der Status des Installationsvorgangs wird Ihnen angezeigt. Nach erfolgter Installation stehen Ihnen die nachgerüsteten Programme im Startmenü unter *Alle Programme/Windows Live* zur Verfügung.

Nicht mehr benötigte Programme entfernen

Wenn Sie ein Programm nicht mehr benötigen, entfernen Sie es am besten sofort, um keine Ressourcen Ihres PCs zu vergeuden. Hierzu löschen Sie die Dateien nicht einfach, sondern nehmen eine Deinstallation vor.

Noch schneller deinstallieren: Manchmal finden Sie hierzu im Startmenü einen entsprechenden Eintrag im Ordner des jeweiligen Programms.

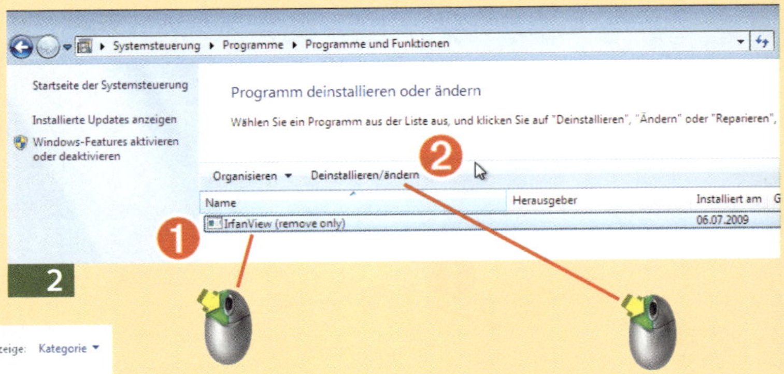

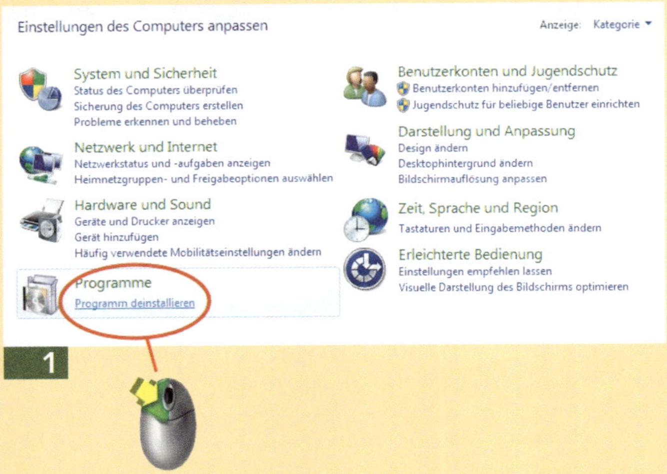

Programmeinträge aus der Registry löschen? Ja, aber bitte nur fortgeschrittene Nutzer. Zum Bearbeiten der Registry führen Sie im Startmenü unter *Alle Programme/Zubehör/Ausführen* den Befehl *regedit* aus.

Schritt 1

Öffnen Sie im Startmenü die Systemsteuerung und wählen Sie *Programm deinstallieren*.

Schritt 2

Klicken Sie das zu deinstallierende Programm in der Liste an ❶ und entscheiden sich dann in der Menüleiste für *Deinstallieren* ❷. In diesem Fall deinstalliere ich das Bildbearbeitungsprogramm IrfanView.

Prüfen Sie nach einer Deinstallation, ob sich noch Ordner-Überbleibsel des Programms auf dem PC befinden, und löschen Sie diese gegebenenfalls manuell.

INFO: Warum nicht löschen?

Bei einer Deinstallation werden nicht nur die zu einem Programm gehörigen Dateien gelöscht, sondern auch Programmeinträge, etwa im Startmenü, sowie Einträge in der Windows-Registry (hier werden Konfigurationsdaten gespeichert) – sozusagen in den Tiefen des Systems.

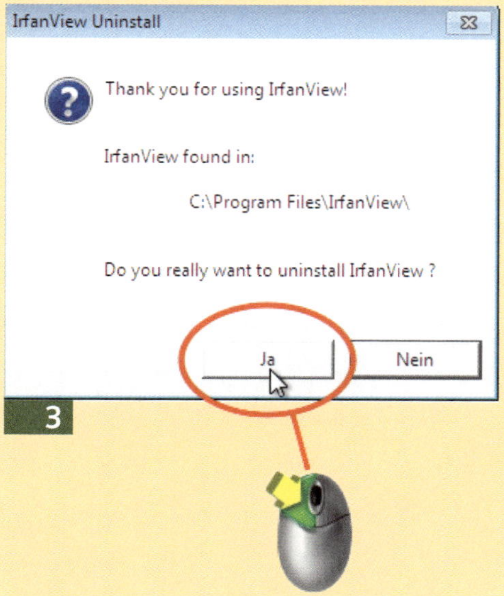

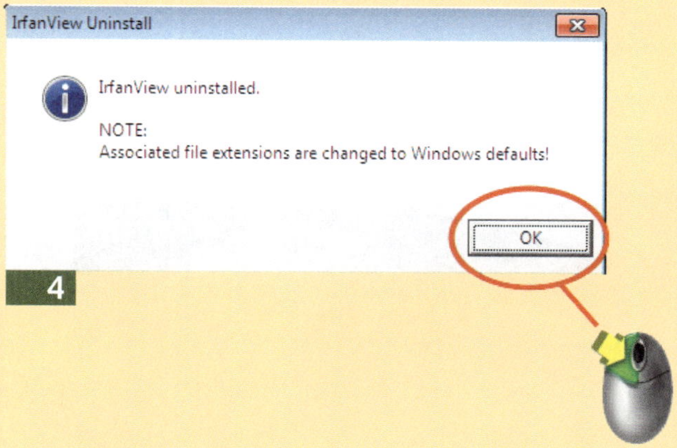

Schritt 3

Bestätigen Sie im Folgenden die Deinstallation. Diese kann – je nach Programm – wenige Sekunden oder einige Minuten in Anspruch nehmen.

Schritt 4

Ein weiteres Fenster informiert Sie über deren Abschluss. Beachten Sie hierbei bitte, dass sich die Deinstallationsassistenten von Programm zu Programm unterscheiden.

Einen Drucker anschließen und installieren

Das Installieren von Druckern und anderen Geräten ist in Windows 7 meist ein Kinderspiel: Die Geräte werden automatisch erkannt und in vielen Fällen verläuft die Installation automatisch.

Die Abkürzung USB steht übrigens für Universal Serial Bus, wobei es sich hier bei einem „Bus" um ein System zur Datenübertragung handelt.

Viele Treiber werden automatisch aus dem Internet geladen

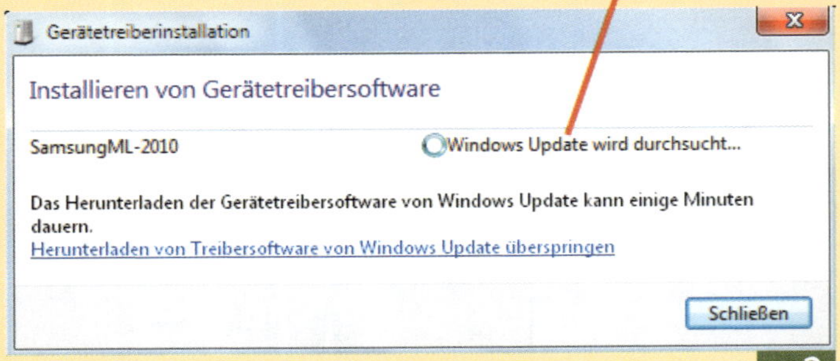

2

1

Schritt 1

Sie verbinden das Gerät, z. B. Ihren Drucker, mit dem Computer – in fast allen Fällen läuft das heutzutage über den USB-Anschluss.

Schritt 2

Windows 7 erkennt, dass ein Gerät angeschlossen und eingeschaltet wurde, und sucht nach den passenden Geräte-Treibern. Hierzu wird eine Datenbank durchforstet.

Treiber bzw. Gerätetreiber nennt man diejenige Software, die die Kommunikation zwischen dem PC und dem angeschlossenen Gerät steuert.

Manche Geräte müssen überhaupt nicht installiert werden. In diesem Zusammenhang spricht man von Plug-and-Play-Geräten. Diese Geräte müssen nur mit dem PC verbunden werden, schon können Sie loslegen!

INFO: Keine Installation?

Wenn Ihr Drucker oder ein anderes Gerät, das Sie anschließen, nicht automatisch installiert wird, verwenden Sie für die Installation die dem Gerät beigelegte Installations-CD, welche die notwendigen Treiber enthält – oft genügt es, ein auf der Installations-CD enthaltenes Programm auszuführen.

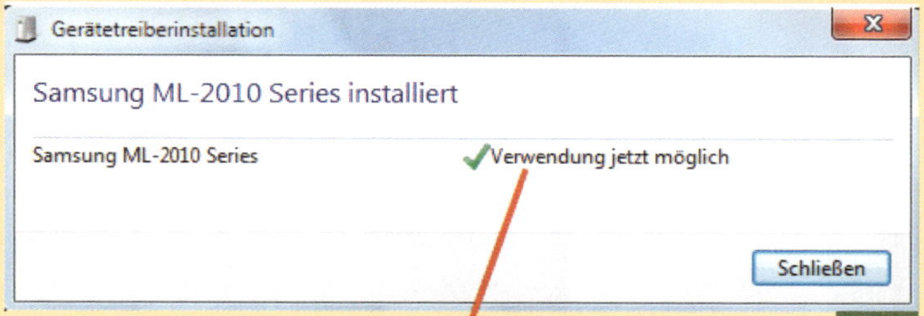

4

Nun können Sie das Gerät verwenden

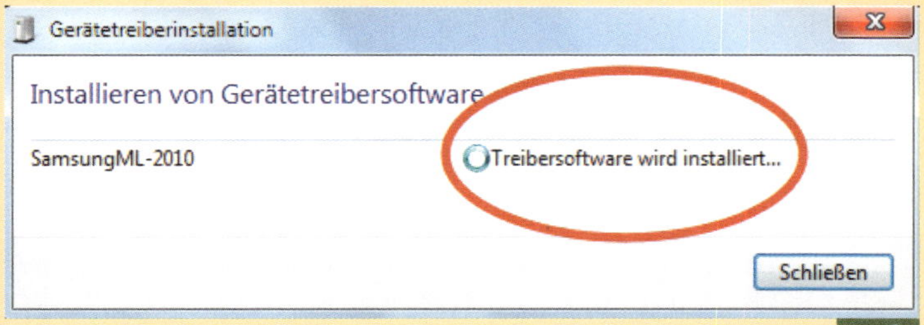

3

Schritt 3

Die gefundenen Treiber werden heruntergeladen und installiert.

Schritt 4

Nach Abschluss der Installation können Sie das Gerät verwenden. So einfach ist Windows 7!

Geräte und Drucker verwalten

Windows 7 bietet Ihnen mit der Funktion *Geräte und Drucker* eine erstklassige Übersicht über die an den Computer angeschlossenen Geräte (neben Drucker auch Maus, Digitalkamera, Scanner usw.) – mit der Möglichkeit, wichtige Funktionen blitzschnell aufzurufen.

Nicht verwirren lassen: Einige angezeigte Geräte haben Sie gar nicht installiert. Der XPS Document Writer z. B. dient dem Erstellen von XPS-Dateien – eine von Microsoft geschaffene Alternative zum gängigen PDF-Format.

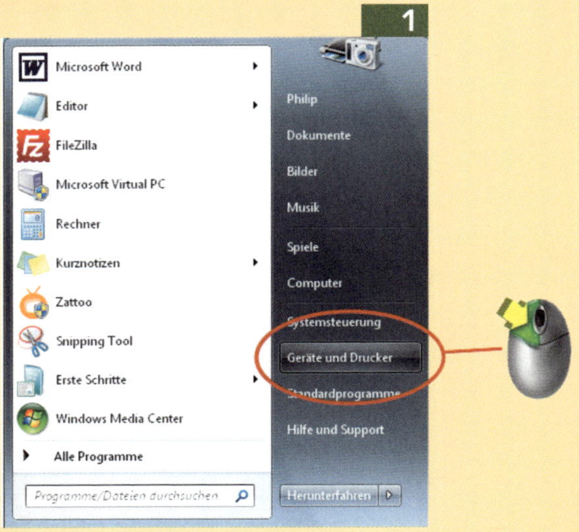

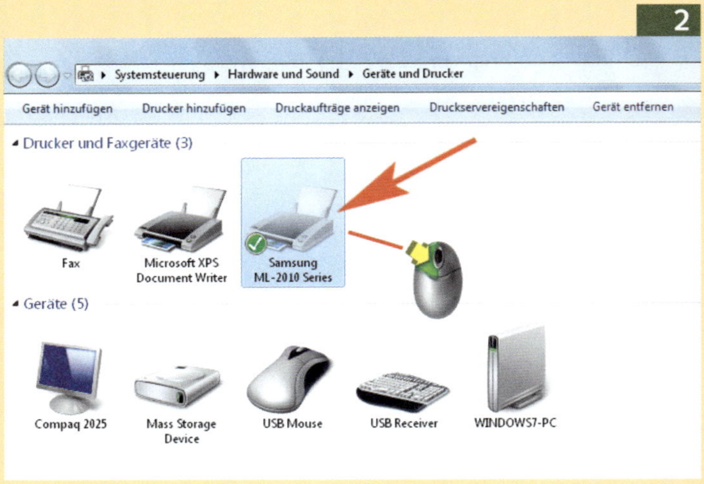

Schritt 1

Öffnen Sie das Startmenü und klicken Sie auf den Eintrag *Geräte und Drucker*.

Schritt 2

Sie finden eine Übersicht über die angeschlossenen Geräte. Um ein Gerät auszuwählen, klicken Sie den entsprechenden Eintrag einfach an.

Wenn Sie ein Gerät anklicken, wird Ihnen ein Teil der Auswahloptionen auch in der Menüleiste von *Geräte und Drucker* angezeigt.

TIPP: Geräte deinstallieren

So wie Programme lassen sich auch Geräte bzw. deren Treiber deinstallieren. Wählen Sie das Gerät hierzu unter *Geräte und Drucker* aus und entscheiden Sie sich für *Gerät entfernen*.

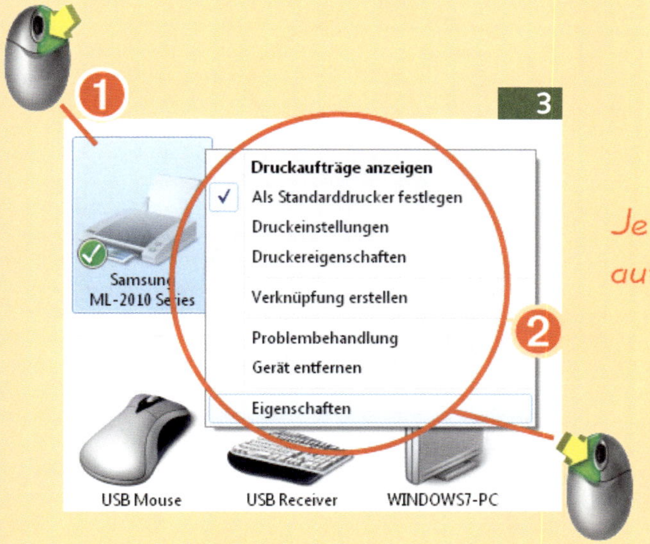

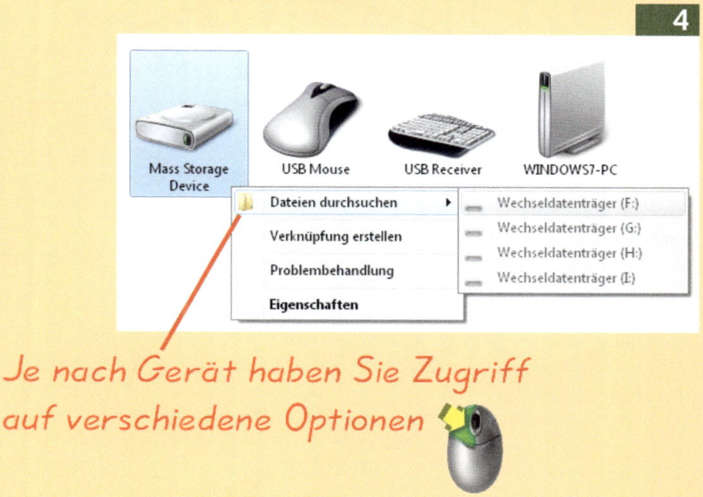

Schritt 3

Um Funktionen und Eigenschaften zu einem Gerät aufzurufen (hier als Beispiel zu meinem Samsung-Drucker), klicken Sie den Eintrag mit der rechten Maustaste an ❶, um ein Auswahlmenü zu erhalten ❷.

Schritt 4

Je nach Art des angeschlossenen Geräts werden Ihnen unterschiedliche Optionen angeboten, bei einem Speichermedium etwa die Suche nach Dateien, beim Bildschirm die Anzeigeeinstellungen usw.

Den Drucker einrichten

Sie wollen Papierformat und Druckauflösung verändern oder ein Wasserzeichen in die von Ihnen ausgedruckten Dokumente einfügen? Mit den passenden Druckeinstellungen ist dies kein Problem!

Tintenstrahl- oder Laserdrucker? Ich persönlich verwende lieber einen Laserdrucker – er ist teurer in der Anschaffung, aber problemloser im Betrieb.

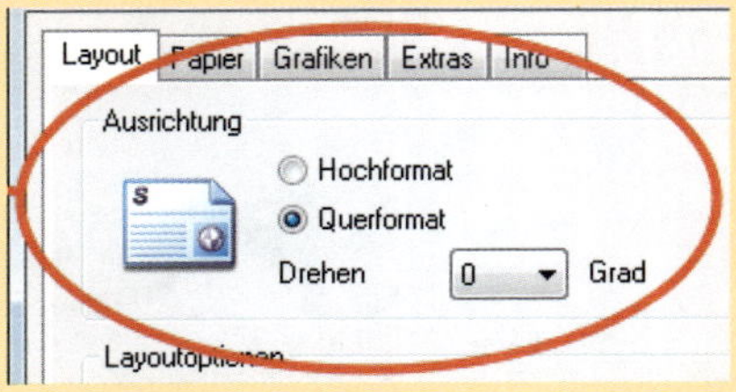

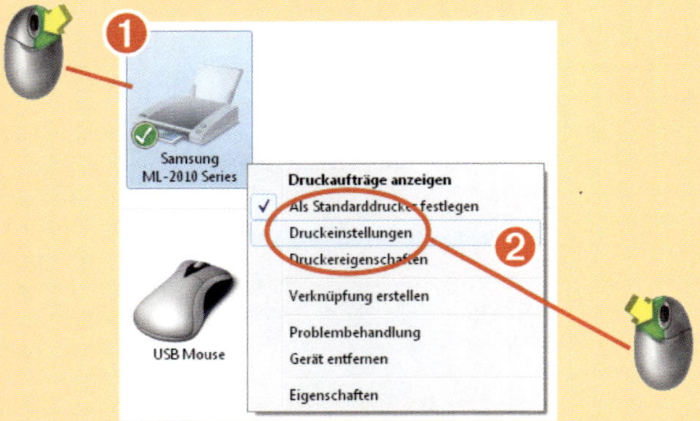

1

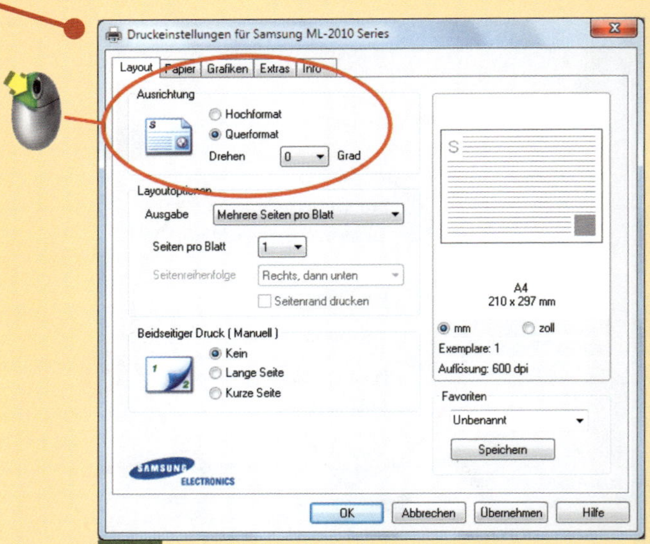

2

Schritt 1

Sie klicken unter *Geräte und Drucker* den Drucker mit der rechten Maustaste an ❶ und entscheiden sich im Menü für *Druckeinstellungen* ❷.

Schritt 2

Bei meinem Samsung-Drucker (die Druckeinstellungen unterscheiden sich von Gerät zu Gerät!) bestimme ich nun unter *Layout* das Druckformat.

Die beste Druckauflösung für Grafiken bringt nichts, wenn diese selbst nur in niederer Auflösung vorliegen. Zum Prüfen einer Grafik klicken Sie diese mit rechts an, wählen *Eigenschaften* und dann *Details*.

TIPP: Wasserzeichen einfügen

Viele Drucker bieten die Möglichkeit, Wasserzeichen in Dokumente einzufügen, um diese „fälschungssicher“ zu machen. Bei meinem Samsung-Gerät z. B. richte ich das Wasserzeichen unter der Registerkarte *Extras* ein.

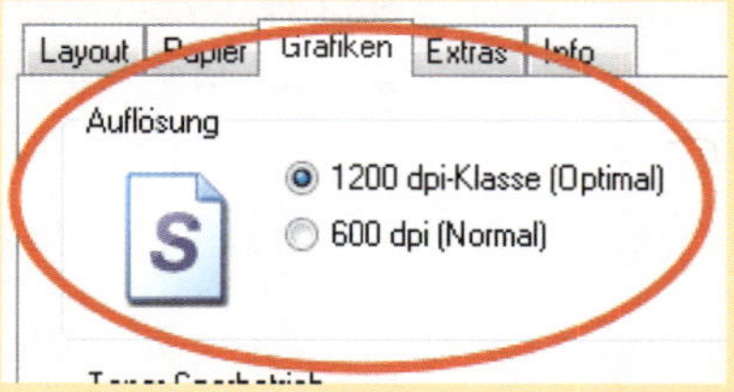

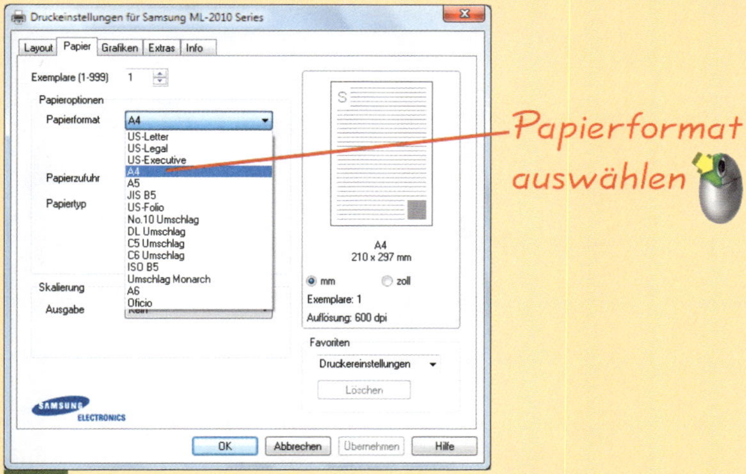

3

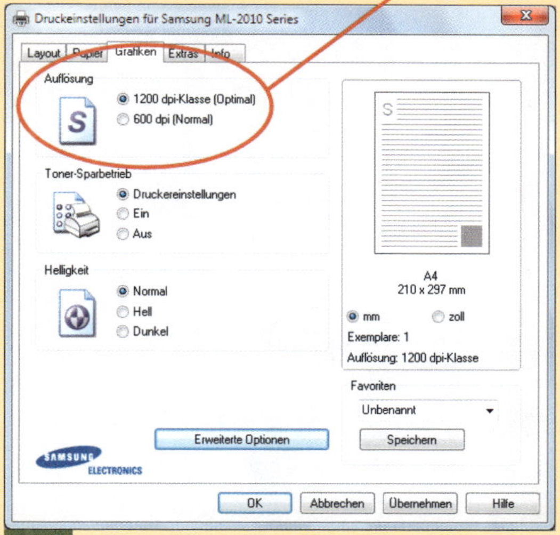

4

Schritt 3

Unter *Papier* wähle ich aus, welches Papierformat ich verwenden möchte, in der Regel ist das DIN-A4-Papier.

Schritt 4

Wenn ich Abbildungen in hoher Qualität ausdrucken möchte, lege ich unter der Registerkarte *Grafiken* einen möglichst hohen DPI-Wert fest, in diesem Fall 1200 DPI (DPI steht für **d**ots **p**er **i**nch – der DPI-Wert bestimmt die Punktdichte beim Ausdruck).

Hardware-Probleme lösen

Hin und wieder kann es vorkommen, das ein Gerät nicht richtig funktioniert. Selten ist dabei das Gerät selbst defekt – eher liegt es an einem unpassenden Geräte-Treiber. Aktualisieren Sie diesen!

Liegt es am Gerät? In so manchem Fall kann ein Hardware-Problem gelöst werden, indem ein Gerät, z. B. der DSL-Router, kurz ab- und angeschaltet wird.

1

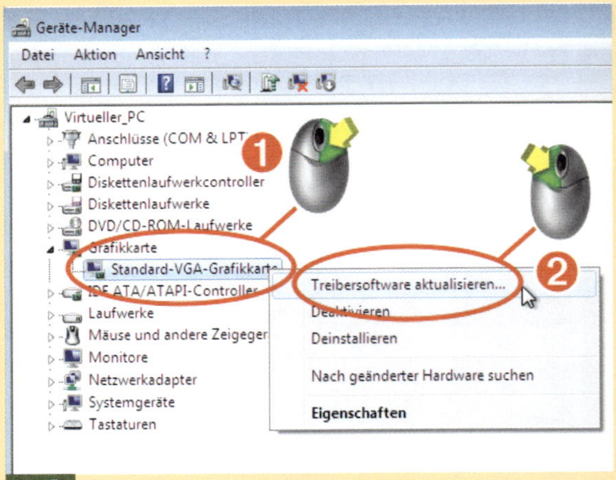

2

Schritt 1

Klicken Sie in der Systemsteuerung auf *Hardware und Sound* ❶ und entscheiden Sie sich im Folgenden für den Eintrag *Geräte-Manager* ❷.

Schritt 2

Klicken Sie das nicht funktionierende Gerät mit der rechten Maustaste an ❶ und wählen Sie *Treibersoftware aktualisieren* ❷.

4

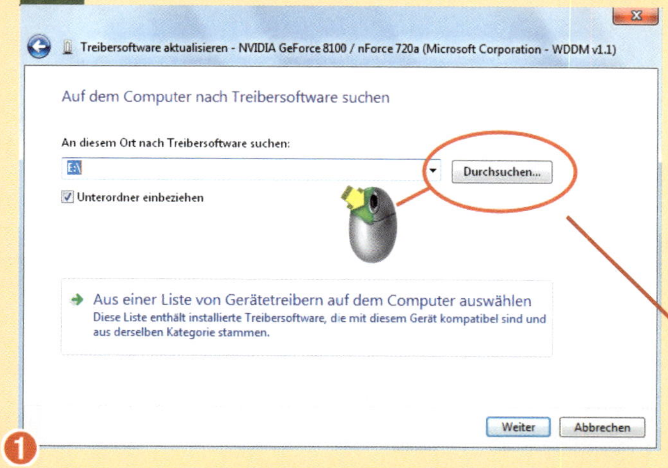

TIPP: Wo finde ich Treiber?

Um Geräte-Treiber ausfindig zu machen, besuchen Sie die Webseite des Geräte-Herstellers, der in der Regel entsprechende Downloads kostenlos zur Verfügung stellt. Eine gute Anlaufstelle ist auch *http://www.treiber.de*.

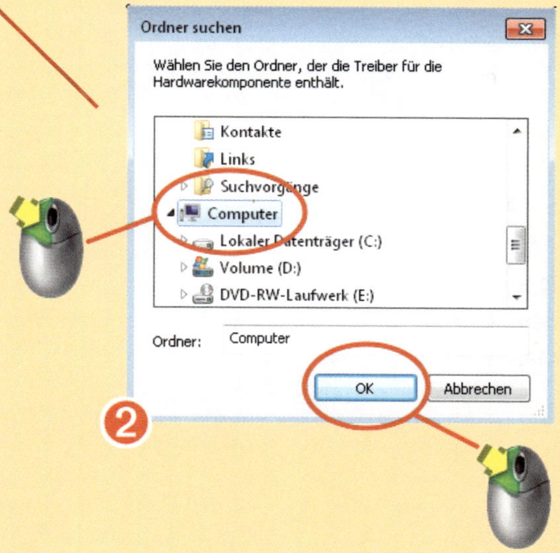

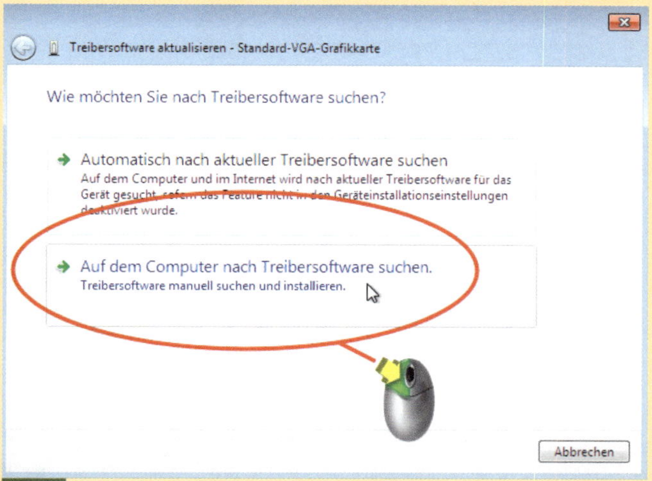

3

Schritt 3

Sie können es zunächst mit der automatischen Treiber-Installation versuchen – vielleicht liegt ja inzwischen ein neuer Treiber vor. Ansonsten entscheiden Sie sich für *Auf dem Computer nach Treibersoftware suchen* – und suchen da, wo Sie einen heruntergeladenen Treiber gespeichert haben, oder auf einer Treiber-CD.

Schritt 4

Geben Sie mit *Durchsuchen* ❶ an, wo der Treiber gespeichert ist ❷ – der Aktualisierung der Software steht dann nichts mehr im Weg.

Die automatische Wiedergabe im Griff

Was soll Windows 7 unternehmen, wenn Sie den MP3-Player an den Computer anschließen oder eine Audio-CD einlegen? So steuern Sie die automatische Wiedergabe, mit der Sie sich viele Mausklicks z. B. beim Abspielen einer Musik-CD oder Film-DVD ersparen.

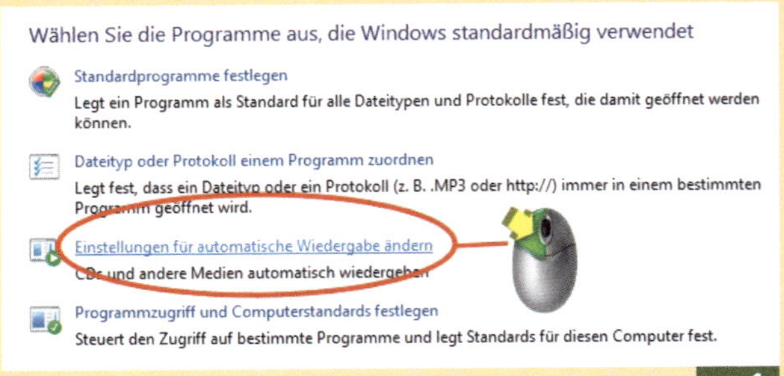

1

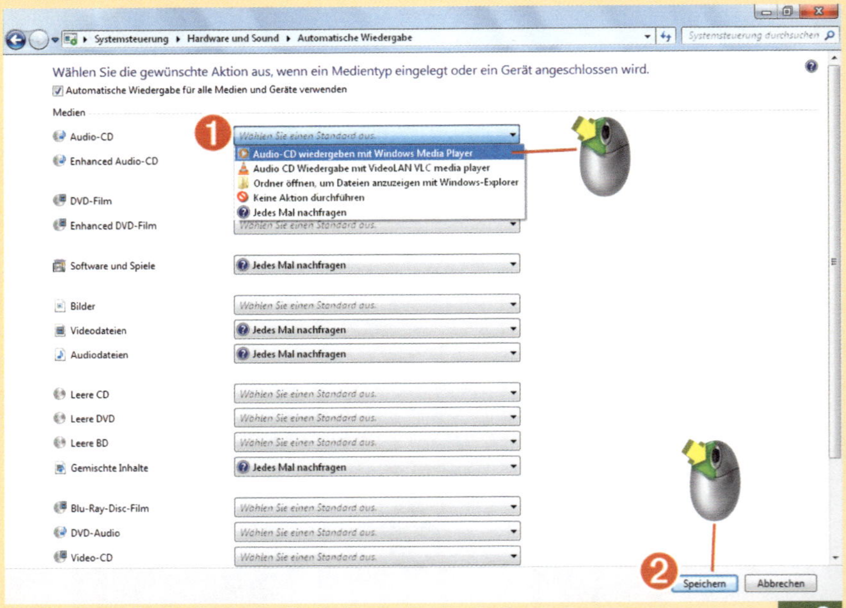

2

Sie wollen keine automatische Wiedergabe? Dann deaktivieren Sie in Schritt 2 die Option *Automatische Wiedergabe für alle Medien und Geräte verwenden.*

Schritt 1

Klicken Sie im Startmenü auf *Standardprogramme* und entscheiden Sie sich für die Option *Einstellungen für automatische Wiedergabe ändern.*

Schritt 2

Sie erhalten eine Auflistung der verschiedenen Wiedergabearten. Im zugehörigen Menü wählen Sie die gewünschte Aktion aus (hier z. B. *Audio-CD wiedergeben mit Windows Media Player*) ❶ und klicken dann auf *Speichern* ❷.

Die automatische Wiedergabe startet nicht? Klicken Sie den Datenträger im Windows-Explorer mit rechts an und wählen *Automatische Wiedergabe öffnen*.

TIPP: Jedes Mal nachfragen

Wenn immer wieder andere Aktionen durchgeführt werden sollen, entscheiden Sie sich in Schritt 2 für die Option *Jedes Mal nachfragen*. Sie erhalten dann jeweils das in Schritt 3 vorgestellte Abfragefenster.

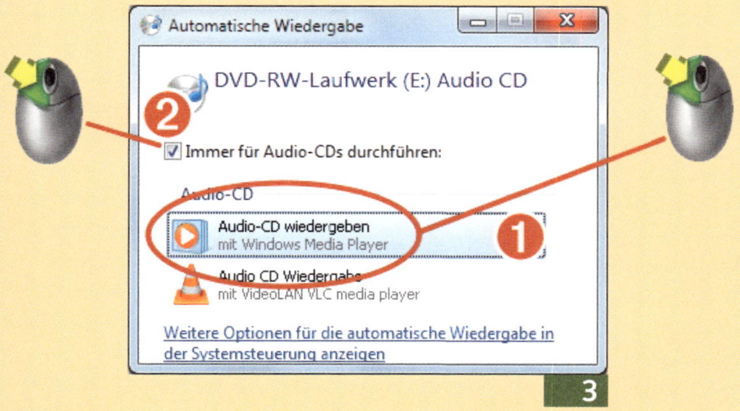

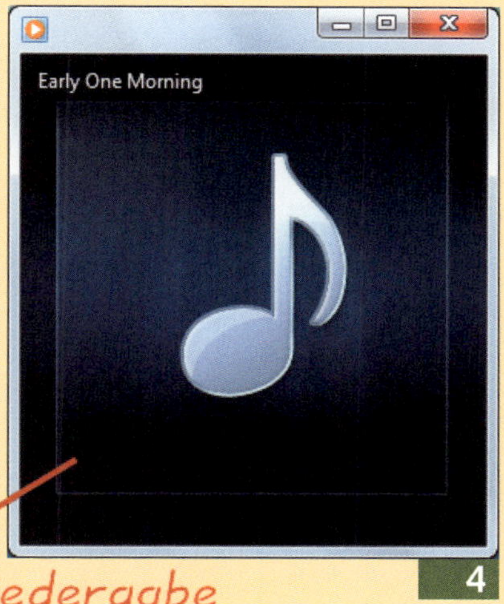

Praktisch: Die CD-Wiedergabe erfolgt automatisch

Schritt 3

Alternativ führen Sie einfach die Wiedergabeart selbst durch – hier Einlegen einer Audio-CD – und bestimmen die durchzuführende Aktion im sich öffnenden Fenster ❶. Setzen Sie ein Häkchen bei *Immer für Audio-CDs durchführen* ❷.

Schritt 4

Schon wird die gewünschte Aktion durchgeführt – in diesem Fall wird die eingelegte Audio-CD mit dem Windows Media Player wiedergegeben. Das Ganze lässt sich wie in Schritt 1 und 2 beschrieben jederzeit wieder ändern.

5

Netzwerk & Internet mit Windows 7 einrichten

Sie wollen einfach und schnell ins Internet? Mit Windows 7 gar kein Problem! Und auch das Vernetzen mehrerer Computer, z. B. zum Austausch von Dateien zwischen Desktop-PC und Notebook ist so leicht wie nie zuvor. Ein Netzwerk- und Freigabecenter bündelt alle wichtigen Funktionen und verschafft Ihnen den ultimativen Überblick. In diesem Kapitel gebe ich Ihnen alle erforderlichen Anleitungen rund um Netzwerk & Internet.

Sie stellen eine Netzwerkverbindung her

Eine Netzwerkverbindung herzustellen ist heutzutage kein Problem mehr, da die meisten Rechner bereits über entsprechende Hardware verfügen – und Windows 7 macht es Ihnen wirklich leicht!

Zwei PCs lassen sich auch direkt miteinander verbinden. Hierfür fragen Sie im Fachhandel nach einem sogenannten Crosskabel.

Für die Verbindung mehrerer PCs kommt meist ein DSL-Router (bzw. ein WLAN-DSL-Router für die drahtlose Verbindung) zum Einsatz, mit dem gleichzeitig eine Verbindung ins Internet hergestellt werden kann.

2

1

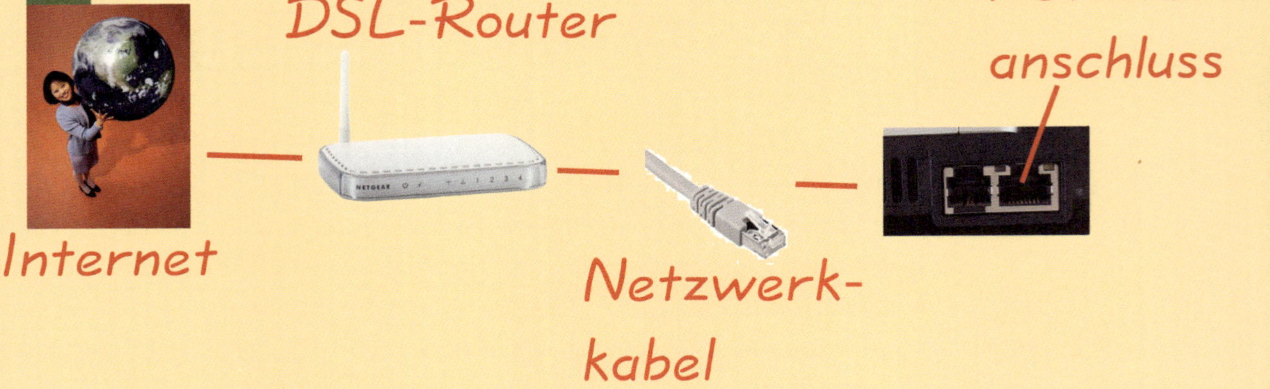

Schritt 1

Netzwerkverbindung per Kabel? Einfacher geht's nicht: Stöpseln Sie hierzu das Netzwerkkabel ein (siehe Übersichtsgrafik), das Herstellen der Verbindung übernimmt Windows 7 für Sie. Bereits nach einigen Sekunden können Sie die Netzwerkverbindung nutzen.

Schritt 2

Oder darf's eine drahtlose Verbindung sein? In diesem Fall verbinden und aktivieren Sie zunächst die notwendige Hardware, etwa einen sogenannten WLAN-USB-Stick – diese Geräte dienen zum Übertragen von Daten über Funk.

Sie sind Notebook-Nutzer? In den meisten Notebooks ist eine WLAN-Funktion bereits integriert.

INFO: Wofür steht WLAN?

WLAN ist die Abkürzung für Wireless Local Area Network – das bedeutet übersetzt so viel wie „drahtloses lokales Netzwerk".

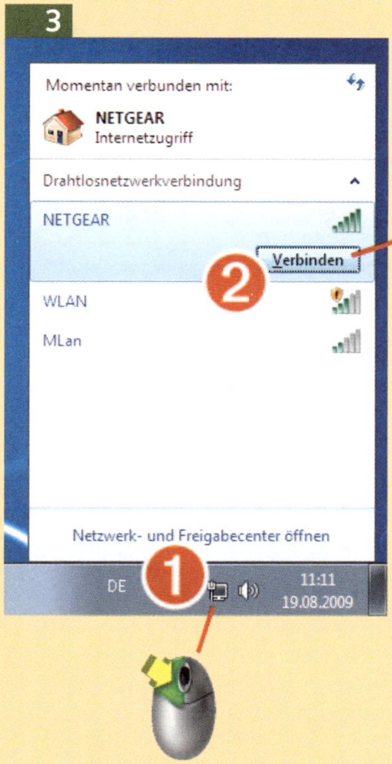

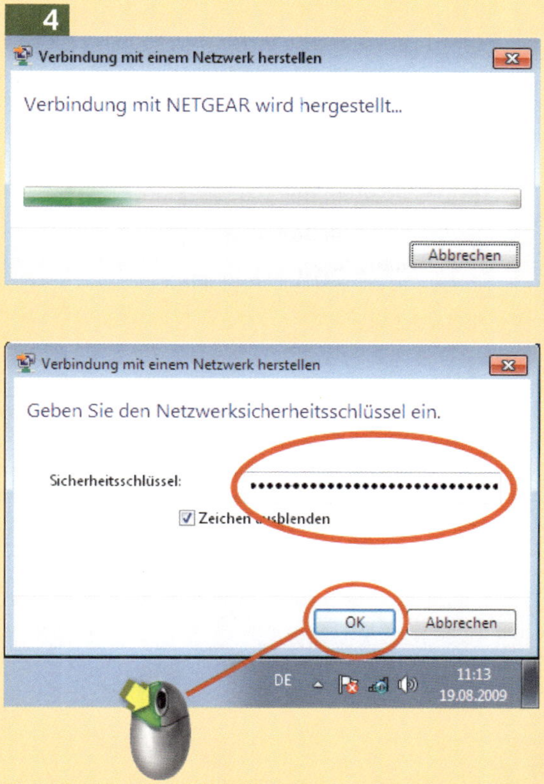

Schritt 3

Klicken Sie dann das Netzwerksymbol im Infobereich an ❶, wählen Sie die Verbindung aus und klicken Sie auf *Verbinden* ❷.

Schritt 4

Die Verbindung wird nun hergestellt. Sofern Sie einen Sicherheitsschlüssel festgelegt haben (was ich dringend empfehle!), wird dieser vor dem Herstellen der drahtlosen Netzwerkverbindung abgefragt.

Internetverbindung in Windows 7 einrichten

Sie verfügen über ein Modem sowie über die Zugangsdaten für Ihre Internetverbindung? Das Einrichten des Internetzugangs ist in Windows 7 schnell erledigt.

Alternativer Zugriff: Die Internetoptionen lassen sich blitzschnell auch im Internet Explorer 9 unter dem Symbol ⚙ öffnen.

Viele Internet Provider stellen ein eigenes Programm zum Herstellen der Internetverbindung bereit. Selbstverständlich können Sie auch dieses verwenden!

Selbstverständlich können Sie auch mehrere Internetverbindungen einrichten, um z. B. auch über Muttis Telefonanschluss Ihre E-Mails lesen zu können.

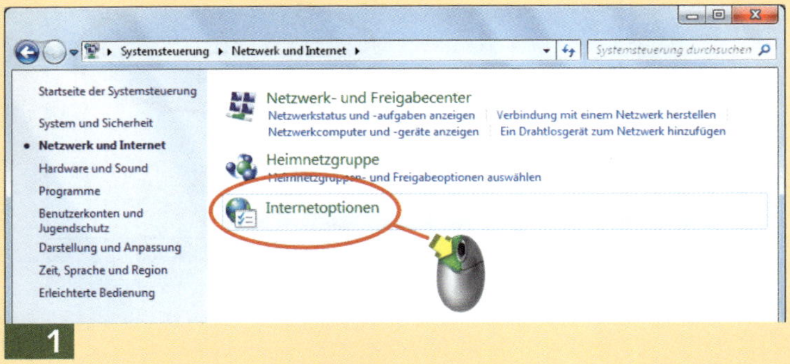

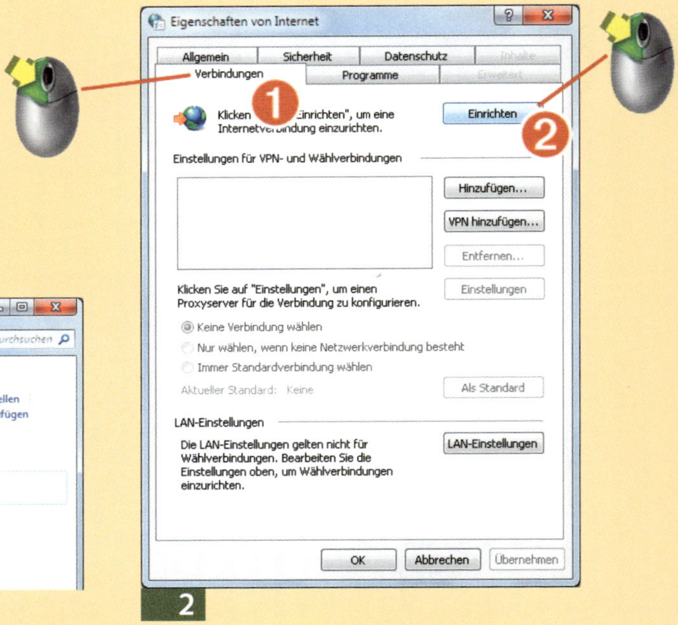

Schritt 1

Öffnen Sie im Startmenü die Systemsteuerung und entscheiden Sie sich unter *Netzwerk und Internet* für die *Internetoptionen*.

Schritt 2

Im Fenster, das sich öffnet, klicken Sie unter *Verbindungen* ❶ auf *Einrichten* ❷.

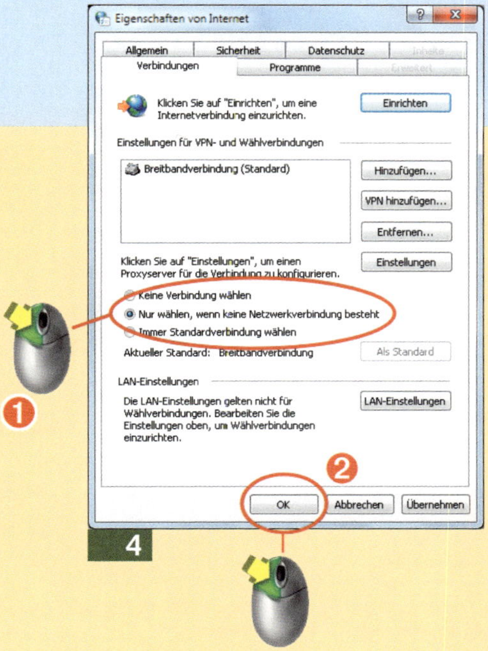

TIPP: Welchen Provider wählen?

Es gibt viele Internet Provider (to provide = bereitstellen), zwei kann ich aus eigener Erfahrung empfehlen: T-Online (Hotline 0800-3303000) und – da ohne Mindestvertragslaufzeit – Alice DSL (Hotline 0800-4220421).

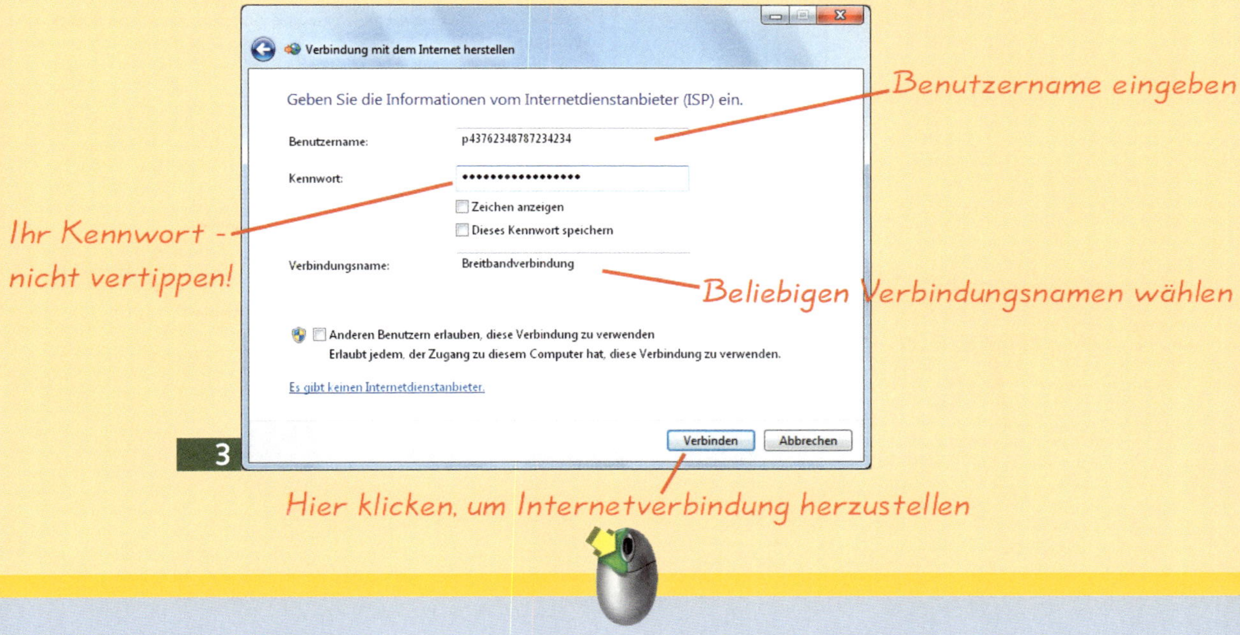

Schritt 3

Im Assistenten geben Sie nun die Zugangsdaten für die Internetverbindung ein – diese erhalten Sie nach Abschluss eines entsprechenden Vertrags vom Internet Provider.

Schritt 4

Entscheiden Sie sich in den Internetoptionen abschließend für die Option *Nur wählen, wenn keine Netzwerkverbindung besteht* ❶ und bestätigen Sie mit *OK* ❷. Der Internetnutzung steht nun nichts mehr im Weg!

Internetverbindung im DSL-Router einrichten

Wenn Sie einen DSL-Router verwenden, richten Sie die Internetverbindung nicht in Windows 7 ein, sondern direkt im Gerät. Ich zeige Ihnen den Vorgang am Beispiel meines Netgear-Routers.

Eine gute Alternative zu DSL ist die Internetverbindung übers TV-Kabel. Erkundigen Sie sich in diesem Zusammenhang bei Ihrem regionalen Kabelanbieter!

Der DSL-Router muss für das Einrichten der Verbindung per Kabel verbunden sein, ebenso der später drahtlos verbundene WLAN-DSL-Router!

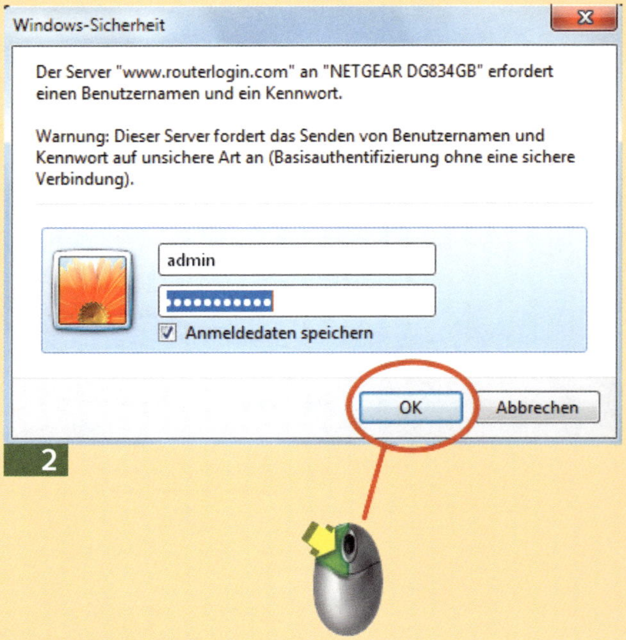

Schritt 1

Sie geben im Browser die Adresse Ihres DSL-Routers ein (der DSL-Router ist ein Gerät zum Herstellen von Netzwerk- und Internetverbindungen). Bei meinem Netgear-Gerät lautet diese *http://www.routerlogin.com*.

Schritt 2

Um auf den DSL-Router zugreifen zu können, ist die Eingabe eines Kennwortes erforderlich, das Sie der Bedienungsanleitung des Geräts entnehmen.

Ein weiterer häufig genutzter DSL-Router ist die FRITZ!Box. Um deren Konfigurationsprogramm aufzurufen, öffnen Sie im Browser *fritz.box*.

INFO: Was bedeutet DSL?

DSL ist die Abkürzung für Digital Subscriber Line, was so viel bedeutet wie „digitaler Teilnehmeranschluss". Es handelt sich hierbei um eine Technologie für schnelle Internetverbindungen.

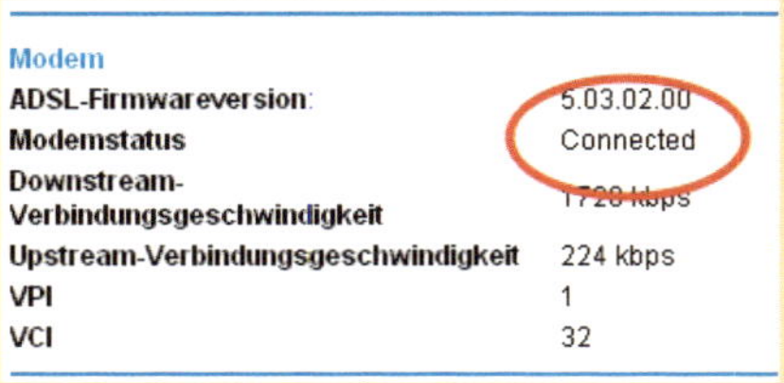

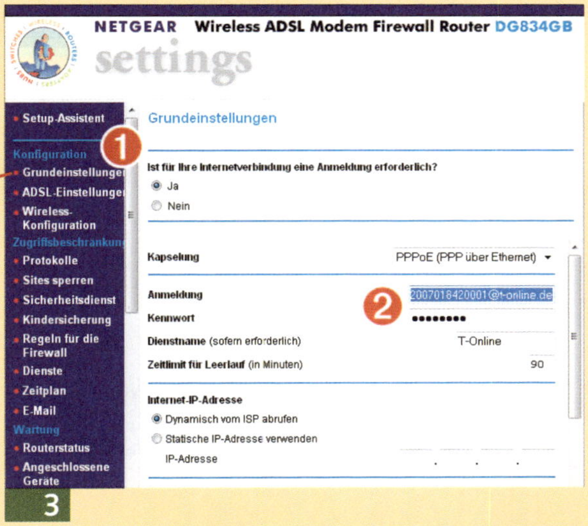

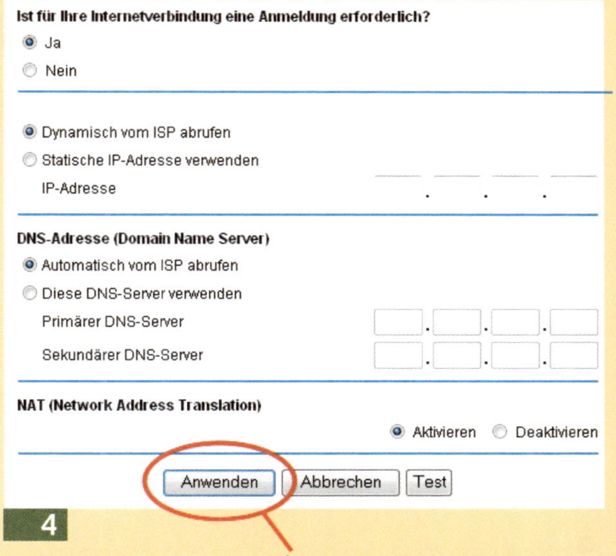

Schritt 3

Nun geben Sie die Zugangsdaten ein. Bei mir im Netgear-Router klicke ich hierzu auf *Grundeinstellungen* ❶ und nutze die entsprechenden Felder für die Eingabe der Daten ❷.

Schritt 4

Zum Schluss werden die Daten an den DSL-Router geschickt. Bei mir genügt hierfür ein Klick auf *Anwenden*. Schon kann die Internetverbindung vom DSL-Router selbstständig hergestellt oder beendet werden!

WLAN unbedingt absichern

Wenn Sie die Netzwerkverbindung drahtlos herstellen, sollten Sie diese unbedingt mithilfe eines Sicherheitsschlüssels absichern. Wiederum am Beispiel meines Netgear-Routers zeige ich Ihnen, wie das geht.

Jedes Router-Konfigurationsprogramm sieht anders aus – das Prinzip ist aber stets gleich, egal ob bei Netgear, FRITZ!Box oder anderen Modellen.

1

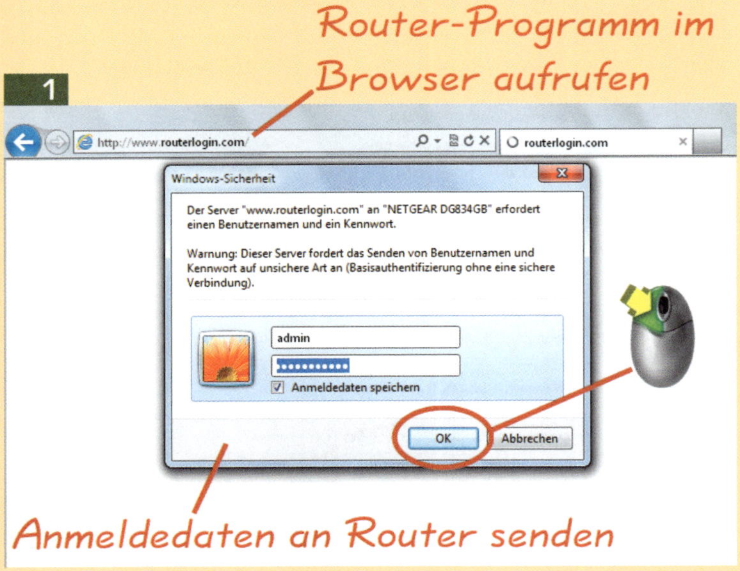

2

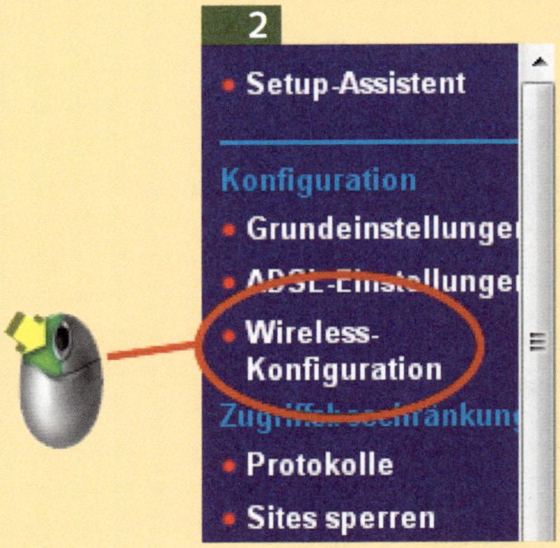

Schritt 1

Sie rufen wie gehabt im Browser das Konfigurationsprogramm des Routers auf – die Adresse des Routers ermitteln Sie in der Bedienungsanleitung des jeweiligen Geräts.

Schritt 2

In meinem Netgear-Gerät entscheide ich mich nun für den Menüpunkt *Wireless-Konfiguration*.

Das Speichern der Netzwerkverbindungen ist insbesondere bei Notebooks interessant: Einmal genutzte WLAN-Verbindungen (z. B. zu Hause, im Büro und im Hotel) können Sie so per Mausklick erneut verwenden.

Vorsicht, Wardriver sind unterwegs! Diese suchen gezielt nach ungesicherten WLANs, um sich in das Netzwerk unvorsichtiger Nutzer einzuhacken.

INFO: WPA oder WEP?

WEP ist ein veralterter Standard, den Sie nur noch im Notfall nutzen sollten (besser als gar nichts). Entscheiden Sie sich, wenn möglich, für die Verschlüsselungsmethode WPA oder noch besser für WPA2.

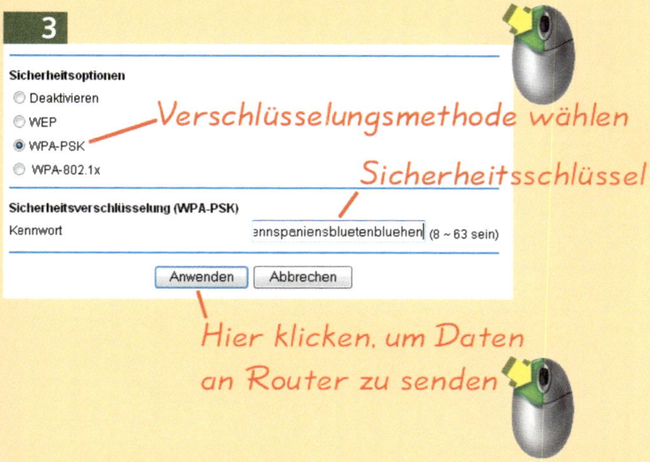

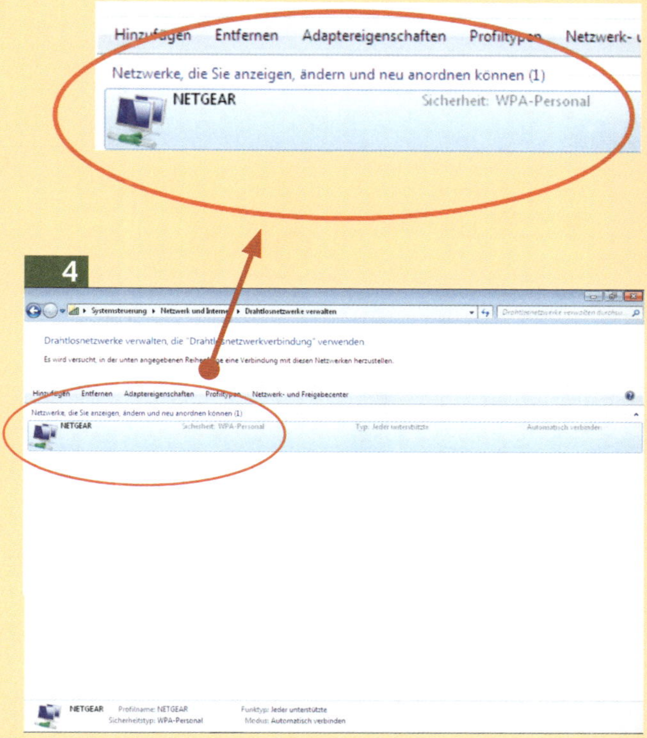

Schritt 3

Ich wähle eine Verschlüsselungsmethode aus (siehe Infobox), gebe den Sicherheitsschlüssel in das dafür vorgesehene Feld ein und klicke auf *Anwenden*.

Schritt 4

Beim Herstellen der drahtlosen Netzwerkverbindung muss ich dann – wie oben beschrieben – den Sicherheitsschlüssel eingeben. Übrigens nur einmal: Die Daten werden gespeichert und sind im Netzwerk- und Freigabecenter unter *Drahtlosnetzwerke verwalten* verfügbar.

Netzwerke bequem verwalten

Zur Verwaltung aller wichtigen Netzwerkfunktionen steht Ihnen in Windows 7 das Netzwerk- und Freigabecenter zur Verfügung. Ich möchte es Ihnen im Folgenden kurz vorstellen.

Funktionen der Systemsteuerung auf den Desktop legen: Klicken Sie dazu das jeweilige Symbol in der Adressleiste an und ziehen Sie es bei gedrückter Maustaste auf den Desktop.

1

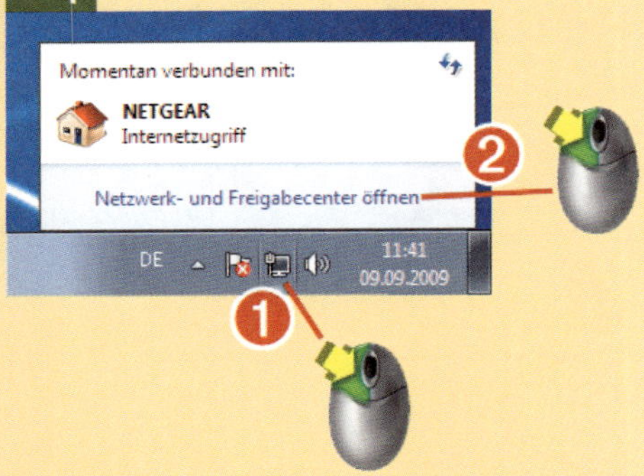

2

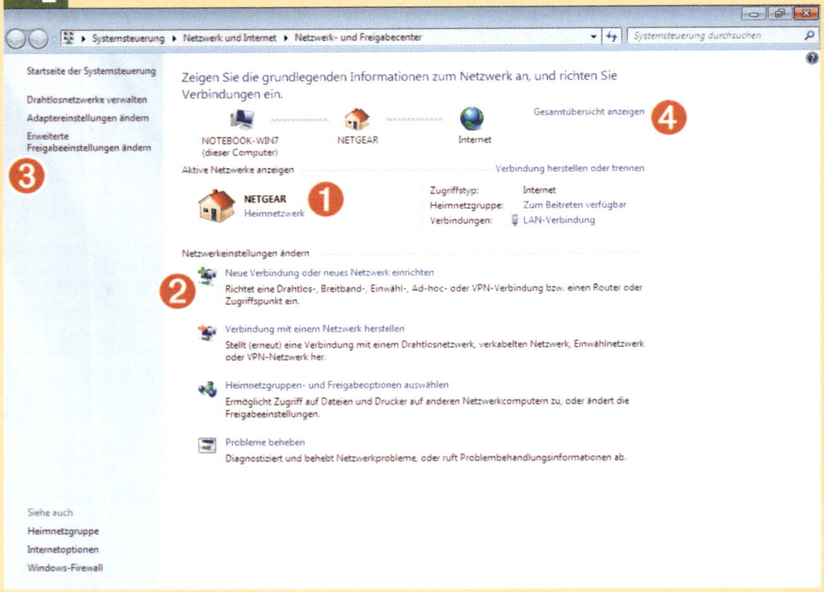

Schritt 1

Um das Netzwerk- und Freigabecenter zu öffnen, klicken Sie auf das Netzwerksymbol ❶ im Infobereich und wählen *Netzwerk- und Freigabecenter öffnen* ❷.

Schritt 2

Sie finden im Netzwerk- und Freigabecenter Informationen zum aktuellen Netzwerk ❶, Möglichkeiten, die Netzwerkeinstellungen zu ändern ❷, weitere Funktionen ❸ sowie eine grafische Netzwerkübersicht ❹.

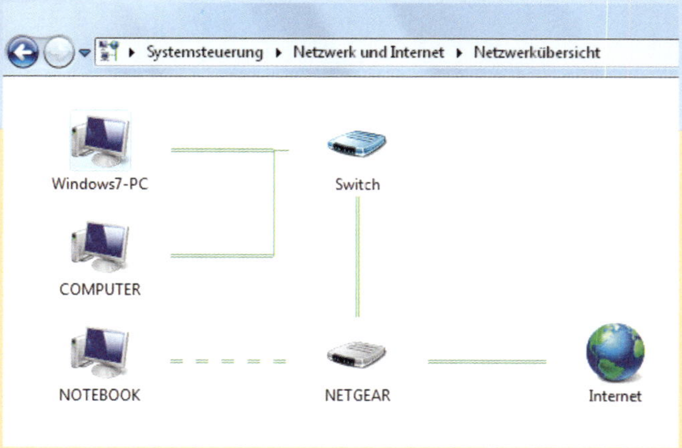

INFO: Was sind Netzwerkkarten?

Der Netzwerkadapter (Netzwerkkarte) ist die Hardware für die Netzwerkverbindung. Es kann sich um einen LAN-Adapter handeln, in den das Netzwerkkabel gestöpselt wird, oder um einen WLAN-Adapter, der drahtlos arbeitet.

3

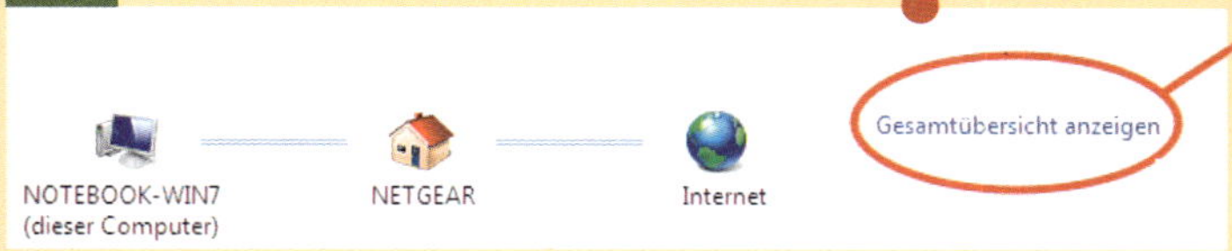

Computernamen ändern: Das geht in der Systemsteuerung unter *System und Sicherheit/System*. Wählen Sie dort *Erweiterte Systemeinstellungen* und klicken Sie unter *Computername* auf *Ändern*.

4

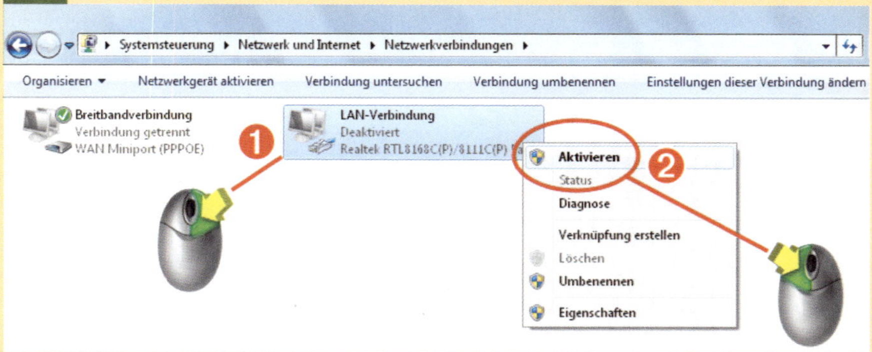

Schritt 3

Klicken Sie auf *Gesamtübersicht anzeigen*, um eine grafische Übersicht über sämtliche im Netzwerk befindlichen Geräte zu erhalten.

Schritt 4

Lässt sich keine Netzwerkverbindung herstellen? Eventuell muss der Netzwerkadapter aktiviert werden. Klicken Sie diesen dazu unter *Adaptereinstellungen ändern* (siehe Punkt 3 in Schritt 2) mit der rechten Maustaste an ❶ und wählen Sie *Aktivieren* ❷.

Dateien im Heim-Netzwerk freigeben

Wenn die Netzwerkverbindung per LAN oder WLAN steht, ist das Austauschen von Dateien kein Problem mehr. Ich zeige Ihnen Schritt für Schritt, wie Sie hierzu in Windows 7 vorgehen, um z. B. auf Dokumente oder Bilder eines anderen PCs zuzugreifen.

Mein Tipp: Verwenden Sie den von Windows 7 angelegten Benutzerordner *Öffentlich* (*C:\Benutzer\Öffentlich*), um Dateien mit anderen Nutzern im Netzwerk auszutauschen.

1

2

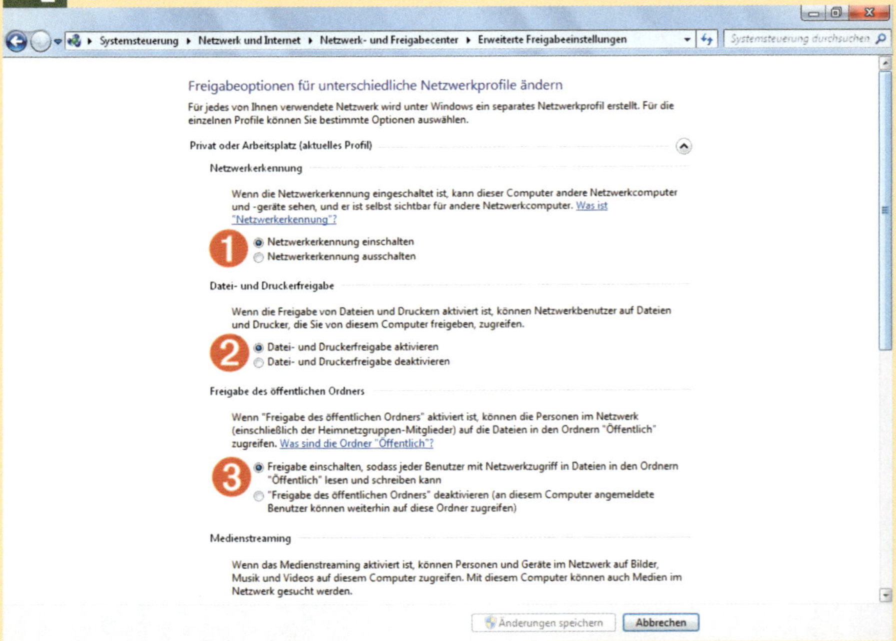

Schritt 1

Sie öffnen das Netzwerk- und Freigabecenter und klicken zunächst links auf *Erweiterte Freigabeeinstellungen ändern*.

Schritt 2

Die folgenden Optionen sollen aktiviert sein: *Netzwerkerkennung einschalten* ❶, *Datei- und Druckerfreigabe aktivieren* ❷ sowie *Freigabe einschalten* ❸.

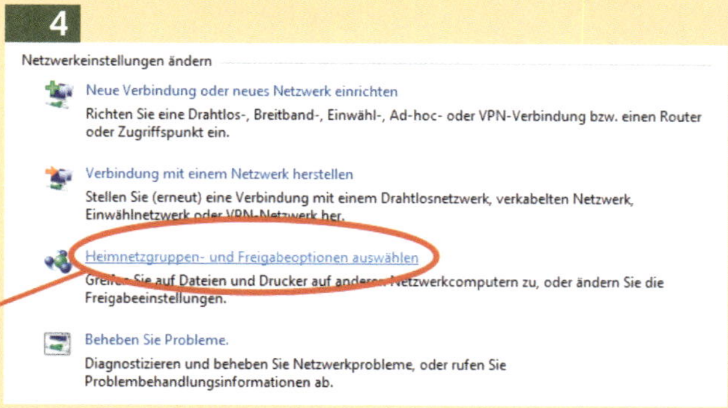

INFO: Warum Freigabe?

Damit im Netzwerk auf einen Ordner und die darin enthaltenen Dateien zugegriffen werden kann, muss dieser zunächst freigegeben werden – Sie bestimmen also selbst, welche Dateien gemeinsam genutzt werden können.

Wenn das kennwortgeschützte Freigeben (Schritt 3) aktiviert ist, können nur Personen auf Dateien zugreifen, die über ein Benutzerkonto auch auf dem anderen PC verfügen.

Diese Option aktivieren

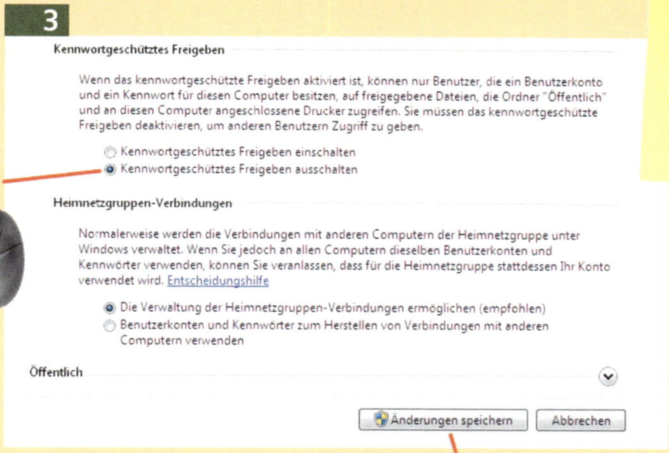

Zum Speichern der Einstellungen hier klicken

Schritt 3

Scrollen Sie das Fenster nach unten, aktivieren Sie die Option *Kennwortgeschütztes Freigeben ausschalten* und speichern Sie die Einstellungen mit *Änderungen speichern* ab.

Schritt 4

Als Nächstes klicken Sie im Netzwerk- und Freigabecenter auf *Heimnetzgruppen und Freigabeoptionen auswählen*. (Heimnetzgruppen funktionieren allerdings nur zwischen Windows 7-PCs; alternativ weiter zu Schritt 6.)

Dateien im Netzwerk freigeben

INFO: Heimnetzgruppe

Windows 7 hat die Funktion *Heimnetzgruppe* neu eingeführt, welche die Freigabe von Dateien erleichtern soll. Der „Beitritt" erfolgt im Netzwerk- und Freigabecenter.

Wenn eine Heimnetzgruppe eingerichtet wurde, kann diese auch in der Navigationsleiste des Windows-Explorers (Eintrag *Heimnetzgruppe*) abgerufen werden.

Auch einzelne Dateien können freigegeben werden. Klicken Sie diese mit rechts an und wählen Sie *Freigeben für/ Bestimmte Personen.*

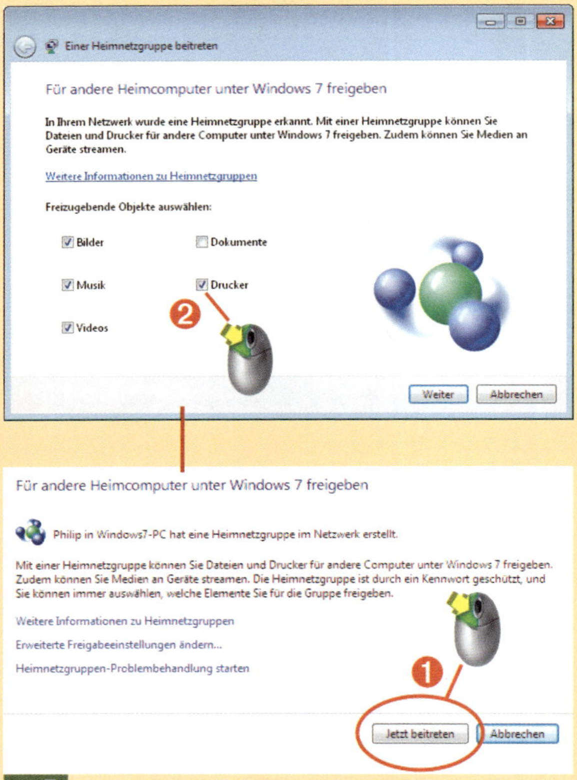

5

6

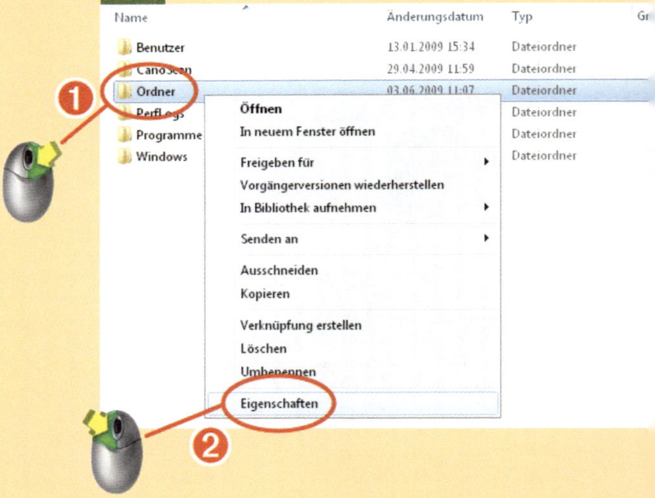

Schritt 5

Klicken Sie auf *Jetzt beitreten* ❶ und bestimmen Sie per Kontrollkästchen ❷, welche Elemente für die Heimnetzgruppe freigegeben werden sollen.

Schritt 6

Möchten Sie einzelne Ordner und die darin enthaltenen Dateien freigeben? Dann klicken Sie den Ordner mit der rechten Maustaste an ❶ und wählen Sie *Eigenschaften* ❷.

Bei einer Heimnetzgruppe ist das Freigeben noch etwas einfacher. In diesem Fall genügt ein Mausklick auf den Ordner und die Auswahl *Freigeben für/Heimnetzgruppe*.

INFO: Berechtigungsebenen

In Schritt 8 haben Sie noch die Möglichkeit, eine andere Berechtigungsebene für die Freigabe zu wählen. Sie entscheiden, ob Dateien nur gelesen (sprich: geöffnet) oder auch geschrieben (sprich: verändert) werden dürfen.

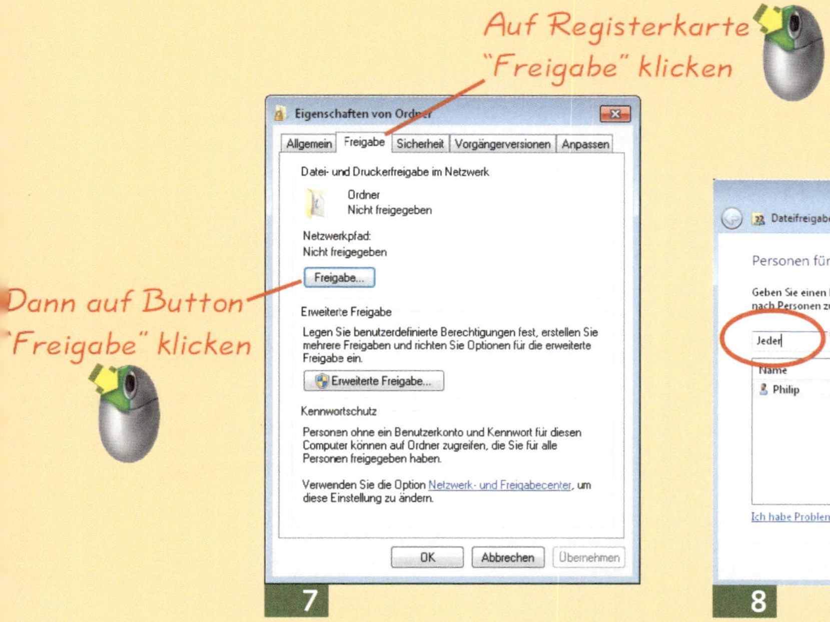

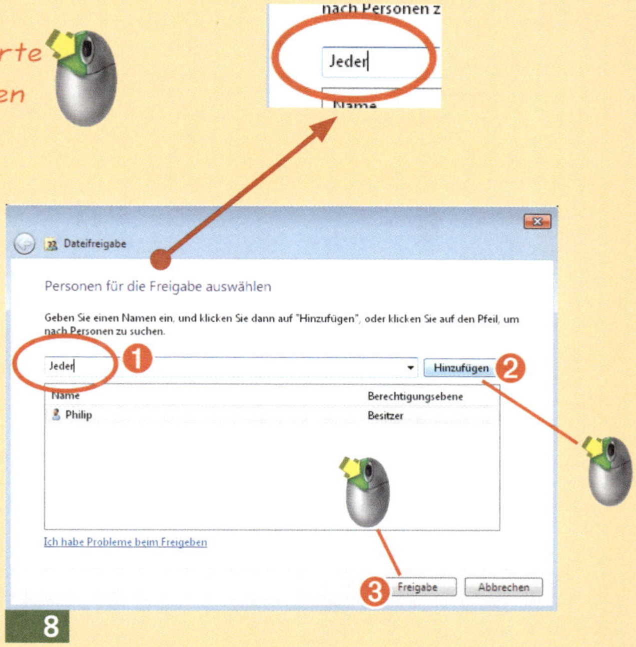

Schritt 7

Klicken Sie auf die Registerkarte *Freigabe* und dort wiederum auf den Button *Freigabe*.

Schritt 8

Tippen Sie als Benutzername *Jeder* ein ❶, klicken Sie auf *Hinzufügen* ❷ und dann auf *Freigabe* ❸. Fertig!

Auf freigegebene Ordner zugreifen

Wie nun greifen Sie auf einen im Netzwerk freigegebenen Ordner und die darin enthaltenen Dateien zu? Nichts einfacher als das!

2

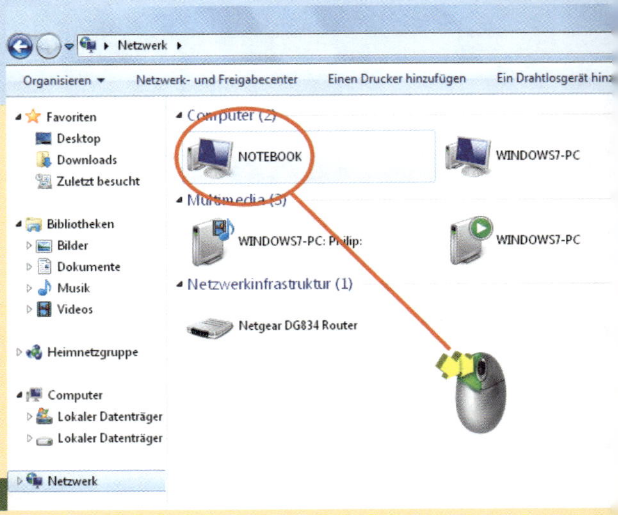

1

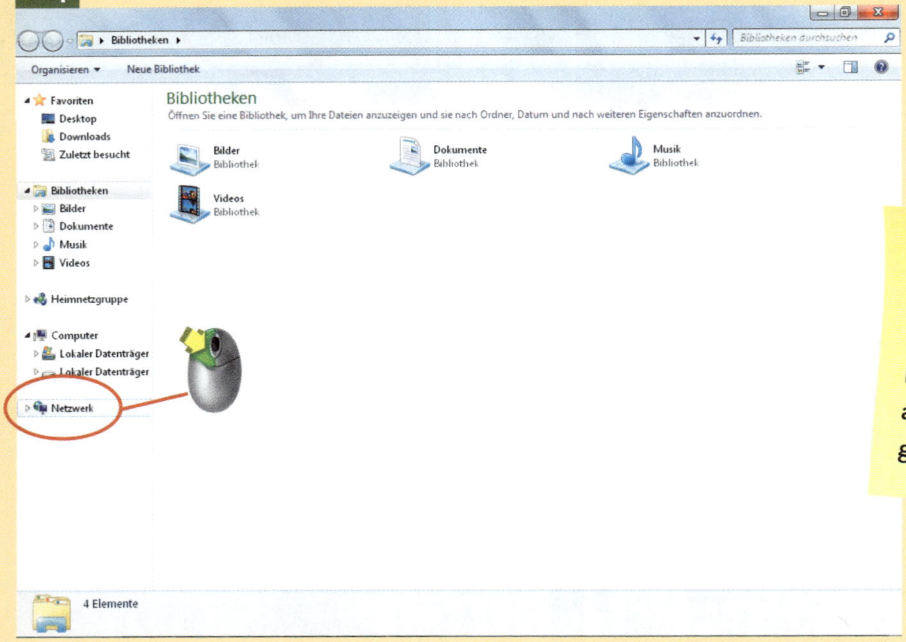

Sie können die Netzwerkumgebung auch aufrufen, indem Sie im Netzwerk- und Freigabecenter auf das Netzwerksymbol in der grafischen Übersicht klicken.

Schritt 1

Öffnen Sie den Windows-Explorer und entscheiden Sie sich in der Navigationsleiste links für den Eintrag *Netzwerk*.

Schritt 2

Doppelklicken Sie auf den Computer, der den gewünschten Ordner bereitstellt, in diesem Fall wähle ich mein Notebook aus.

Natürlich können Sie Dateien aus dem Netzwerk auch auf den eigenen PC kopieren – hierzu gehen Sie vor wie zum Kopieren von auf dem PC befindlichen Elementen.

INFO: Öffentlicher Ordner

Für jeden Benutzer wird ein öffentlicher Ordner angelegt, der wiederum Unterordner zu verschiedenen Kategorien (Dokumente, Bilder usw.) enthält. Über die Bibliotheken im Windows-Explorer haben Sie darauf Zugriff.

3

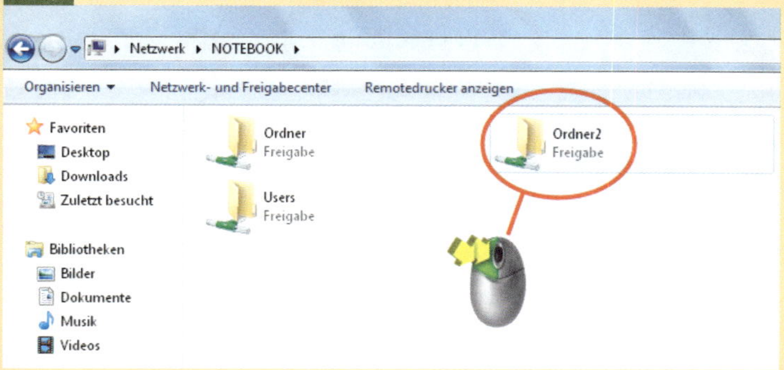

4

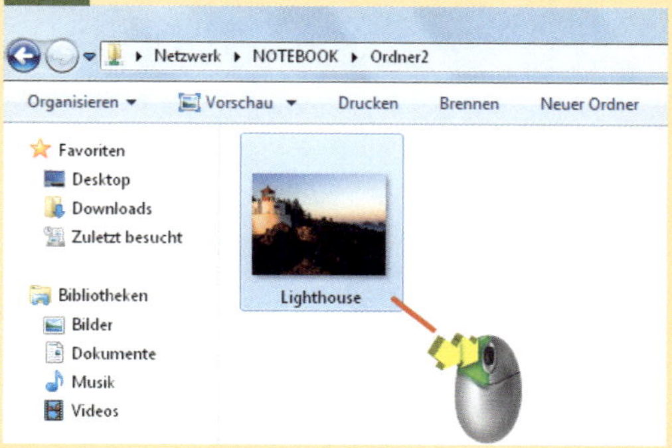

Schritt 3

Doppelklicken Sie nun auf einen freigegebenen Ordner, um auf dessen Inhalte zuzugreifen.

Schritt 4

Doppelklicken Sie schließlich auf eine im freigegebenen Ordner enthaltene Datei, um diese zu öffnen – hier eine Bilddatei.

Drucker gemeinsam verwenden

Die Druckerfreigabe nehmen Sie generell – wie oben beschrieben – im Netzwerk- und Freigabecenter vor. Doch auch das individuelle Freigeben eines Druckers ist möglich.

Was ist ein „Standarddrucker"? Das ist der Drucker, der standardmäßig zum Ausdrucken verwendet wird, wenn Sie z. B. in einem Programm das Symbol 🖨 betätigen.

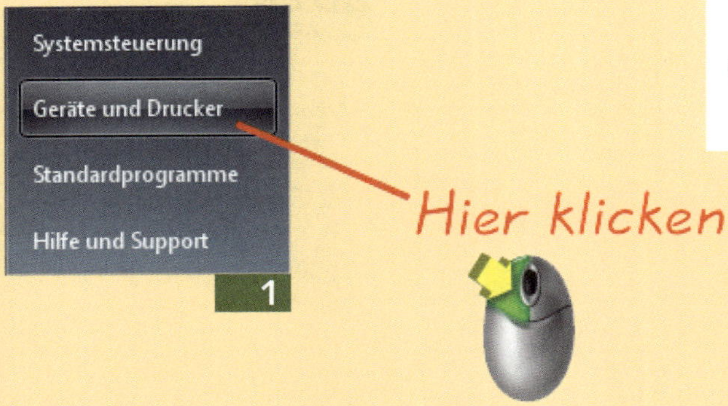

1

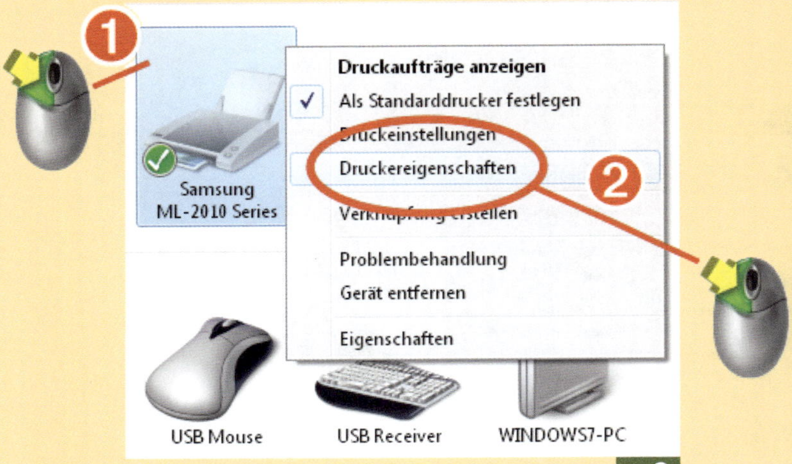

2

Schritt 1

Klicken Sie im Startmenü auf den Eintrag *Geräte und Drucker*.

Schritt 2

Klicken Sie den freizugebenden Drucker mit der rechten Maustaste an ❶ und wählen Sie *Druckereigenschaften* ❷.

Übrigens gibt es auch sogenannte Netzwerkdrucker, bei denen ein Druckserver (siehe Infobox) bereits integriert ist.

INFO: Einschaltpflicht

Ein Nachteil bei der gemeinsamen Druckernutzung: Der andere PC muss eingeschaltet sein, damit das Ganze funktioniert. Eine Alternative bietet ein sogenannter Druckserver (von to serve = dienen), der einen Drucker für alle angeschlossenen PCs verfügbar macht.

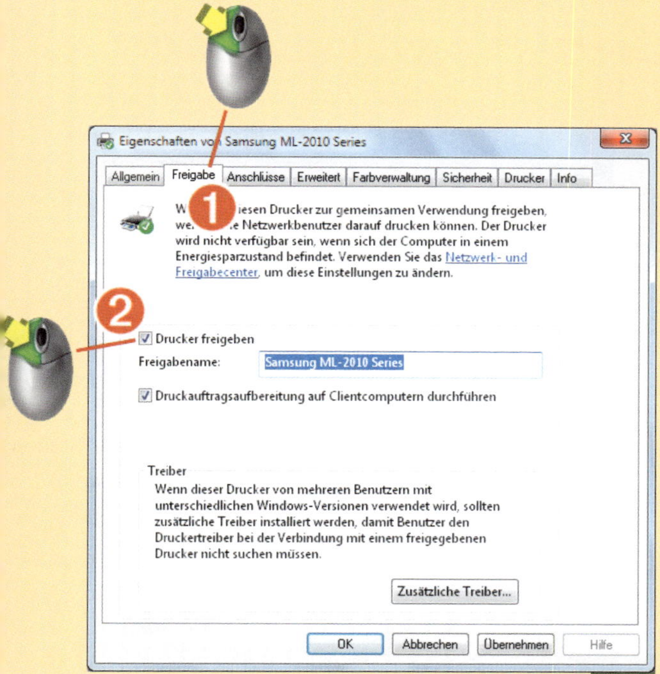

3

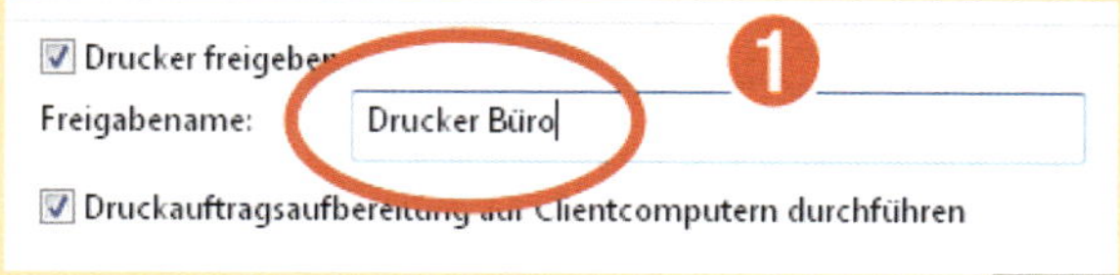

4

Schritt 3

Unter *Freigabe* ❶ aktivieren Sie das Kontrollkästchen *Drucker freigeben* ❷.

Schritt 4

Ändern Sie gegebenenfalls noch den Freigabenamen ❶ und speichern Sie die Einstellungen mit *OK* ab ❷.

Einen freigegebenen Drucker nutzen

Wie können Sie einen auf einem anderen Rechner freigegebenen Drucker zum Ausdrucken eigener Dokumente verwenden? Richten Sie den Drucker hierfür mit wenigen Handgriffen ein.

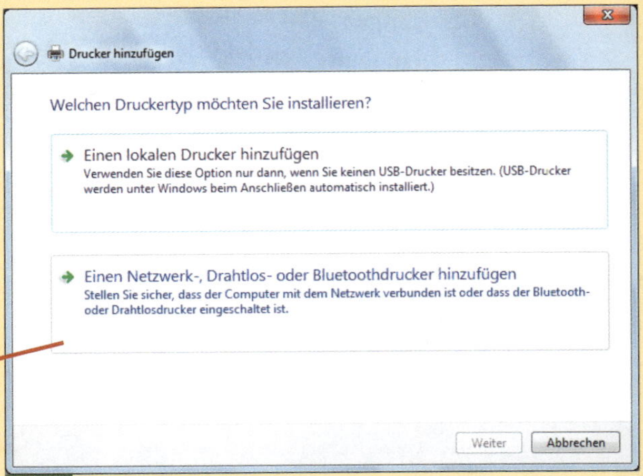

Diesen Druckertyp wählen

2

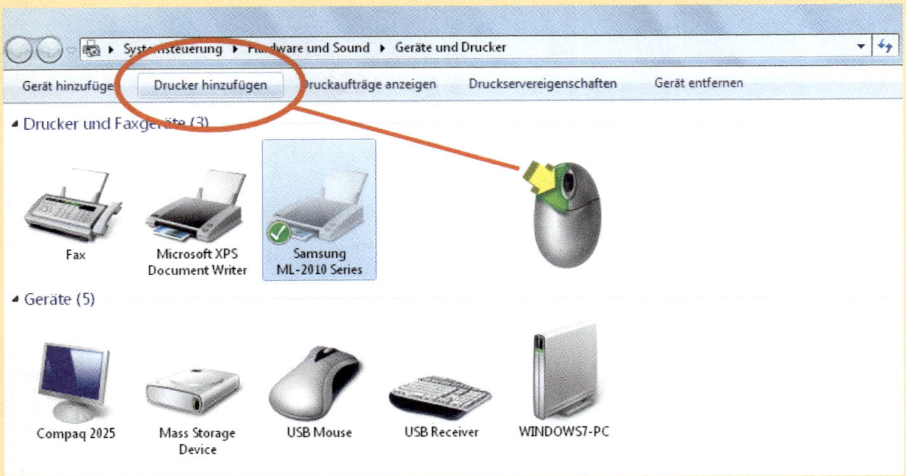

1

Sie finden einen freigegebenen Drucker auch in der oben vorgestellten Netzwerkumgebung. Klicken Sie ihn dort mit der rechten Maustaste an und wählen Sie *Verbinden*.

Schritt 1

Wiederum klicken Sie im Startmenü auf *Geräte und Drucker*. Klicken Sie im Folgenden auf *Drucker hinzufügen*.

Schritt 2

Entscheiden Sie sich im Assistenten für *Einen Netzwerk-, Drahtlos- oder Bluetoothdrucker hinzufügen*.

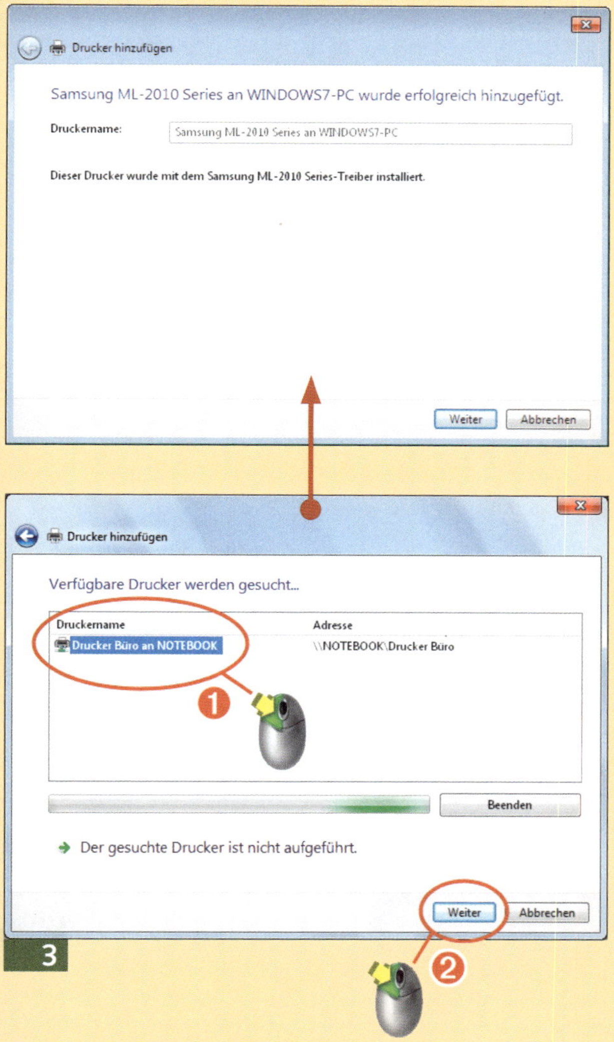

INFO: Bluetoothdrucker

Bluetooth ist eine Technologie ähnlich dem WLAN, welche auf die Funkübertragung von Daten setzt, d. h., ein Bluetoothdrucker kann die Daten vom Computer ohne Kabelverbindung empfangen.

Der Netzwerkpfad des Druckers in Schritt 3 lautet *NOTEBOOK*\ *Drucker Büro*, wobei „\\" für ein Netzwerk steht, gefolgt von Computer- und Druckernamen.

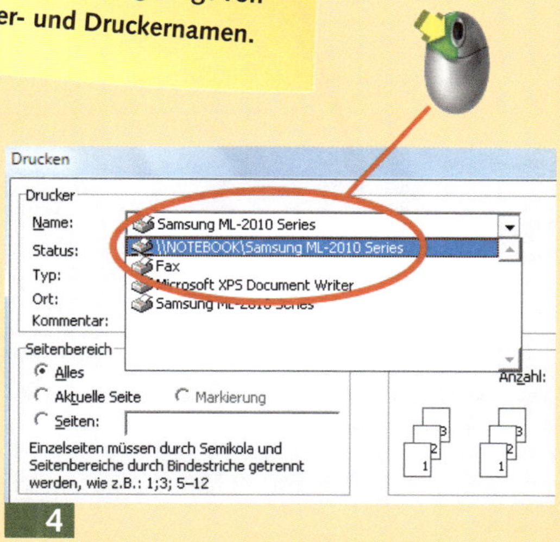

Schritt 3

Wählen Sie den gewünschten Drucker aus ❶ und klicken Sie auf *Weiter* ❷. Der Drucker wird daraufhin installiert ...

Schritt 4

... und kann nun auf dem eigenen Computer zum Ausdrucken von Dokumenten ausgewählt werden. Hier z. B. verwende ich ihn zum Ausdrucken eines Word-Dokuments.

Mediendateien übers Netzwerk abrufen

Die Medienbibliothek des Windows Media Players lernen Sie in Kapitel 9 noch näher kennen. Hier ein kleiner Vorgeschmack: Die gemeinsame Nutzung der Medienbibliothek im Netzwerk.

Falls sich ein PC mit Windows XP im Netzwerk befindet: Dieser unterstützt Medienstreaming leider noch nicht, unabhängig vom installierten Windows Media Player.

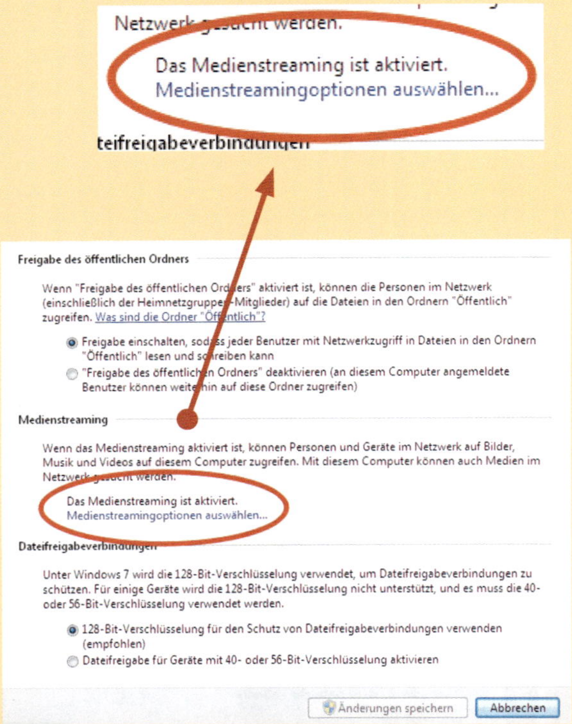

1

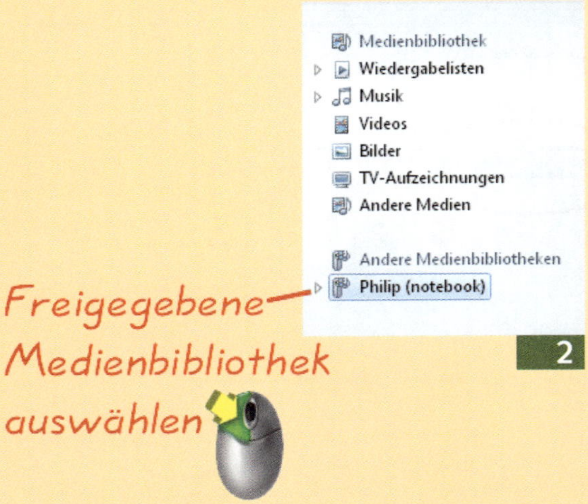

2

Schritt 1

Stellen Sie sicher, dass Sie in den erweiterten Freigabeeinstellungen des Netzwerk- und Freigabecenters (siehe oben) die Option *Medienstreaming* aktiviert haben.

Schritt 2

Wenn Sie den Windows Media Player nun öffnen, finden Sie in der Leiste links die im Netzwerk verfügbaren Medienbibliotheken als „andere Medienbibliotheken". Klicken Sie den entsprechenden Eintrag an.

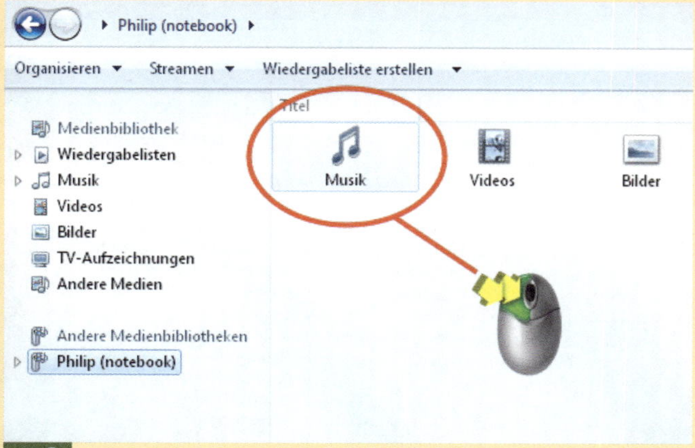

3

TIPP: Musik auf Hi-Fi-Anlage

Die Freigabe der Medienbibliothek erstreckt sich nicht nur auf PCs, sondern auch auf andere Geräte, die am Netzwerk teilnehmen können und mit denen Sie Musik vom Computer auf die Stereoanlage oder Filme aufs TV-Gerät übertragen!

Übrigens können Sie auch via Internet auf die Medienbibliothek zugreifen! Wählen Sie hierzu im Windows Media Player *Streamen/Internetzugriff auf Heimmedien zulassen*.

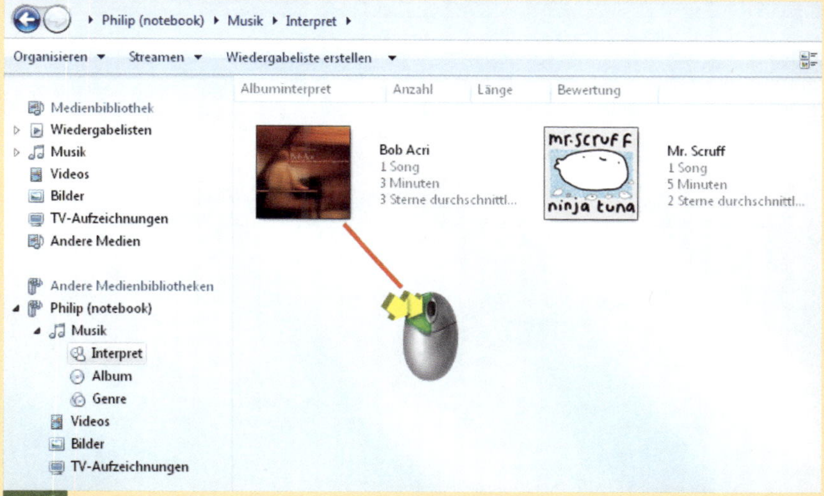

4

Schritt 3

Öffnen Sie eine beliebige Kategorie (hier z. B. *Musik*) ...

Schritt 4

... und geben Sie eine Mediendatei übers Netzwerk wieder.

6

Im Web surfen mit dem Internet Explorer 9

Das Schönste am Computer ist doch die Nutzung des Internets, speziell des World Wide Web, in dem Sie Webseiten zu allen denkbaren Themen sowie weitere Inhalte finden. Zum Durchforsten des World Wide Web verwenden Sie einen Browser – z. B. den Internet Explorer 9 (Windows 7 bietet Ihnen eine Auswahl aus mehreren Browsern an), dessen Nutzung ich Ihnen im Folgenden vorstelle. Sie erfahren alles Wichtige – vom Aufrufen von Webseiten und dem sicheren Surfen bis hin zum Speichern oder Ausdrucken besonders interessanter Informationen.

Eine Webseite aufrufen

Ich empfehle, zum Aufrufen von Webseiten den Microsoft-Browser Internet Explorer 9 zu verwenden. Auf Alternativen wie den Browser Firefox können Sie zurückgreifen, wenn Sie bei der Webnutzung fortgeschrittener sind.

Das Wort Browser für Programme zur Anzeige von Webseiten kommt übrigens vom englischen „to browse", das „durchstöbern" bedeutet.

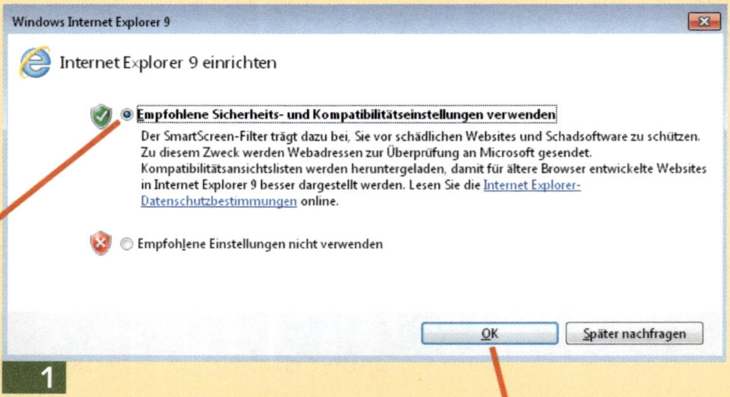

Diese Option auswählen

Anschließend auf "OK" klicken

Schritt 1

Beim ersten Start des Internet Explorer (Taskleisten-Symbol:) werden Sie zum Einrichten des Programms aufgefordert. Entscheiden Sie sich zunächst einfach für *Empfohlene Sicherheits- und Kompatibilitätseinstellungen verwenden*.

Schritt 2

Oben links im Browser finden Sie (wie bei anderen Browsern auch) das Adressfeld, in das Sie eine beliebige Webadresse eintippen. Durch Betätigen der [Enter]-Taste öffnen Sie die gewünschte Webseite.

Eine Webadresse, z. B. *http://www.databecker.de*, setzt sich so zusammen: „http://“ ist das Übertragungsprotokoll, „www“ steht für „World Wide Web“ und „databecker.de“ ist die sogenannte Domain.

INFO: Woran erkenne ich Links?

Text-Links sind meistens unterstrichen. Links können sich jedoch auch unter Bildern & Co. verstecken. Fahren Sie mit der Maus über ein Element, und wenn aus dem Mauszeiger ein Zeigefingersymbol wird, handelt es sich um einen Link.

3

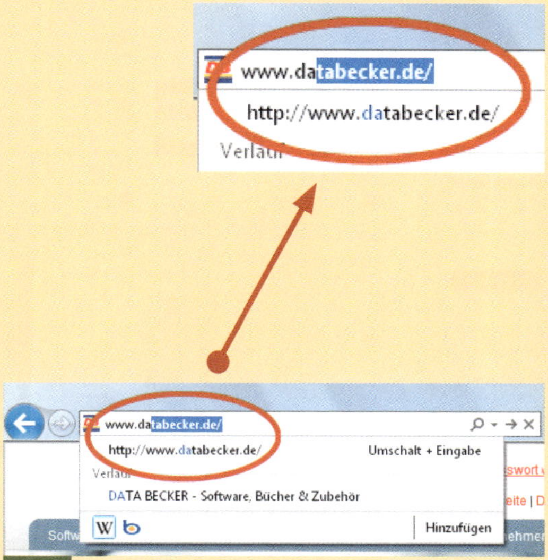

4

Schritt 3

Auf einer Webseite, z. B. *http://www.databecker.de*, klicken Sie sogenannte Links an, um weitere Webseiten zu öffnen.

Schritt 4

Wenn Sie eine Webseite bereits besucht haben, genügt die Eingabe der Anfangsbuchstaben und das Betätigen der Enter-Taste, um eine Webseite erneut aufzurufen.

Im World Wide Web navigieren

Eine Webseite aufzurufen, ist nicht schwierig – zwischen mehreren Webseiten zu navigieren ist ebenfalls einfach. Ich zeige Ihnen, wie es geht!

2

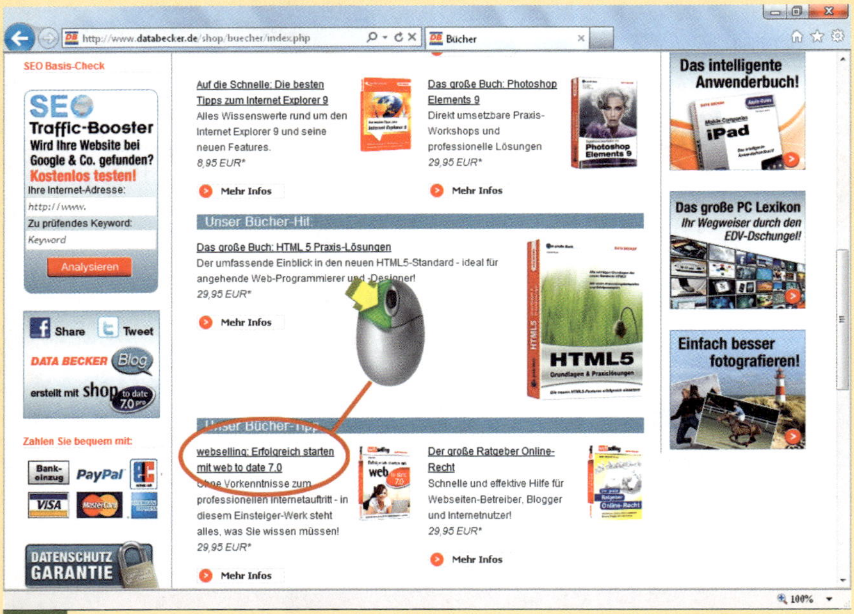

1

Um sich einen Verlauf der zuletzt besuchten Webseiten anzeigen zu lassen, klicken Sie mit der rechten Maustaste auf den Navigationspfeil ←.

Schritt 1

Sie wissen bereits, was ein Link ist. Klicken Sie einen Link an, um sich von einer Webseite zur nächsten zu bewegen. Auf der nächsten Webseite gibt es wiederum Links, die Sie anklicken können usw.

Schritt 2

Der Internet Explorer 9 speichert einen Verlauf der von Ihnen besuchten Webseiten. Um zurückzublättern, klicken Sie einfach auf das Symbol ← links oben in der Bedienoberfläche. Mit dem Symbol → können Sie entsprechend vorblättern.

Nutzen Sie Registerkarten, so wechseln Sie zwischen mehreren Webseiten direkt im Browserfenster; beim Öffnen in mehreren Browserfenstern nutzen Sie hierfür das Programmsymbol in der Taskleiste.

Es geht auch per Tastenkombination: Für eine neue Registerkarte drücken Sie Strg+T, für ein neues Browserfenster Strg+N.

TIPP: Webseite aktualisieren

Wurde eine Webseite im Web aktualisiert, aber auf Ihrem Rechner wird noch die alte Version angezeigt? Dann klicken Sie im Internet Explorer rechts im Adressfeld auf das Symbol, um die Webseite zu aktualisieren.

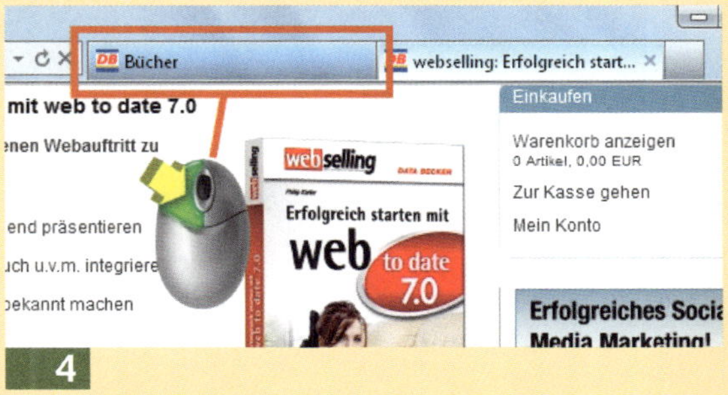

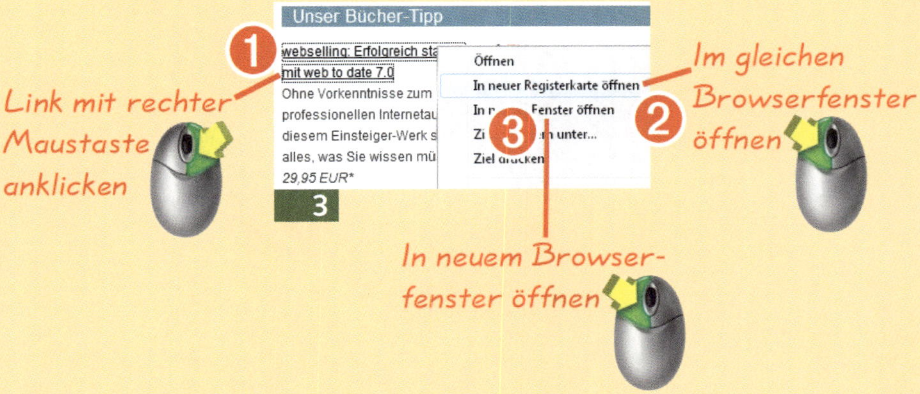

Schritt 3

Mehrere Webseiten sollen auf einmal aufgerufen werden? Dann klicken Sie einen Link mit der rechten Maustaste an ❶ und entscheiden sich für *In neuer Registerkarte öffnen* ❷ bzw. *In neuem Fenster öffnen* ❸.

Schritt 4

Wenn Sie sich für das Öffnen des Links in einer neuen Registerkarte entscheiden, können Sie zwischen mehreren Webseiten ganz einfach durch einen Klick auf die jeweilige Registerkarte navigieren.

Die Webseiten-Ansicht vergrößern

Texte oder Bilder auf einer Webseite werden zu klein dargestellt? Ein Problem, das sich blitzschnell beheben lässt!

Windows 7 bietet Ihnen auch eine praktische Bildschirmlupe, die Sie mit der Tastenkombination [Win]+[+] aktivieren und mit [Win]+[Esc] wieder beenden.

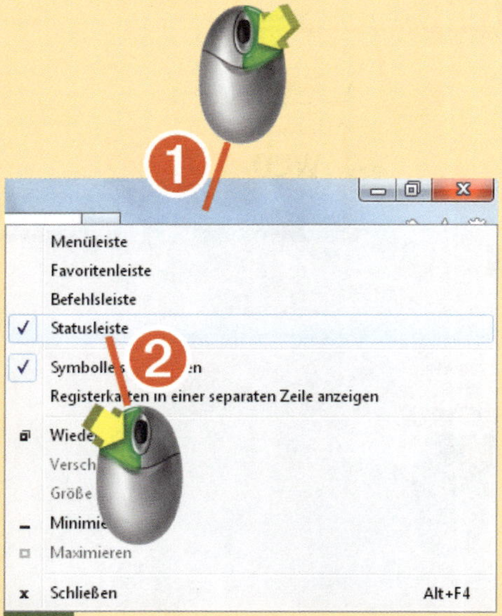

1

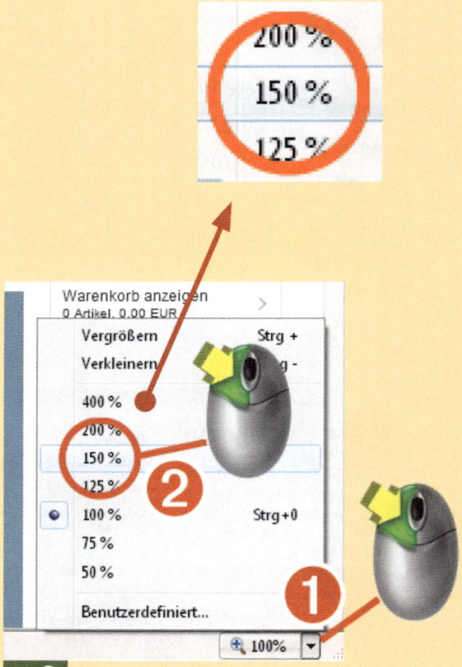

2

Schritt 1

Sie wollen die auf einer Webseite dargestellten Inhalte vergrößern? Blenden Sie im Internet Explorer 9 zunächst die Statusleiste ein, indem Sie mit rechts in die Symbolleiste klicken ❶ und per Mausklick ein Häkchen bei *Statusleiste* setzen ❷.

Schritt 2

Rechts unten im Internet Explorer finden Sie nun einen Zoom-Button 100% ▾ – klicken Sie auf den zugehörigen Pfeil ❶ und wählen Sie die gewünschte Vergrößerungsstufe aus ❷.

Nützlich nicht nur für ältere Menschen: Viele Webseiten bieten inzwischen kleine Buttons zum Vergrößern der Texte an.

TIPP: Zoom per Tastenkombi

Es geht auch mithilfe einer Tastenkombination: Zum Vergrößern der Inhalte betätigen Sie die Tasten Strg+[+], zum Verkleinern Strg+[-] und zum Wiederherstellen der normalen Zoom-Stufe Strg+0.

3

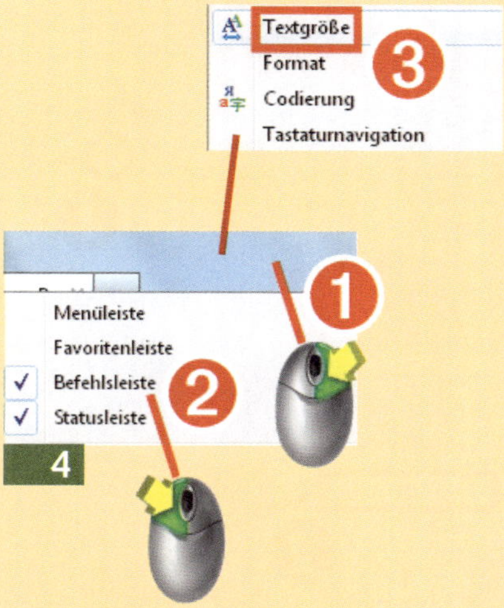

4

Schritt 3

Schon wird die Webseite in entsprechender Vergrößerung dargestellt. Nachteil: Eine Webseite gerät durch die Vergrößerung oft aus den Fugen – die Bildlaufleisten an den Seitenrändern helfen Ihnen beim Betrachten des gesamten Inhalts.

Schritt 4

Soll nur der Text vergrößert werden? Klicken Sie mit rechts in die Symbolleiste ❶ und aktivieren Sie die *Befehlsleiste* ❷. Die Textgröße der von Ihnen aufgerufenen Webseiten bestimmen Sie nun unter *Seite/Textgröße* ❸.

Eine Startseite einrichten

Wenn Sie eine Webseite, z. B. ein Nachrichtenportal, sofort beim Browser-Start nutzen wollen, empfehle ich, diese als Startseite einzurichten. Das ist mit wenigen Handgriffen erledigt.

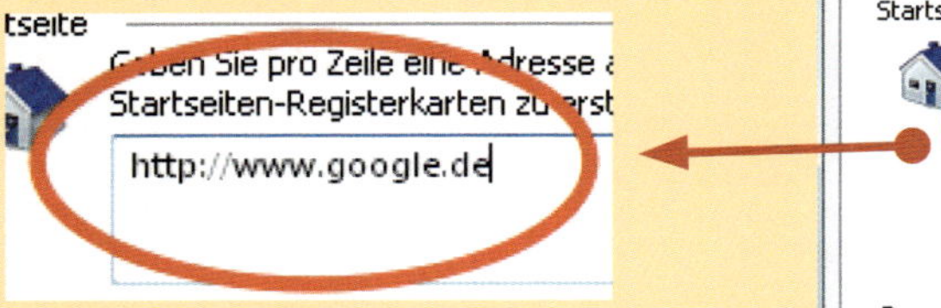

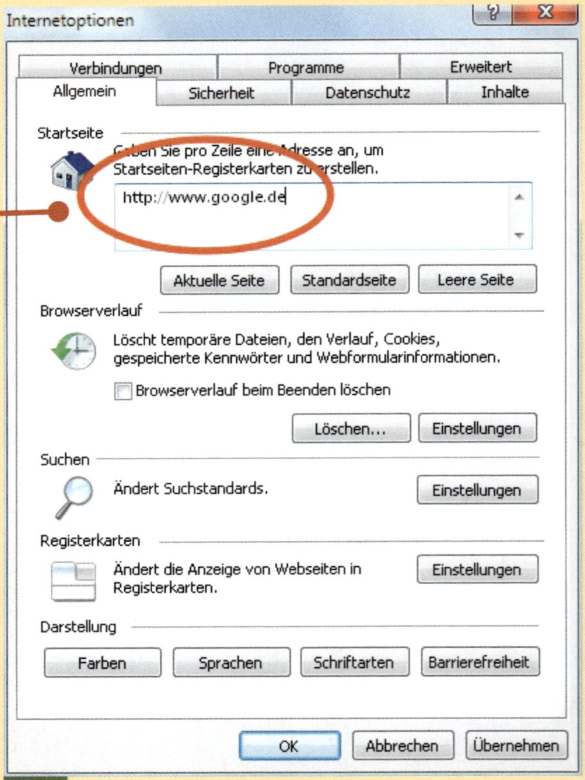

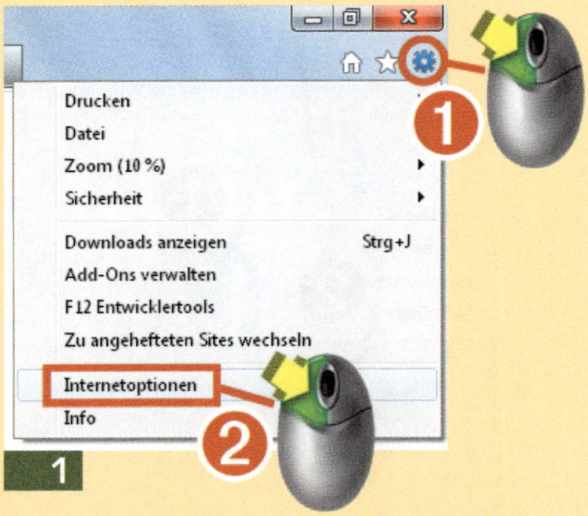

1

2

Schritt 1

Öffnen Sie den Internet Explorer und klicken Sie unter dem Symbol ⚙ ❶ auf *Internetoptionen* ❷. (Sie können die Internetoptionen ansonsten auch, wie bereits kennengelernt, in der Systemsteuerung aufrufen.)

Schritt 2

Tippen Sie im Feld *Startseite* die gewünschte Webadresse ein. Möchten Sie z. B., dass beim Browserstart automatisch die Suchmaschine Google geladen wird, tippen Sie *http://www.google.de* ein.

Nicht zu verwechseln mit der Startseite ist die Homepage – so wird die Startseite eines Webauftritts bezeichnet, manchmal auch ein kompletter Webauftritt.

TIPP: Welche Startseite?

Welche Startseite Sie verwenden, richtet sich ganz nach Ihrer Nutzung des World Wide Web. Ich selbst verwende Google (*http://www.google.de*) als Startseite, weil ich die Suchmaschine am häufigsten verwende.

Um die von Ihnen festgelegte Startseite zu laden, können Sie auch die Tastenkombination Alt+Pos1 verwenden.

Mehrere Webadressen durch "Enter"-Taste trennen

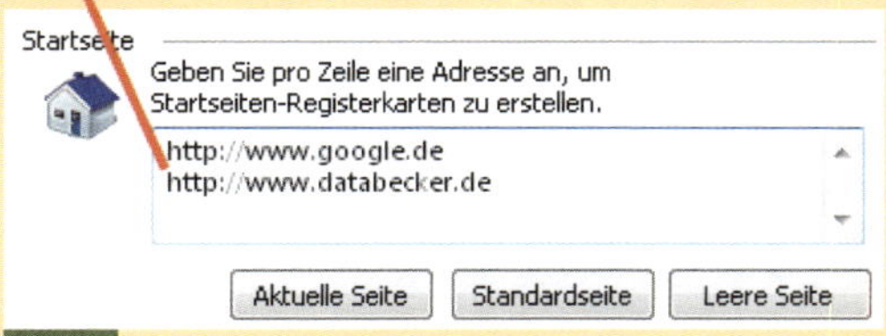

3

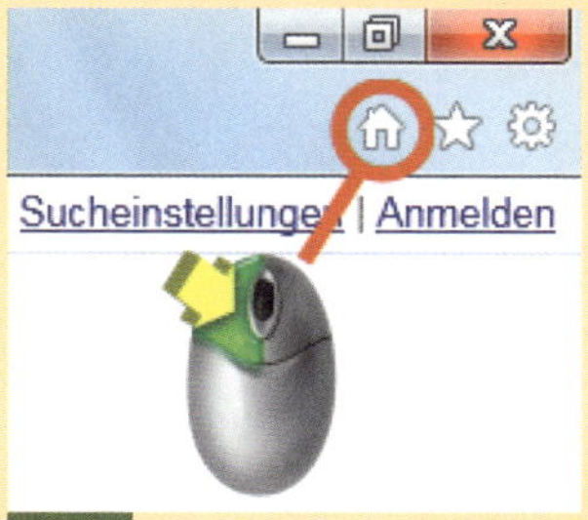

4

Schritt 3

Die Registerkarten machen es möglich: Sie können auch mehrere Startseiten gleichzeitig eingeben – diese werden dann in der Reihenfolge der Eingabe geladen.

Schritt 4

Rufen Sie die Startseite nun einfach durch einen Klick auf das Haussymbol in der Symbolleiste des Internet Explorer auf.

Eine Webadresse als Favorit speichern

Wenn Sie eine Weile im WWW surfen, werden Sie schnell ein paar Webseiten haben, die Sie immer wieder besuchen. Mein Tipp: Speichern Sie diese als Favoriten ab.

Eine alternative Bezeichnung für die Favoriten ist „Lesezeichen". Sie leitet sich vom englischen „Bookmark" her und findet Anwendung z. B. beim Firefox.

Favoriten noch schneller hinzufügen: Verwenden Sie hierzu die Tastenkombination Strg+D.

Einen Favoriten wieder entfernen? Klicken Sie ihn dazu einfach im Favoritencenter mit der rechten Maustaste an und wählen Sie *Löschen*.

1

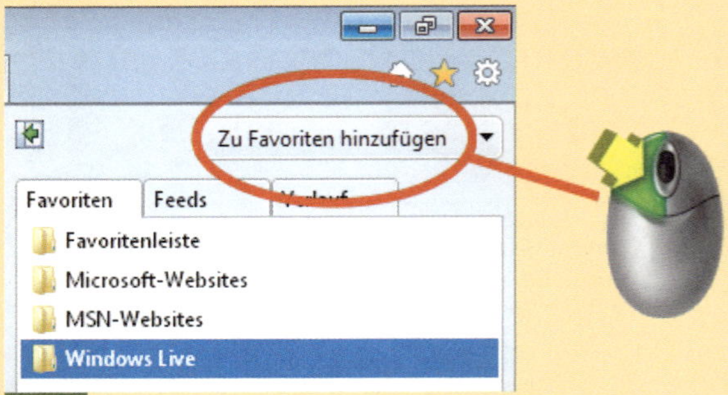

2

Schritt 1

Sie rufen die gewünschte Webseite auf und klicken rechts oben im Internet Explorer auf das Sternsymbol ☆.

Schritt 2

Entscheiden Sie sich im Folgenden für die Schaltfläche *Zu Favoriten hinzufügen*.

Sie können mehrere Favoriten gleichzeitig laden. Klicken Sie hierzu auf den Pfeil, der erscheint, wenn Sie die Maus über einen Favoriten-Ordner bewegen.

TIPP: Favoritenleiste nutzen

Sie finden im Internet Explorer 9 zusätzlich eine Favoritenleiste – klicken Sie mit rechts in die Symbolleiste und setzen Sie ein Häkchen bei *Favoritenleiste*, um diese zu aktivieren. Rufen Sie eine Webseite auf und klicken Sie auf das Symbol, um eine gerne genutzte Webseite dort zu speichern.

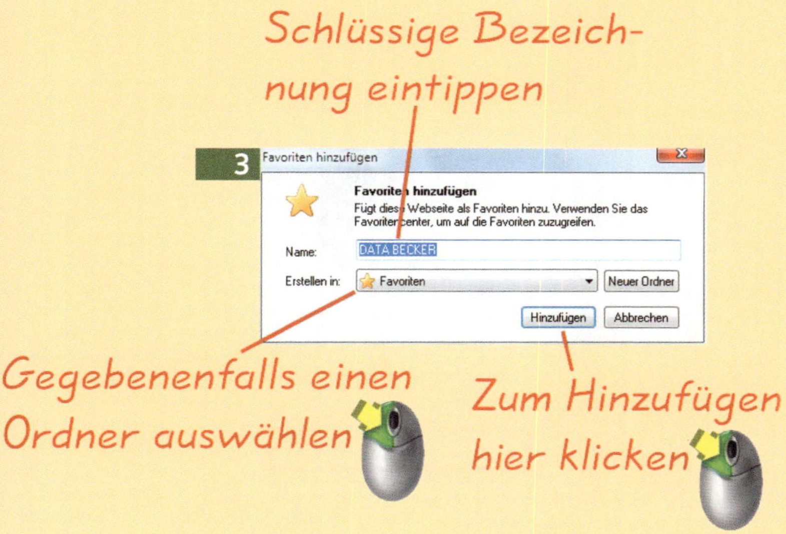

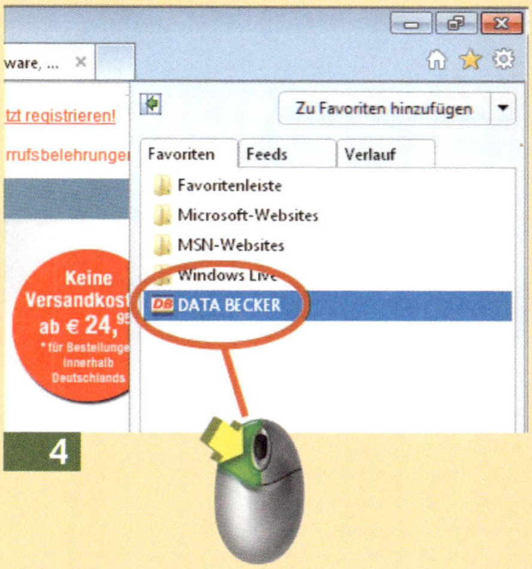

Schritt 3

Geben Sie dem Eintrag einen schlüssigen Namen und speichern Sie ihn ab. Falls Sie Ihre Favoriten in verschiedenen Ordnern sortieren, können Sie diesen hier ebenfalls bestimmen.

Schritt 4

Wenn Sie nun erneut auf *Favoriten* klicken, finden Sie den entsprechenden Eintrag und können die Webseite per Mausklick öffnen.

Bereits besuchte Webseiten wiederfinden

Sie haben eine Webseite nicht den Favoriten hinzugefügt, würden sie aber dennoch gerne noch mal besuchen. Kein Problem: Der Internet Explorer speichert einen Verlauf der besuchten Webseiten.

Um zu bestimmen, wie lange der Browserverlauf gespeichert werden soll, wählen Sie unter dem Symbol die *Internetoptionen* und klicken bei *Browserverlauf* auf *Einstellungen*.

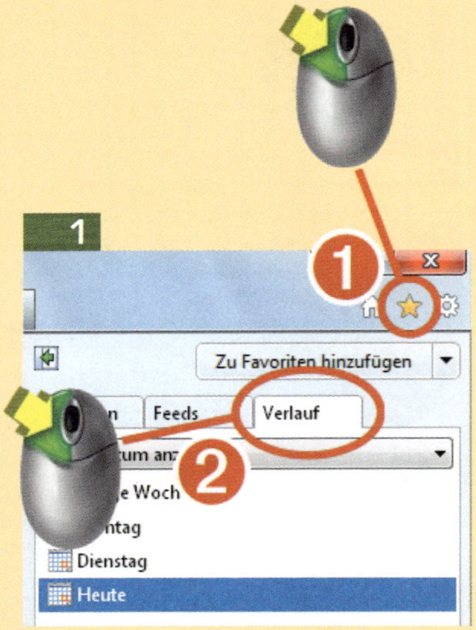

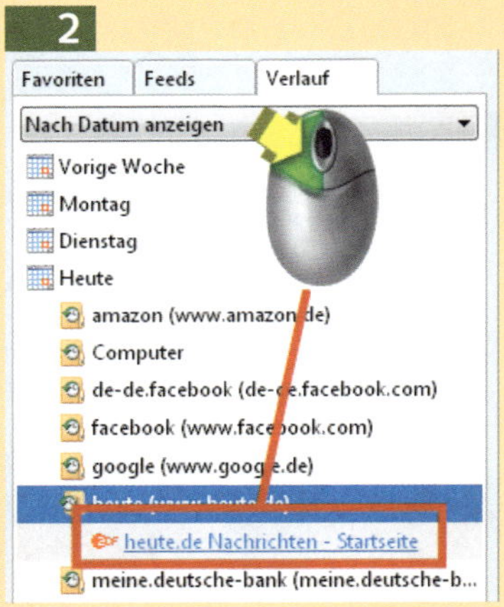

Schritt 1

Klicken Sie im Internet Explorer 9 unter dem Symbol ❶ auf *Verlauf* ❷.

Schritt 2

Der Verlauf der besuchten Webseiten wird in chronologischer Reihenfolge angezeigt. Klicken Sie einen Eintrag an, um eine bereits besuchte Webseite erneut zu öffnen.

Welche Webseiten besuchen Sie am häufigsten? Auch eine Sortierung nach der Anzahl der Zugriffe ist im Menü aus Schritt 3 möglich.

TIPP: Verlauf im Adressfeld

Für den Verlauf zwischendurch: Das Adressfeld des Internet Explorer beinhaltet einen Pfeil ▼. Wenn Sie diesen anklicken, werden Ihnen die letzten Einträge des Browserverlaufs angezeigt.

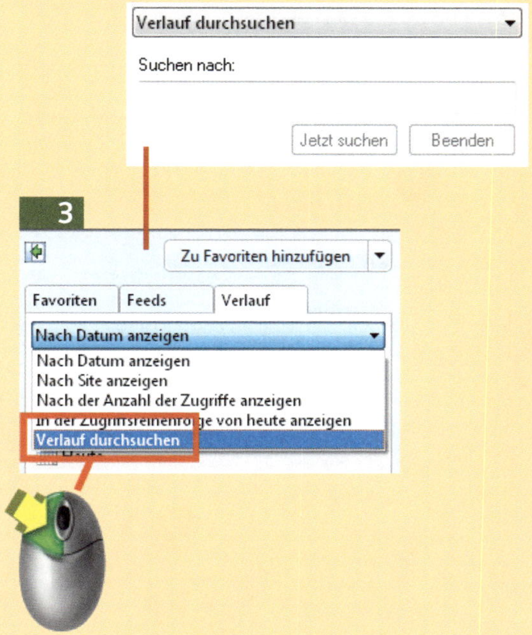

Schritt 3

Praktisch: Der Verlauf lässt sich auch nach beliebigen Begriffen durchsuchen – wählen Sie die entsprechende Option im Menü aus.

Schritt 4

Tippen Sie Ihren Suchbegriff ein ❶ und starten Sie die Suche mit *Jetzt suchen* ❷. Die passenden Ergebnisse werden aufgelistet und können wiederum per Mausklick geöffnet werden ❸.

Surfspuren auf dem PC beseitigen

Der Browserverlauf muss nicht unbedingt nützlich sein. Er kann Sie auch stören, etwa wenn Sie – bei mehreren Nutzern des PCs – den Datenschutz gefährdet sehen. Das Löschen ist kein Problem!

Neben dem Browserverlauf werden auch temporäre Internetdateien gespeichert – wenn Sie eine Webseite erneut besuchen, müssen diese Dateien dann nicht mehr aus dem Web geladen werden.

Ich persönlich lasse beim Löschen der Surfspuren Kennwörter und Formulardaten meist ungeschoren, das erspart mir die erneute Eingabe dieser Daten.

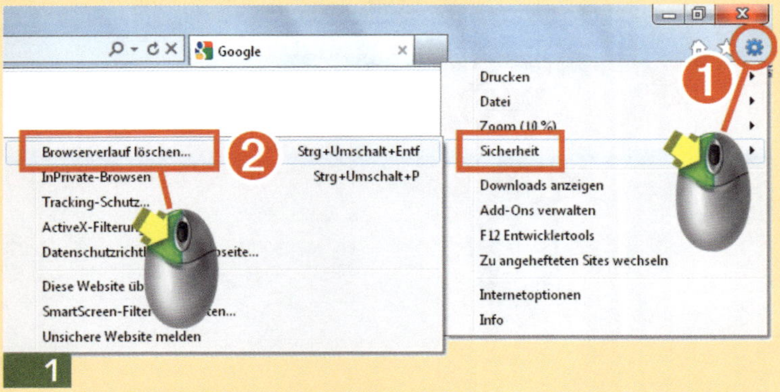

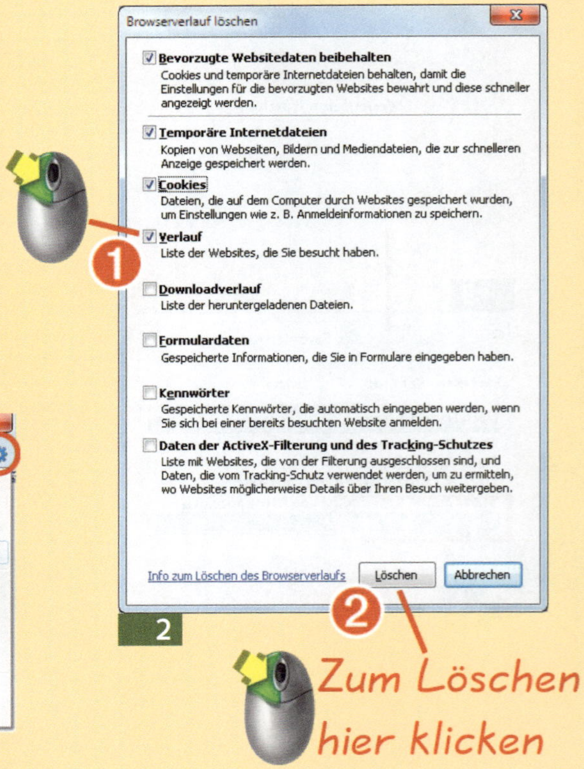

Schritt 1

Um den Browserverlauf zu löschen, wählen Sie im Internet Explorer unter dem Symbol ⚙ ❶ *Sicherheit/Browserverlauf löschen* ❷.

Schritt 2

Setzen Sie ein Häkchen bei den Elementen ❶, die gelöscht werden sollen und betätigen Sie dann den *Löschen*-Button ❷.

Zum Aufrufen des Menüs aus Schritt 2 dient auch die Tastenkombination Strg+Umschalt+Entf.

INFO: Was sind Cookies?

Cookies sind kleine Dateien, die es Webseiten ermöglichen, Daten auf Ihrem Computer zu speichern und später wieder abzurufen – so kann sich z. B. ein Onlineshop die von Ihnen ausgesuchten Artikel merken.

Sie haben den Verdacht, dass eine Webseite aus dem Cache (einem Speicher für bereits besuchte Webseiten) geladen wurde? Drücken Sie die F5-Taste, um die Webseite zu aktualisieren.

3

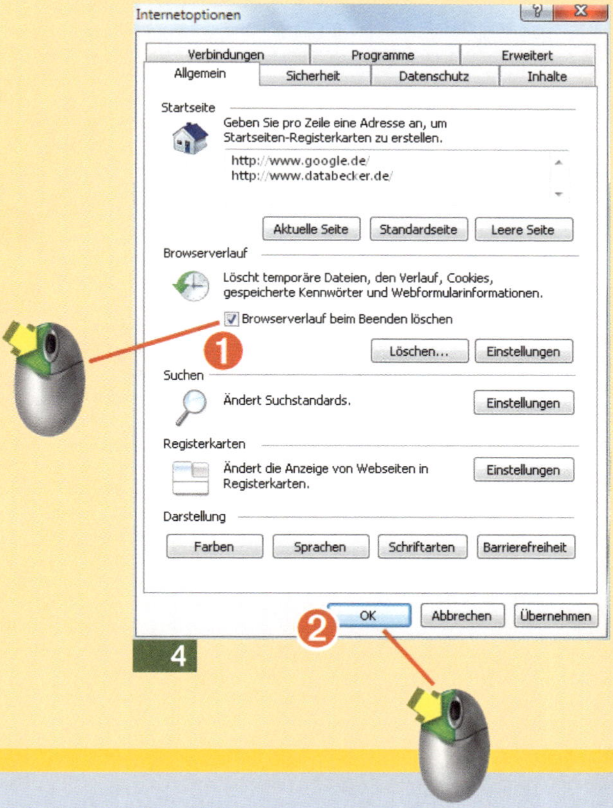

4

Schritt 3

Bereits nach wenigen Sekunden sind die Surfspuren gelöscht, Sie werden darüber durch ein kleines Fenster in Kenntnis gesetzt.

Schritt 4

Um den Browserverlauf jedes Mal beim Schließen des Internet Explorer automatisch zu bereinigen, klicken Sie unter dem Symbol ⚙ auf *Internetoptionen* und aktivieren die Option *Browserverlauf beim Beenden löschen* ❶. Bestätigen Sie die neue Einstellung mit *OK* ❷.

Anonym surfen

100-prozentig anonym surfen Sie auch mit dem Internet Explorer 9 nicht, aber Sie können doch dafür sorgen, dass verräterische Surfspuren erst gar nicht gespeichert werden – für mehr Datenschutz auf dem eigenen PC.

InPrivate-Browsen per Tastenkombination: Verwenden Sie den Shortcut Strg+Umschalt+P, um ein InPrivate-Fenster zu öffnen.

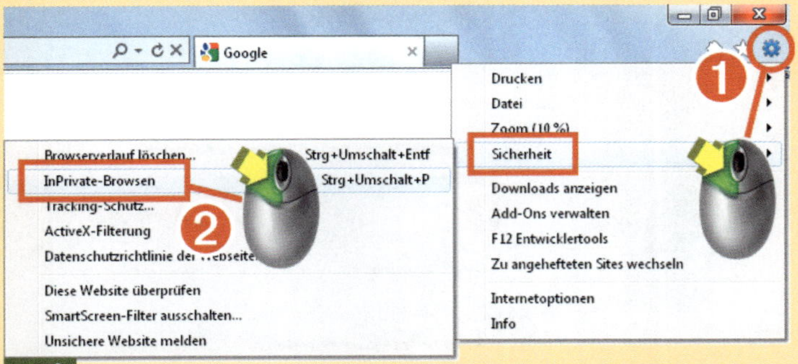

1

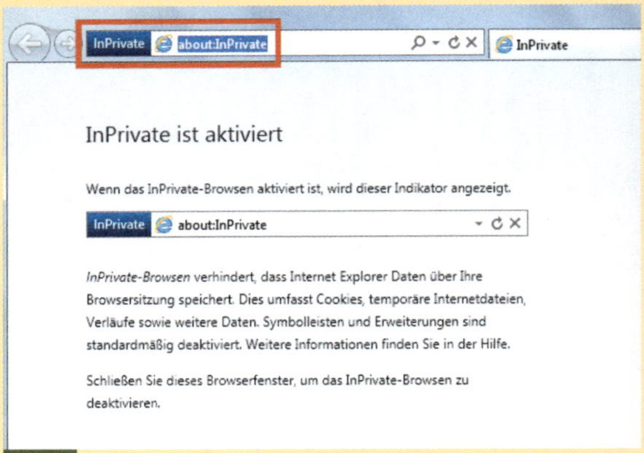

2

Schritt 1

Um ohne Surfspuren im World Wide Web zu surfen, öffnen Sie ein InPrivate-Fenster. Hierzu wählen Sie unter dem Symbol ⚙ ❶ den Eintrag *Sicherheit/InPrivate-Browsen* ❷.

Schritt 2

Sie erkennen das InPrivate-Fenster an einem entsprechenden Hinweis im Adressfeld – ansonsten lässt es sich nutzen wie ein normales Browserfenster auch.

INFO: InPrivate-Surfen beenden

Um das InPrivate-Surfen zu beenden, müssen Sie lediglich das entsprechende Browserfenster schließen und ein neues öffnen.

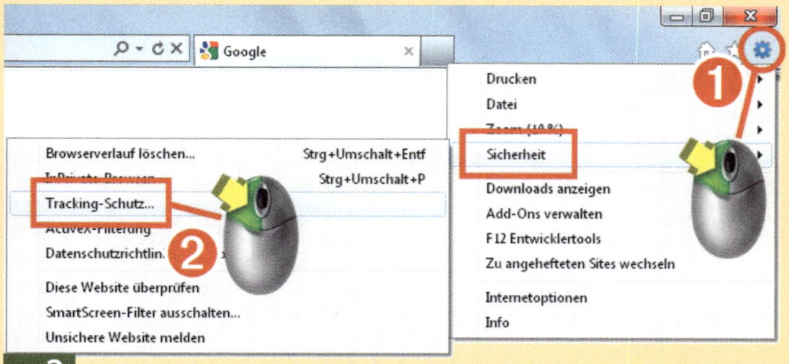

3

Wenn Sie im Internet surfen, erhalten Sie eine sogenannte IP-Adresse, mit der Sie eindeutig identifizierbar sind, dagegen helfen weder InPrivate-Modus noch Tracking-Schutz.

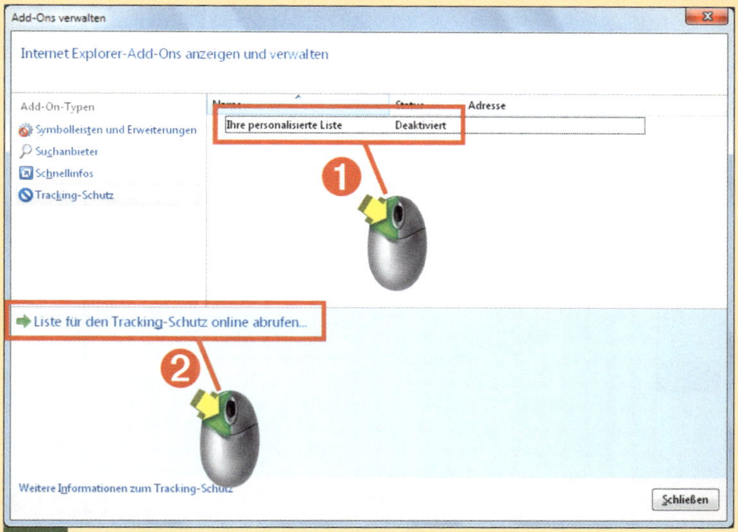

4

Schritt 3

Daneben bietet der Internet Explorer 9 auch einen Tracking-Schutz, der verhindern soll, dass Ihre Wege im World Wide Web nachvollzogen werden können. Um den Tracking-Schutz zu aktivieren, entscheiden Sie sich unter dem Symbol ⚙ ❶ für *Sicherheit/Tracking-Schutz* ❷.

Schritt 4

Sie können für den Tracking-Schutz nun eine eigene Liste aktivieren und anlegen ❶ oder alternativ entsprechende Listen aus dem Internet herunterladen ❷.

Webseiten richtig ausdrucken

Wenn Sie beim Surfen im WWW auf eine interessante Webseite stoßen, wollen Sie diese vielleicht ausdrucken. Mit dem Internet Explorer 9 eine komfortable Angelegenheit.

Oder brauchen Sie die Webseite gar nicht unbedingt in Papierform? Dann speichern Sie sie auf dem PC ab: Klicken Sie gegebenenfalls zunächst mit rechts in die Symbolleiste und aktivieren Sie die *Befehlsleiste*, wählen Sie dann *Seite/Speichern unter*.

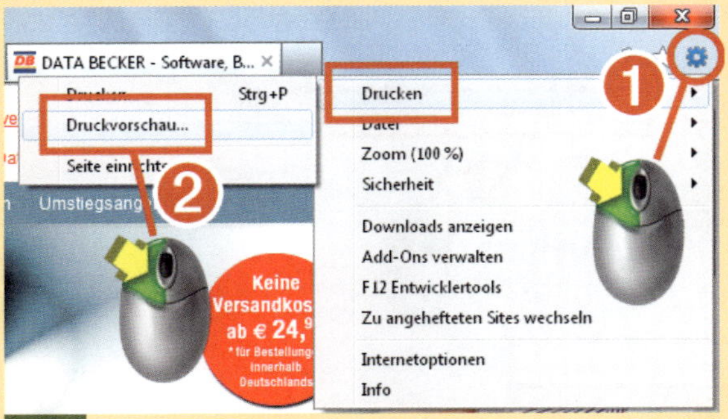

1

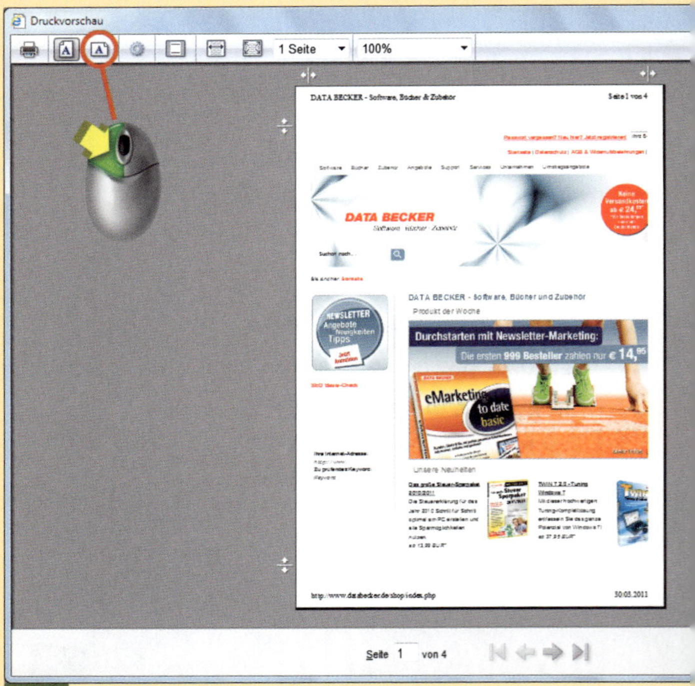

2

Schritt 1

Entscheiden Sie sich rechts oben im Internet Explorer 9 für das Symbol ❶ und wählen Sie *Drucken/Druckvorschau* ❷.

Schritt 2

Sie erhalten nun die Druckvorschau. Passt eine Webseite nicht aufs Papier? Dann entscheiden Sie sich einfach mit einem Klick auf das Symbol für das Querformat.

Sie wollen eine Webseite ohne Anpassung ausdrucken? Dann genügt unter dem Symbol ⚙ die Auswahl *Drucken/Drucken*, oder Sie verwenden den Shortcut [Strg]+[P].

TIPP: Inhalte skalieren

Damit Sie eine Webseite auch im Hochformat ausdrucken können, skalieren Sie diese. Den entsprechenden Zoom-Faktor wählen Sie im Drop-down-Menü mit der Prozentangabe aus.

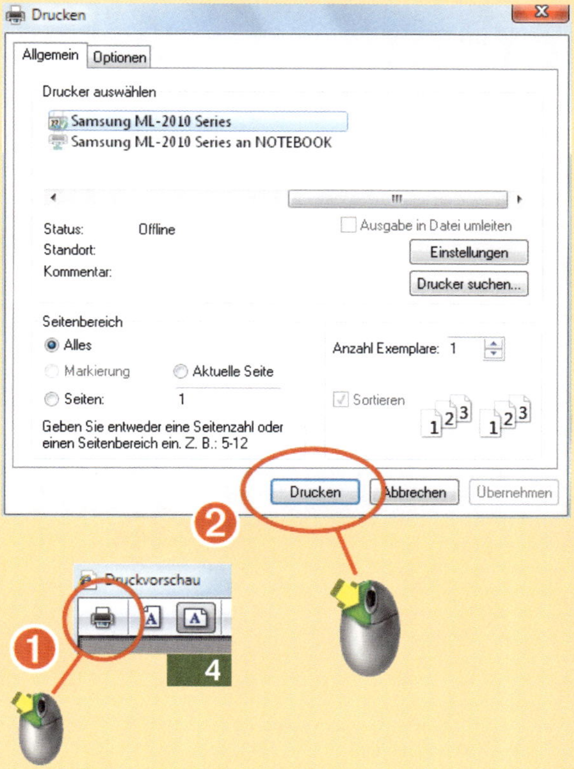

Schritt 3

Standardmäßig werden in Kopf- und Fußzeile Informationen wie Seitentitel, Datum usw. untergebracht. Um diese Informationen zu löschen, betätigen Sie das Symbol ▭.

Schritt 4

Alles wie gewünscht? Dann klicken Sie auf das Symbol 🖶 ❶ und bestätigen im Folgenden das Ausdrucken der Webseite ❷.

Das eingebaute Suchfeld optimal einrichten

Das Adressfeld des Internet Explorer 9 ist gleichzeitig ein Suchfeld, mit dem Sie Google, Wikipedia oder andere Suchanbieter nach ihren Begriffen durchsuchen. Hier zeige ich Ihnen, wie Sie das Suchfeld einrichten.

Standardmäßig wird von Windows 7 die Suchmaschine Bing für die Suche im Internet Explorer festgelegt, ein 2009 von Microsoft ins Leben gerufener Suchanbieter.

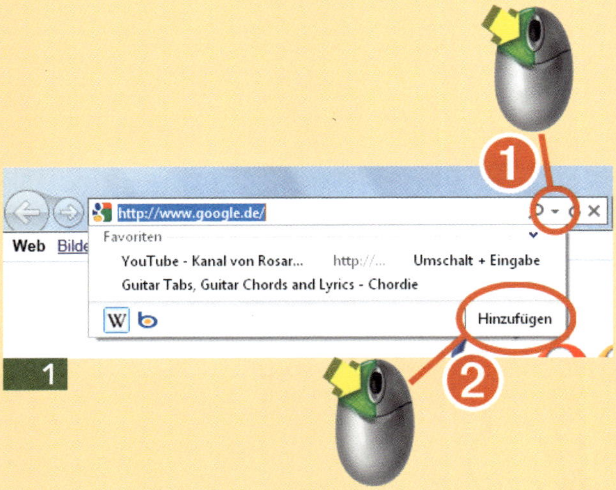

1

2

Schritt 1

Klicken Sie im Adressfeld auf das Pfeilsymbol ▼ ❶ und entscheiden Sie sich anschließend für die Schaltfläche *Hinzufügen* ❷.

Schritt 2

Es öffnet sich eine Webseite, auf denen Ihnen die verfügbaren Suchanbieter aufgelistet werden. Klicken Sie einen Suchanbieter an, den Sie im Internet Explorer 9 verwenden wollen, ...

Der gewünschte Suchanbieter wird nicht aufgelistet? Dann erstellen Sie den gewünschten Suchanbieter unter der folgenden Webadresse selbst: *http://www.ieaddons.com/de/createsearch.aspx*.

TIPP: Suchanbieter wechseln

Das in den Internet Explorer eingebaute Suchfeld ermöglicht die Suche mit verschiedenen Suchanbietern, die Sie wie beschrieben hinzufügen. Klicken Sie auf das Pfeilsymbol ▾ und wählen Sie den gewünschten Suchanbieter aus.

3

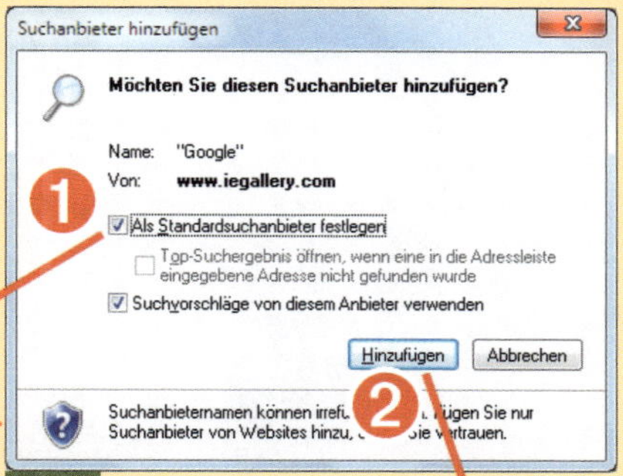

4

Häkchen setzen, um Standardsuchanbieter festzulegen

Zum Hinzufügen hier klicken

Schritt 3

... und entscheiden Sie sich im Folgenden für den Link *Click to install* („Zum Installieren anklicken“).

Schritt 4

Wenn Sie wollen, können Sie den Suchanbieter per Kontrollkästchen als Standardsuchanbieter festlegen ❶. Klicken Sie abschließend auf *Hinzufügen* ❷. Fertig!

Nützliche Informationen automatisch abrufen

Web Slices (vom englischen „slice“ = „Scheibe“) sind kleine Minianwendungen, die Sie über die Favoritenleiste des Internet Explorer abrufen, beispielsweise für aktuelle News oder die Wettervorhersage.

Die Favoritenleiste, in der die Web Slices abgelegt werden, ist ausgeblendet? Klicken Sie mit rechts in die Symbolleiste und setzen Sie ein Häkchen bei *Favoritenleiste*.

Klicken Sie in der Favoritenleiste auf *Mehr Add-ons erhalten*, um den Internet Explorer mit Web Slices und weiteren Inhalten zu personalisieren.

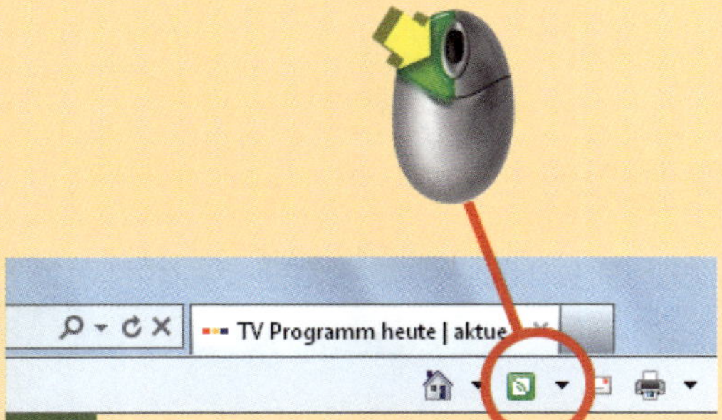

1

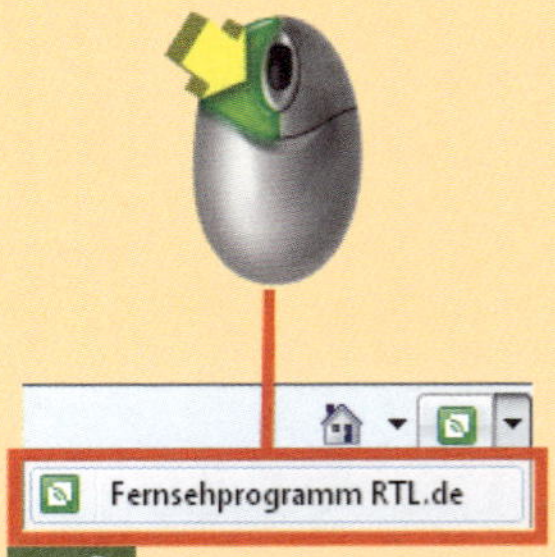

2

Schritt 1

Zunächst mal muss die Befehlsleiste eingeblendet sein (wie gehabt: Rechtsklick in die Symbolleiste). Bietet eine Webseite, die Sie besuchen, einen Web Slice an, wird dies durch das Symbol in der Symbolleiste angezeigt. Klicken Sie auf den zugehörigen Pfeil ...

Schritt 2

... und wählen Sie – sofern mehrere angeboten werden – einen Web Slice aus, der Ihnen zusagt.

Um einen Web Slice später wieder zu entfernen, klicken Sie ihn in der Favoritenleiste einfach mit der rechten Maustaste an und wählen *Löschen*.

TIPP: Web Slices finden

Eine umfangreiche Galerie von Web Slices zu allen möglichen Themen finden Sie hier: *http://www.ieaddons.com/de/webslices*. Einfach auf *Click to install* klicken!

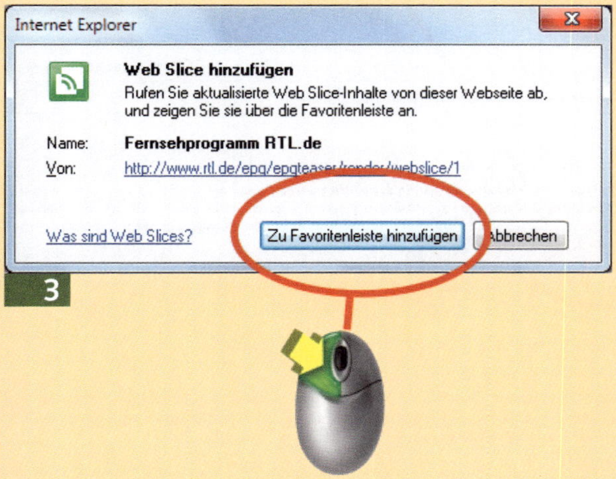

Klicken Sie auf den Eintrag in der Favoritenleiste, um den Web Slice zu öffnen

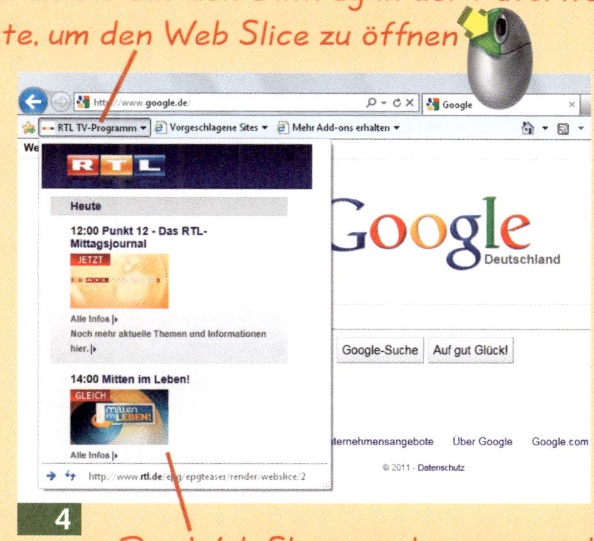

Der Web Slice wird angezeigt, hier z. B. ein TV-Programm

Schritt 3

Klicken Sie auf *Zu Favoritenleiste hinzufügen*, um den Web Slice in die Favoritenleiste des Internet Explorer einzubauen.

Schritt 4

Schon können Sie dort aktuelle und nützliche Informationen aller Art abrufen, hier z. B. das aktuelle Fernsehprogramm eines großen deutschen TV-Senders.

Nachrichten aller Art abonnieren

Auch mit RSS-Feeds rufen Sie aktuelle Nachrichten und Informationen ab. Ihr Vorteil gegenüber Web Slices: Sie können diese auch in anderen Anwendungen einsetzen, etwa in einer Minianwendung auf dem Desktop. Außerdem sind RSS-Feeds noch weiter verbreitet als Web Slices.

Die Abkürzung RSS steht übrigens für Really Simple Syndication, was zu deutsch in etwa bedeutet „Wirklich einfache Verbreitung".

Schritt 1

Wie bei den Web Slices finden Sie auch bei den RSS-Feeds in der eingeblendeten Befehlsleiste ein entsprechendes Symbol (▾), wenn auf einer Webseite ein Feed angeboten wird. Klicken Sie auf das Symbol bzw. (bei mehreren vorhandenen Feeds) auf den zugehörigen Pfeil ❶, um einen Feed auszuwählen ❷.

Schritt 2

Der ausgewählte RSS-Feed wird Ihnen nun im Browserfenster angezeigt. Klicken Sie auf *Feed abonnieren* ...

TIPP: Favoritenleiste ausblenden

Sie benötigen die Favoritenleiste im Internet Explorer nicht? Um Platz zu sparen, blenden Sie sie aus, indem Sie auf eine freie Fläche der Leiste klicken und das Häkchen bei *Favoritenleiste* entfernen.

Auch den RSS-Feed können Sie der Favoritenleiste hinzufügen. Aktivieren Sie hierzu in Schritt 3 das entsprechende Kontrollkästchen.

Nachrichten per E-Mail: Die Feeds können auch in Windows Live Mail gelesen und verwaltet werden. Klicken Sie dazu links unten im Programm auf *Feeds*.

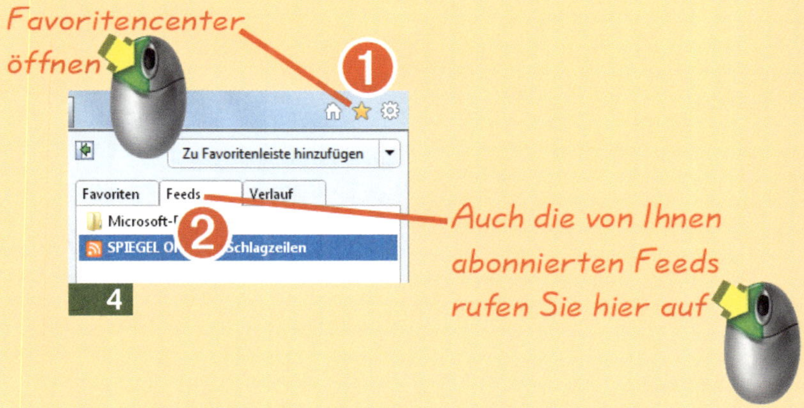

Schritt 3

... und bestätigen das Abonnieren des RSS-Feeds. Gegebenenfalls können Sie dem RSS-Feed auch noch einen anderen Namen geben oder ihn einen von Ihnen angelegten Ordner zuweisen.

Schritt 4

Wie bereits erwähnt lassen sich abonnierte RSS-Feeds in verschiedenen Anwendungen nutzen. Im Internet Explorer klicken Sie auf das ☆-Symbol ❶ und wählen *Feeds* ❷, um die von Ihnen abonnierten Feeds zu verwalten.

7

E-Mails senden, empfangen und wiederfinden

Neben dem Surfen im World Wide Web zählt auch das Senden und Empfangen von E-Mails zu den Vorzügen des Internets. Ich möchte Ihnen in diesem Kapitel zeigen, wie Sie zur E-Mail-Nutzung, aber auch zur Verwaltung von Kontakten und Terminen, das Programm Windows Live Mail einsetzen. Empfangen Sie häufig störende Werbe-E-Mails? Selbstverständlich zeige ich Ihnen auch, wie Sie die lästige Werbung zukünftig loswerden.

Sie legen ein E-Mail-Konto an

Sie haben, wie in Kapitel 4 beschrieben, das Programm Windows Live Mail nachgerüstet und verfügen bereits über eine E-Mail-Adresse. Um Ihre E-Mails mit Windows Live Mail zu senden und zu empfangen, richten Sie ein E-Mail-Konto ein.

Sie fragen sich, wie das @-Zeichen gebildet wird? Verwenden Sie hierfür die Tastenkombination AltGr+Q.

Sollte sich der Assistent nicht automatisch öffnen, klicken Sie oben in Windows Live Mail auf *Konten* und wählen *E-Mail*.

Ihr E-Mail-Provider stellt entweder einen POP3-Zugang zur Verfügung (POP3-Server für Posteingang und SMTP-Server für Postausgang) oder einen IMAP-Zugang. Lassen Sie sich von diesen seltsamen Abkürzungen nicht verwirren!

Schritt 1

Öffnen Sie *Windows Live Mail* im Startmenü (Windows Live Mail erhält einen eigenen Startmenü-Eintrag).

Schritt 2

Beim ersten Start öffnet sich ein Assistent zum Hinzufügen des E-Mail-Kontos. Tippen Sie Ihre E-Mail-Adresse ❶, das zugehörige Kennwort ❷ sowie den Anzeigenamen ❸ ein und klicken Sie dann auf *Weiter* ❹.

Wozu dient die Authentifizierung beim Postausgang? Sie sorgt dafür, dass keine E-Mails unberechtigt von Ihrem E-Mail-Account verschickt werden können.

TIPP: Kostenlose E-Mail

Es gibt unzählige Anbieter kostenloser E-Mail-Adressen. In der Regel erhalten Sie eine solche von Ihrem Internet Provider. Falls nicht, kann ich Google Mail empfehlen (Webadresse: *http://mail.google.com*). Achtung: Bei Google Mail muss der Zugang zunächst aktiviert werden.

3

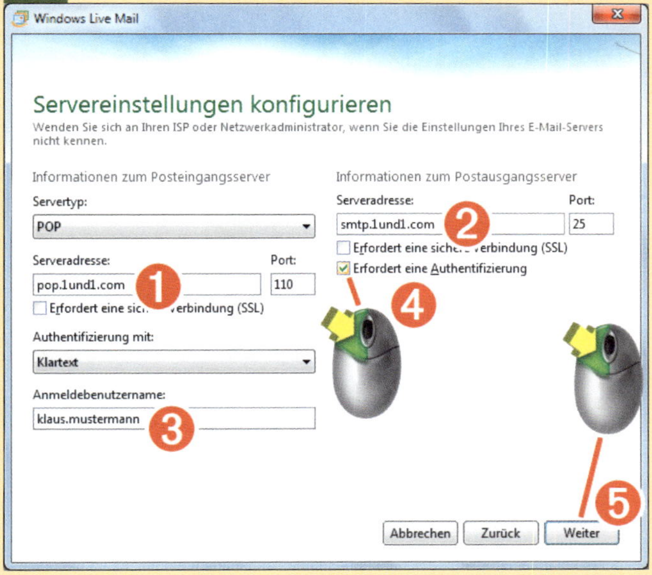

4

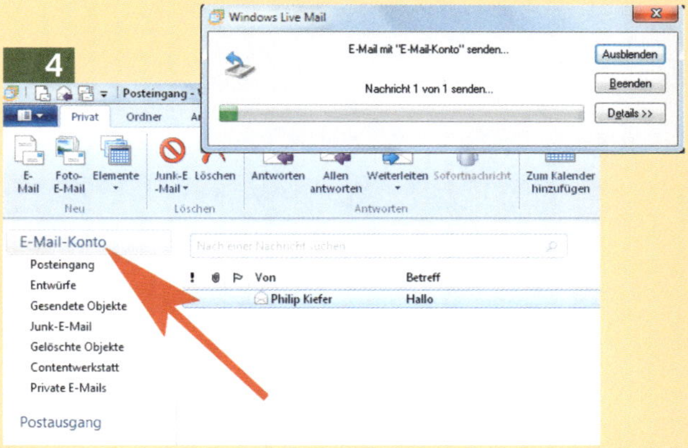

Schritt 3

In vielen Fällen benötigen Sie nun noch die Daten vom E-Mail-Provider: Posteingangsserver ❶ und Postausgangsserver ❷ sowie den Anmeldenamen ❸. Gegebenenfalls aktivieren Sie die Option *Erfordert eine Authentifizierung* ❹ und klicken dann auf *Weiter* ❺.

Schritt 4

Nur in Ausnahmefällen müssen in Schritt 3 noch die Server-Ports (für die Zugänge zu Posteingangs- und Postausgangsserver) angepasst werden. Dann ist das E-Mail-Konto endlich fertig eingerichtet, und Sie können Windows Live Mail zum Senden und Empfangen Ihrer E-Mails verwenden.

Empfehlenswerte Einstellungen vornehmen

Ich persönlich finde die Standardeinstellungen von Windows Live Mail teilweise etwas gewöhnungsbedürftig. Geht es Ihnen ebenso? Dann passen Sie die Einstellungen mit wenigen Handgriffen Ihren Bedürfnissen an.

Um Ihren Posteingang manuell zu prüfen, entscheiden Sie sich unter *Extras* für *Senden/Empfangen*.

Für den schnellen Zugriff auf die wichtigsten Funktionen finden Sie ganz oben in Windows Live Mail eine Symbolleiste.

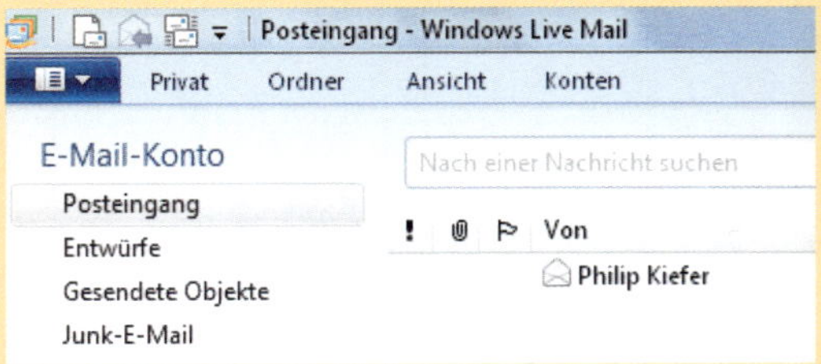

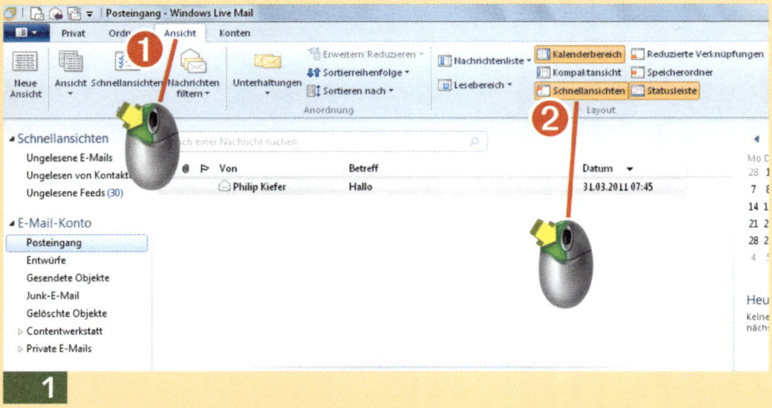

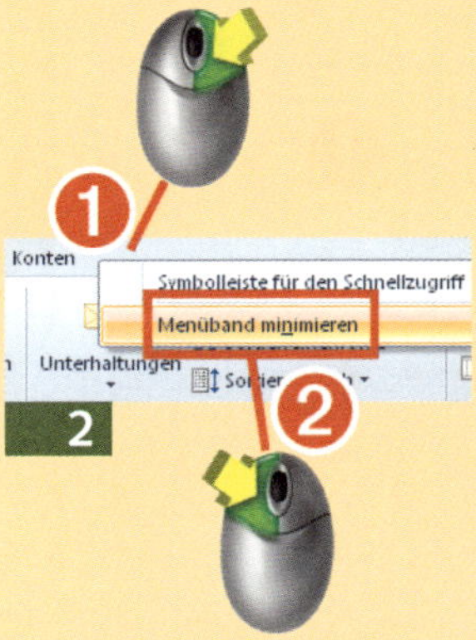

Schritt 1

Möchten Sie den *Kalenderbereich* rechts in Windows Live Mail ausblenden oder finden Sie die *Schnellansichten* überflüssig? Klicken Sie unter *Ansicht* ❶ auf die entsprechenden Schaltflächen, um diese Bereiche zu deaktivieren ❷.

Schritt 2

Mehr Platz für E-Mails & Co.: Blenden Sie das Menüband aus, indem Sie mit der rechten Maustaste in die Menüleiste klicken ❶ und sich für die Option *Menüband minimieren* entscheiden ❷.

Noch schneller synchronisieren: Drücken Sie hierzu einfach die F5-Taste.

TIPP: Mehrere E-Mail-Konten

Selbstverständlich lassen sich mit Windows Live mehrere E-Mail-Konten einrichten. Klicken Sie auf das Symbol und wählen Sie *Optionen/E-Mail-Konten*, um diese zu verwalten.

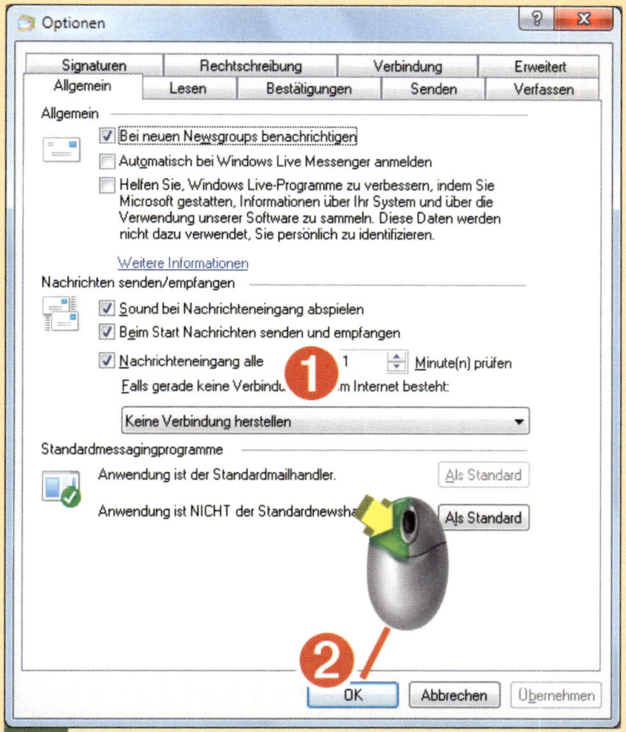

3

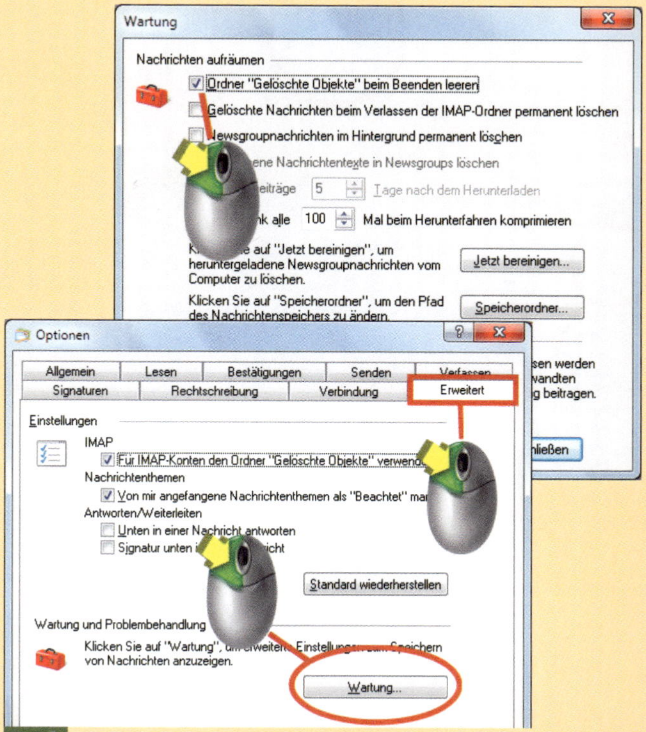

4

Schritt 3

Der Nachrichteneingang soll in kürzeren Intervallen geprüft werden? Entscheiden Sie sich unter dem Menüsymbol für *Optionen/ E-Mail*. Legen Sie das gewünschte Intervall im Eingabefeld fest ❶ und bestätigen Sie mit OK ❷.

Schritt 4

Schließlich sollen in den Ordner *Gelöschte Objekte* verschobene E-Mails beim Beenden des E-Mail-Programms vollständig gelöscht werden. In den Optionen klicken Sie hierzu auf die Registerkarte *Erweitert* und entscheiden sich dann unter *Wartung* für die entsprechende Option.

Eine E-Mail erstellen und versenden

Und so einfach erstellen und versenden Sie elektronische Post mit Windows Live Mail, nachdem Sie ein E-Mail-Konto eingerichtet haben.

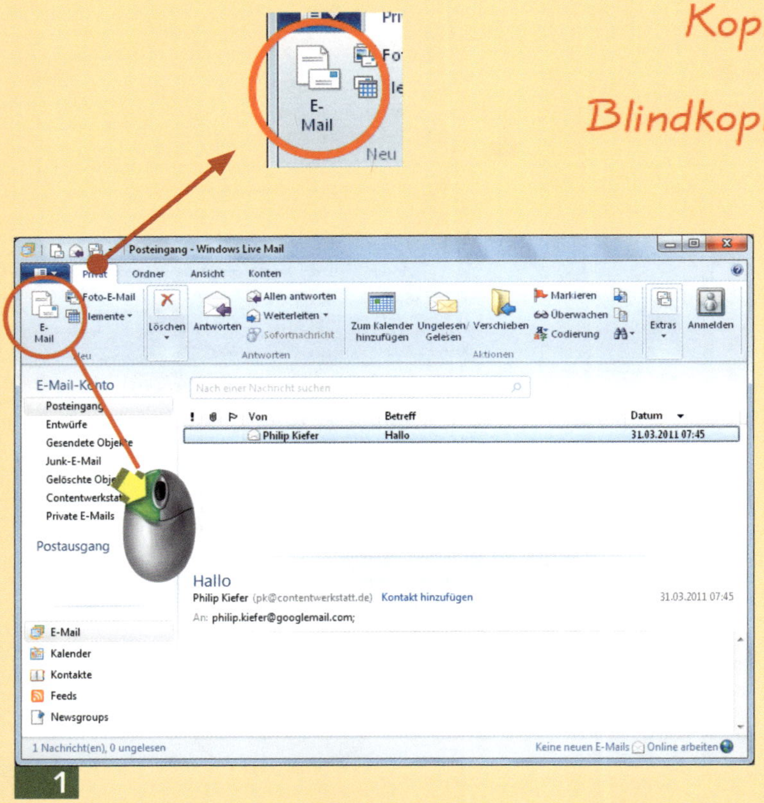

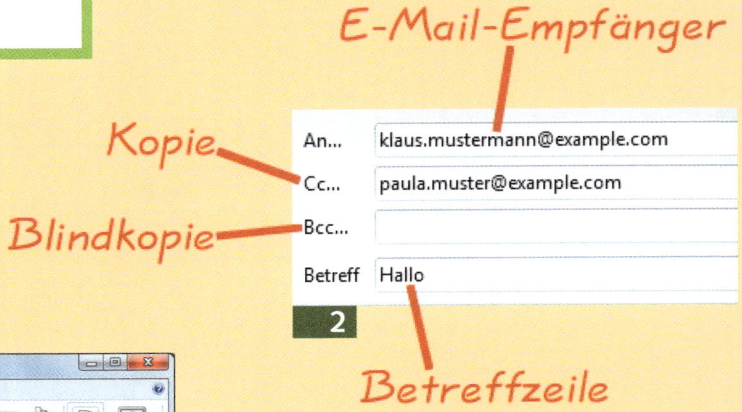

E-Mails im HTML-Format können zwar fast alle abrufen, aber eben nur fast. Mit dem Text-Format sind Sie, was das betrifft, grundsätzlich auf der sicheren Seite.

Schritt 1

Sie klicken links oben in Windows Live Mail auf die Schaltfläche *E-Mail*. (Alternativ entscheiden Sie sich unter dem Symbol [Menü-Symbol] für die Option *Neu/E-Mail* oder verwenden einfach die Tastenkombination [Strg]+[N].)

Schritt 2

Füllen Sie zunächst die Kopfzeilen des E-Mail-Formulars aus. Selbstverständlich müssen Sie hierzu die Empfänger-E-Mail-Adresse kennen. Die weiteren Angaben sind optional.

Die Abkürzung *Cc* steht für Carbon copy, was so viel wie Durchschlag bedeutet. *Bcc* ist entsprechend die Abkürzung für Blind carbon copy.

Pfiffig: In den E-Mail-Text lassen sich auch verschiedene Smileys einbinden. Klicken Sie zur Auswahl unter *Nachricht* auf *Emoticon* (Symbol 😊).

INFO: E-Mail-Formate

E-Mails lassen sich sowohl im Text- als auch im HTML-Format erstellen. Das HTML-Format bietet wesentlich mehr Gestaltungsmöglichkeiten und ist deshalb empfehlenswert. Die Auswahl erfolgt im Menüband unter *Nachricht*.

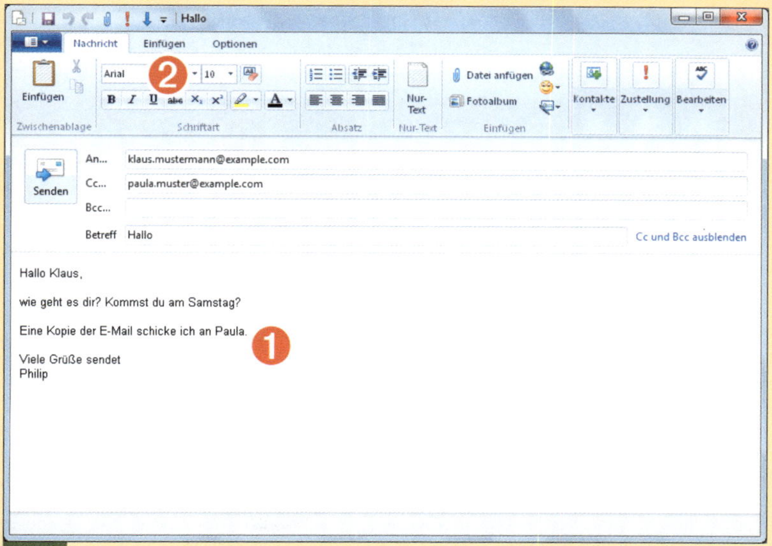

3

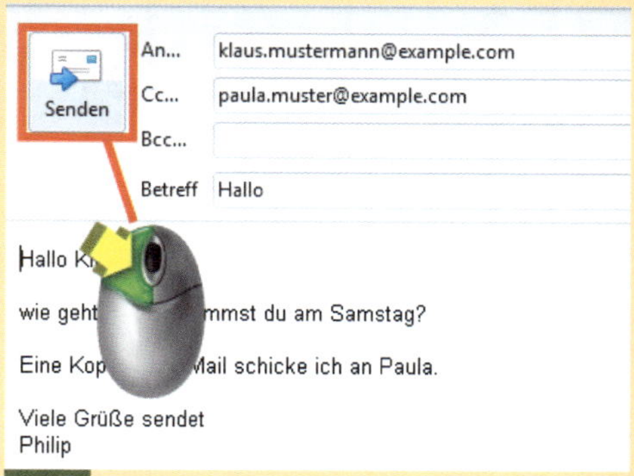

4

Schritt 3

Tippen Sie nun den E-Mail-Text ein ❶. Mithilfe der Optionen im Menüband ❷ verändern Sie gegebenenfalls Textart, Textgröße usw. Die Formatieroptionen können Sie jedoch nur bei E-Mails im HTML-Format nutzen (siehe Infobox).

Schritt 4

Klicken Sie schließlich auf *Senden*, um die E-Mail auf den Weg zu bringen. Der Versand einer E-Mail – selbst ans andere Ende der Welt – dauert nur wenige Sekunden!

E-Mails mit einer Signatur versehen

Sie möchten einem E-Mail-Empfänger Ihre Kontaktdaten oder einen netten Spruch mitteilen? Erstellen Sie eine entsprechende Signatur und hängen Sie diese an Ihre E-Mails an.

Sie können auch eine selbst erstellte HTML-Datei als Signatur einsetzen. Aktivieren Sie dazu in Schritt 2 die Option *Datei* und geben Sie mit *Durchsuchen* den Dateipfad an.

Sie möchten mehrere Signaturen verwenden? Legen Sie per Klick auf *Als Standard* die hauptsächlich genutzte fest.

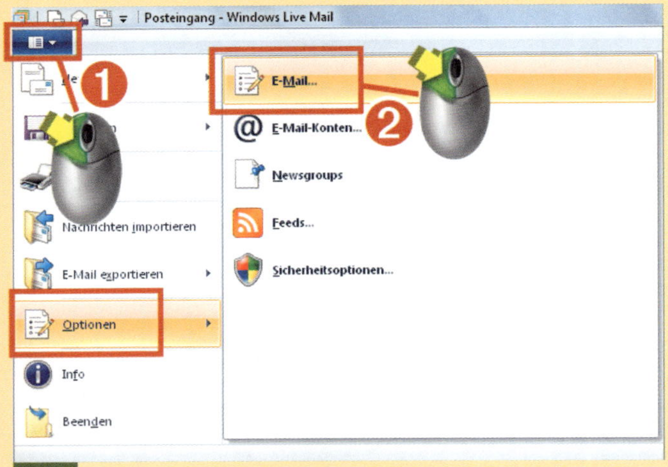

1

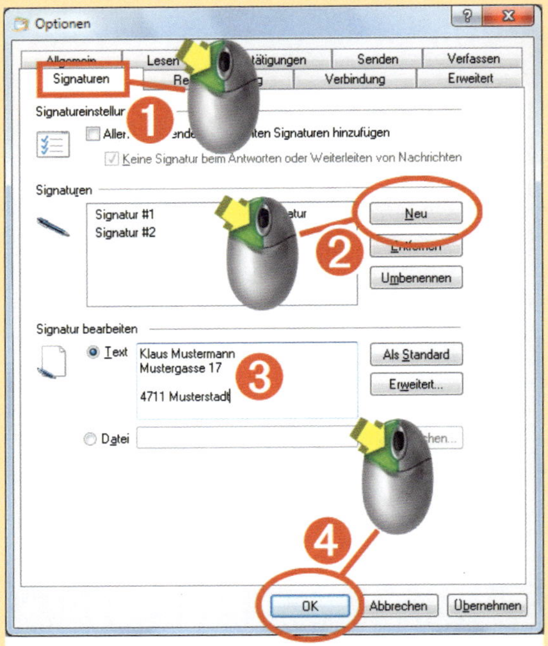

2

Schritt 1

Klicken Sie links oben in Windows Live Mail auf das Symbol ❶ und entscheiden Sie sich für *Optionen/E-Mail* ❷.

Schritt 2

Klicken Sie auf *Signaturen* ❶ und entscheiden Sie sich für *Neu* ❷. Tippen Sie dann die gewünschte Signatur in das Textfeld ein ❸ und bestätigen Sie mit *OK* ❹.

Die Signatur soll Ihren E-Mails automatisch angehängt werden? Aktivieren Sie dazu in Schritt 2 das Kontrollkästchen *Allen ausgehenden Nachrichten Signaturen hinzufügen.*

TIPP: Visitenkarte versenden

Eine Alternative zur Signatur: Versenden Sie „Visitenkarten" mit Kontaktinformationen, die vom Empfänger dann in Outlook oder andere Programme übernommen werden können. Das Erstellen der Visitenkarte erfolgt in den *Optionen* unter *Verfassen.*

Mein Tipp: Fügen Sie unter *Einfügen* per Schaltfläche *Horizontale Linie* eine Linie ein, um E-Mail-Text und Signatur voneinander zu trennen.

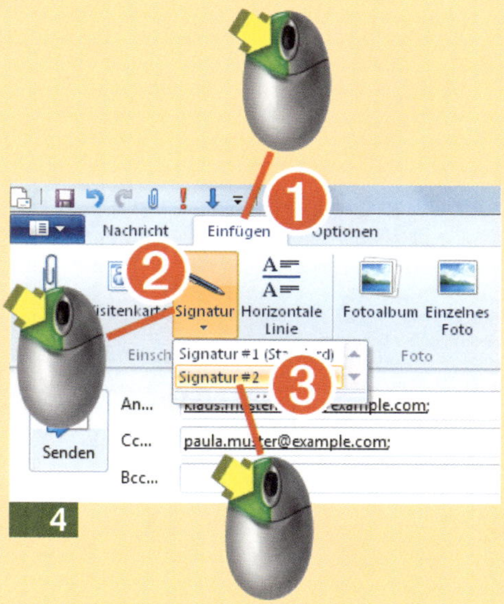

4

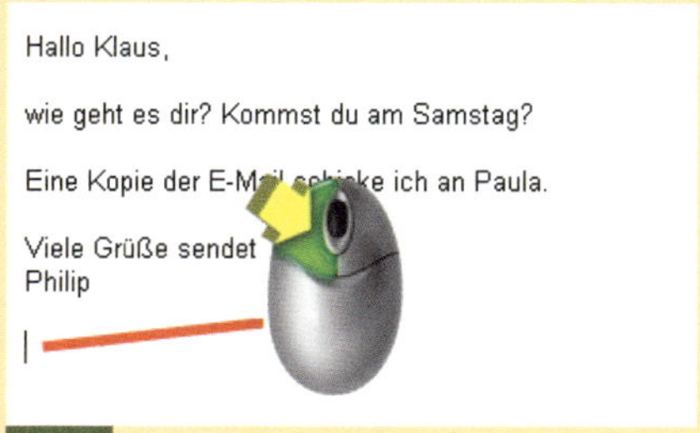

3

Schritt 3

Setzen Sie zunächst per Mausklick den Cursor an diejenige Stelle, an der die Signatur eingefügt werden soll, also in der Regel ans Ende der E-Mail.

Schritt 4

Klicken Sie nun auf *Einfügen* ❶ und entscheiden Sie sich für die Schaltfläche *Signatur* ❷ – in diesem Fall habe ich mehrere Signaturen angelegt und wähle die gewünschte unter *Signatur* aus ❸.

Bilder in die E-Mail einbauen

Bilder in eine E-Mail einfügen und mit verschiedenen Formatieroptionen hübsch gestalten – das ist mit Windows Live Mail ein echtes Kinderspiel!

Sie können ein Bild auch per Copy & Paste in die E-Mail einfügen: einfach mit Strg+C kopieren und mit Strg+V in die Mail transferieren.

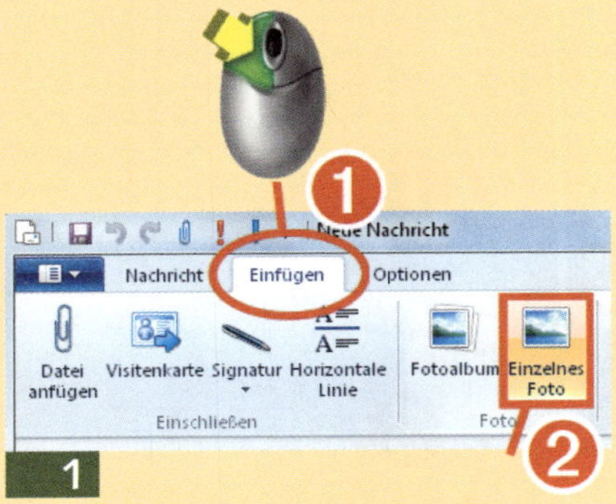

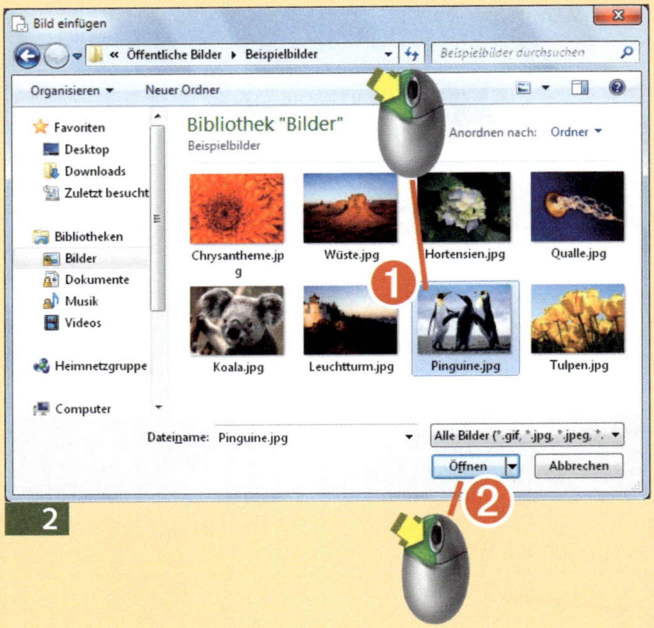

Schritt 1

Entscheiden Sie sich im E-Mail-Fenster unter *Einfügen* ❶ für die Schaltfläche *Einzelnes Foto* ❷ …

Schritt 2

… und wählen Sie im Folgenden per Mausklick das gewünschte Bild aus ❶. Bestätigen Sie Ihre Auswahl mit *Öffnen* ❷. (Zum Auswählen mehrerer Bilder halten Sie beim Anklicken die Strg-Taste gedrückt.)

Um die Größe des Bildes zu verändern, können Sie es auch einfach bei gedrückter Maustaste in das gewünschte Format ziehen.

Sie verfügen über ein Windows Live-Fotoalbum? Auch dieses lässt sich – unter der Schaltfläche *Fotoalbum* – in eine E-Mail einfügen.

TIPP: Bild als Dateianhang

Um ein Bild (oder eine andere Datei) nicht in die E-Mail einzufügen, sondern als Dateianhang zu versenden, klicken Sie in der Menüleiste auf *Einfügen/ Datei anfügen* und wählen die gewünschte Datei aus.

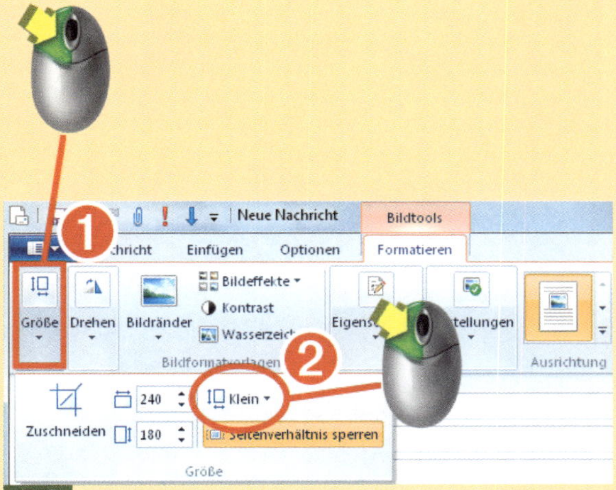

3

4

Schritt 3

Das Bild ist zu groß geraten? Ihnen werden nach dem Einfügen des Bildes verschiedene Formatieroptionen angezeigt, in denen Sie sich für *Größe* entscheiden ❶ und die gewünschte Bildgröße festlegen ❷.

Schritt 4

Ihnen bieten sich noch eine ganze Reihe weiterer Formatieroptionen. Hier habe ich z. B. noch die *Bildränder* bearbeitet und das Bild – unter der Schaltfläche *Eigenschaften* – mit einem Link unterlegt. Das sieht gut aus, nicht wahr?

Die Rechtschreibung prüfen lassen

E-Mails werden in der Regel schneller geschrieben als konventionelle Briefe. Entsprechend schleichen sich leichter Rechtschreibfehler ein. Doch die können Sie automatisch korrigieren lassen!

Sie schreiben eine E-Mail ins Ausland? Unter *http://translate.google.de* können Sie Texte automatisch in alle möglichen Sprachen übersetzen lassen.

Mein Tipp: Speichern Sie Standard-E-Mails mit Strg+S als Entwürfe ab. Sie können diese dann immer wieder als Vorlage verwenden.

1

Oje, in diese E-Mail haben sich einige Rechtschreibfehler eingeschlichen

2

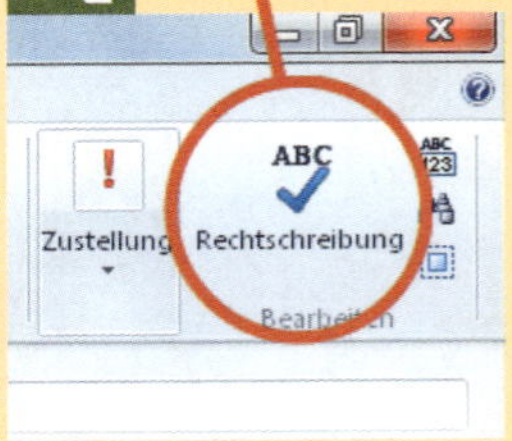

Schritt 1

Sie verfassen zunächst ganz normal Ihre E-Mail. Wenn ein Wort rot unterstrichen ist, können Sie auf Anhieb sehen, dass Windows Live Mail einen Fehler erkannt hat.

Schritt 2

Klicken Sie im Menüband auf *Rechtschreibung* (Symbol ABC), um die Rechtschreibkorrektur zu starten.

Aufgepasst: Die Rechtschreibprüfung erkennt nicht jeden Fehler! Lesen Sie darum Ihre E-Mail vor dem Versenden in jedem Fall noch mal durch.

TIPP: Weitere Einstellungen

Wichtige Einstellungen zur Rechtschreibprüfung, etwa die Auswahl der Sprache Ihres Textes, nehmen Sie in Windows Live Mail in den *Optionen*, Registerkarte *Rechtschreibung* vor.

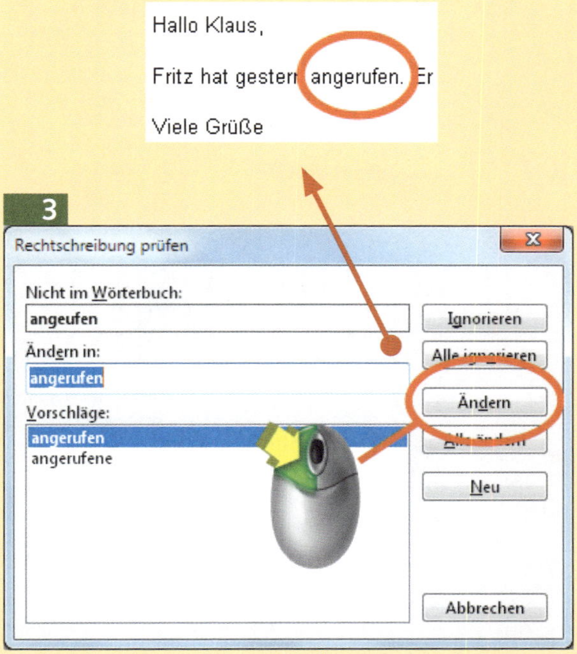

Schritt 3

Windows Live Mail macht nun Korrekturvorschläge zu den erkannten Rechtschreibfehlern. Klicken Sie auf *Ändern*, um einen Korrekturvorschlag anzunehmen.

Schritt 4

Sofern kein Rechtschreibfehler mehr erkannt wird, erhalten Sie eine entsprechende Meldung, die Sie mit *OK* bestätigen.

E-Mail mit Dateianhang erhalten?

Wie Sie eine E-Mail mit Dateianhang versenden, habe ich Ihnen bereits gezeigt. Doch wie gehen Sie mit Dateianhängen um, die Sie empfangen?

Mein dringender Rat: Speichern oder öffnen Sie keine E-Mail-Anhänge von Unbekannten – es könnte sich um einen Computervirus handeln!

Auch im Fenster mit der E-Mail-Vorschau wird angezeigt, wenn ein Dateianhang verfügbar ist, und er kann wie hier beschrieben geöffnet werden.

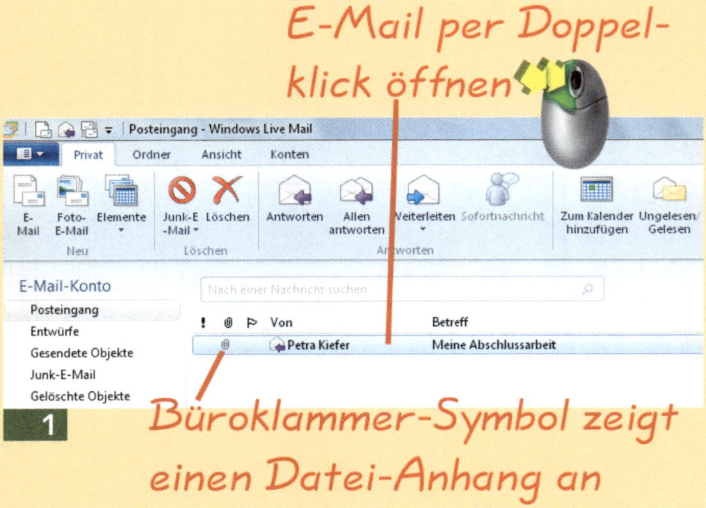

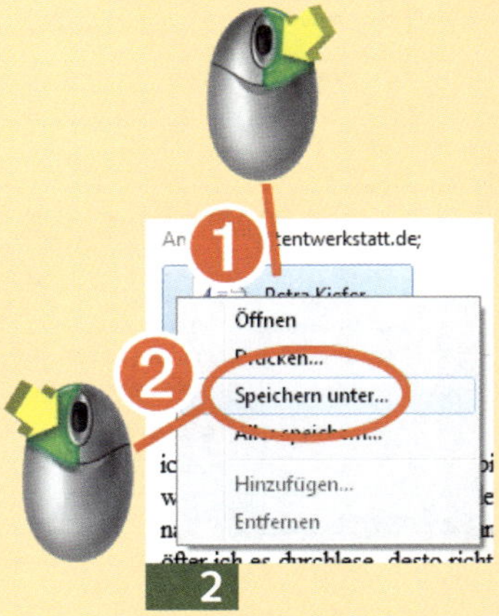

Schritt 1

Dass eine E-Mail einen Dateianhang enthält, erkennen Sie am Büroklammersymbol. Doppelklicken Sie auf die E-Mail, um sie zu öffnen.

Schritt 2

Klicken Sie den Dateianhang mit der rechten Maustaste an ❶ und wählen Sie *Speichern unter* ❷.

In Schritt 4 können Sie auch per Kontrollkästchen das Blockieren von Bildern in E-Mails aufheben – eine Sicherheitsfunktion, die mich persönlich nervt.

TIPP: Anhang direkt öffnen?

Selbstverständlich müssen Sie einen Dateianhang nicht unbedingt speichern, sondern können ihn auch direkt aus der E-Mail öffnen, indem Sie in Schritt 2 statt *Speichern* die Option *Öffnen* wählen.

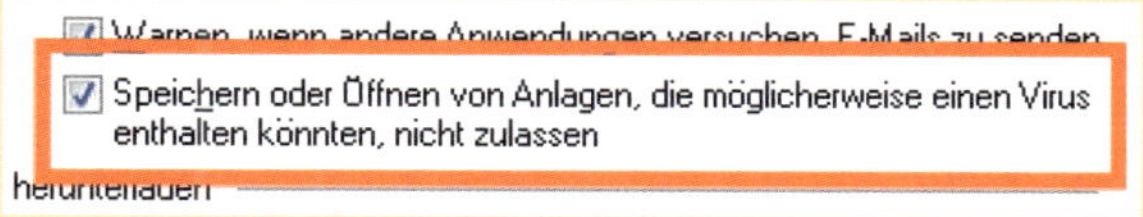

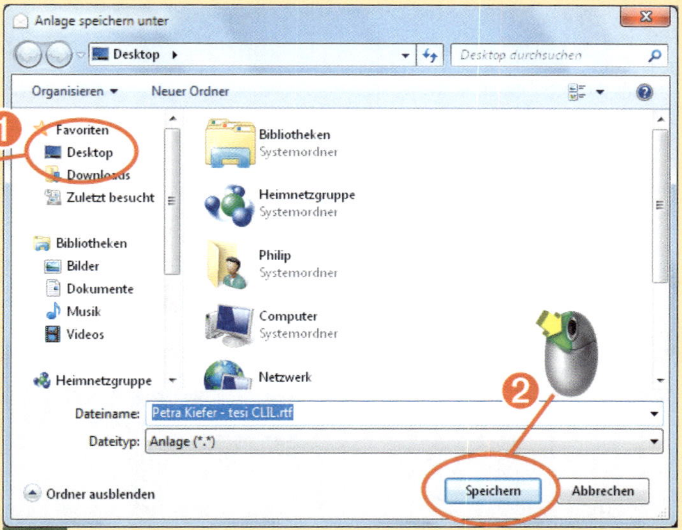

3

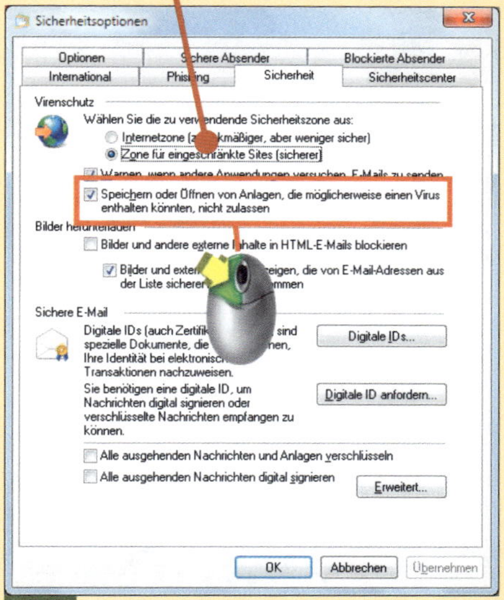

4

Schritt 3

Geben Sie – wie von anderen Aktionen gewohnt – den Speicherpfad an ❶ (in diesem Fall speichere ich die Datei auf dem Desktop) und klicken Sie auf *Speichern* ❷. Schon steht die Datei auf Ihrem Rechner zur Verfügung.

Schritt 4

Manchmal weigert sich Windows Live Mail aus Sicherheitsgründen, einen Dateianhang zu speichern. Entscheiden Sie sich dann unter dem Symbol für *Optionen/Sicherheitsoptionen*. Unter *Sicherheit* deaktivieren Sie vorübergehend die im Bild angezeigte Option.

E-Mails gekonnt verwalten

Mit der Zeit sammeln sich jede Menge E-Mails an. Sorgen Sie in Windows Live Mail am besten von Anfang an für Ordnung, um jederzeit den Überblick zu bewahren!

Sie können den erstellten E-Mail-Ordner inklusive der enthaltenen E-Mails später jederzeit bei gedrückter Maustaste in einen anderen Ordner ziehen.

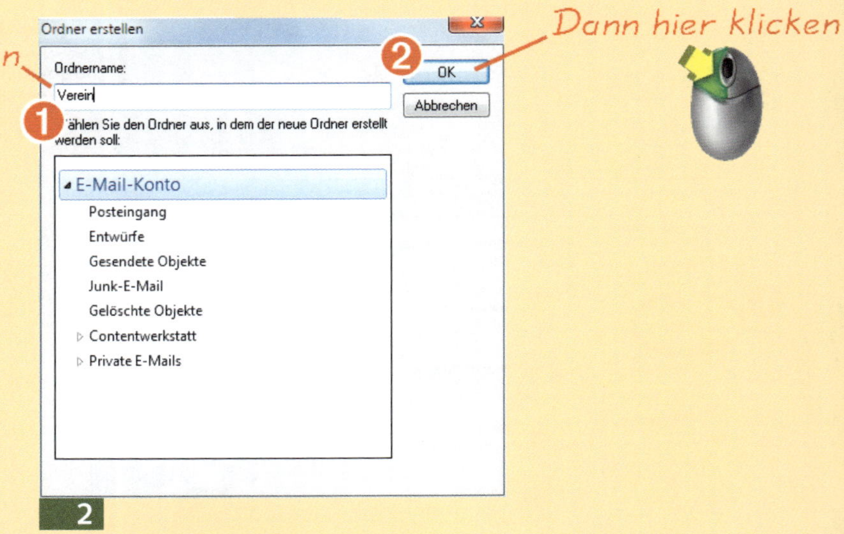

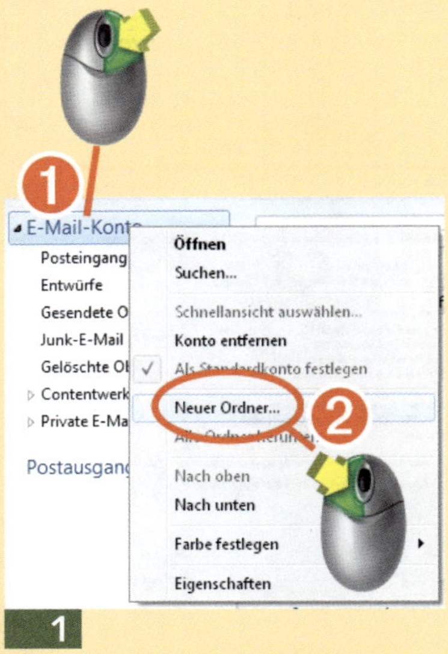

Schritt 1

Klicken Sie in der Leiste links das E-Mail-Konto oder einen bereits vorhandenen Ordner mit der rechten Maustaste an ❶ und wählen Sie *Neuer Ordner* ❷.

Schritt 2

Tippen Sie einen schlüssigen Namen für den neuen Ordner ein ❶ und klicken Sie anschließend auf *OK* ❷.

Soll die E-Mail am ursprünglichen Speicherort erhalten bleiben? Dann entscheiden Sie sich in Schritt 3 für die Option *In Ordner kopieren*.

TIPP: E-Mail löschen

Ich empfehle, nicht mehr benötigte E-Mails zu löschen, um keinen Datenballast in Windows Live Mail aufzubewahren. Zum Löschen einfach die E-Mail auswählen und die [Entf]-Taste betätigen.

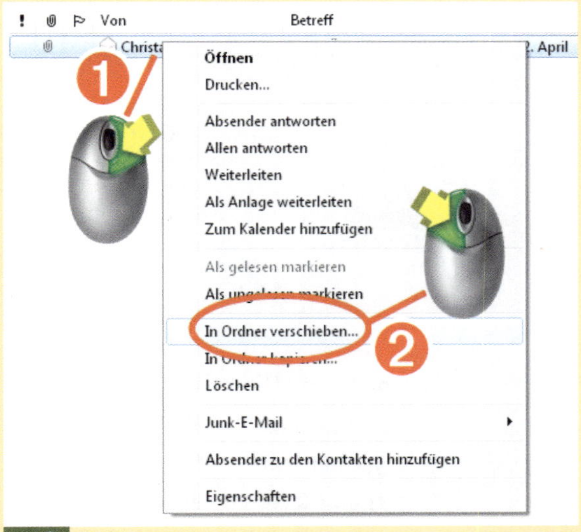

3

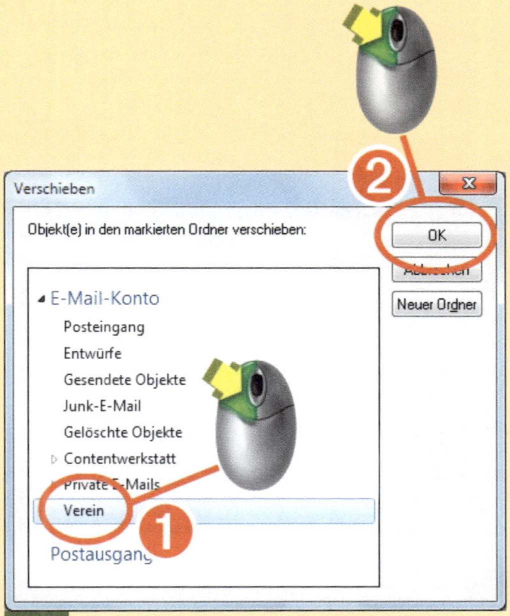

4

Schritt 3

Um eine E-Mail in den neuen Ordner zu verschieben, klicken Sie diese im Posteingang mit der rechten Maustaste an ❶ und wählen *In Ordner verschieben* ❷.

Schritt 4

Klicken Sie zum Schluss auf den Ordner, in den Sie die E-Mail verschieben möchten ❶, und bestätigen Sie mit *OK* ❷. Fertig!

E-Mails suchen & sofort wiederfinden

Statt neue Ordner anzulegen, können Sie Ihre E-Mails auch im Posteingang horten und gesuchte E-Mails mithilfe der Suchfunktion wiederfinden. Ich zeige Ihnen, wie es gemacht wird.

Mein Tipp: Um die Suche einzugrenzen, verwenden Sie einfach mehrere Suchbegriffe – diese werden dann durch ein unsichtbares „und" verknüpft.

Normalerweise verwenden Sie den Shortcut Strg+F, um einen Begriff innerhalb eines Dokuments zu suchen. In Windows Live Mail dient er zum Weiterleiten einer E-Mail.

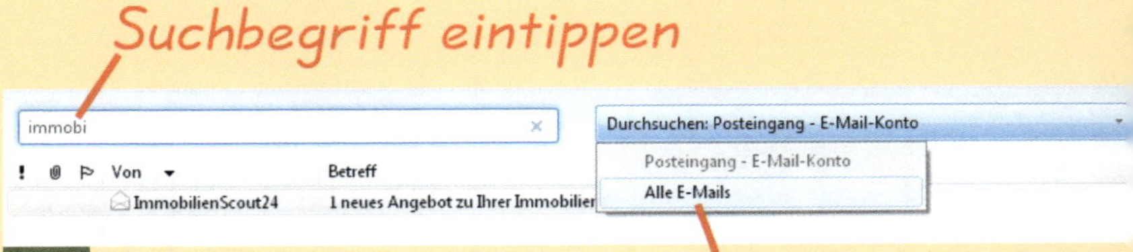

2

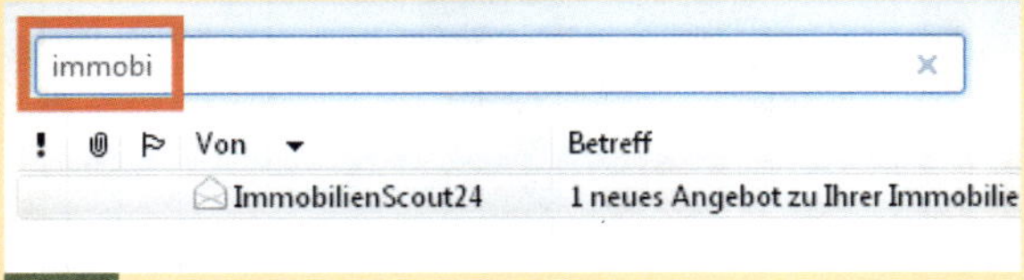

1

Praktisch: Die gefundenen E-Mails lassen sich direkt aus der Ergebnisliste per Doppelklick öffnen.

Schritt 1

Die E-Mail befindet sich im aktuellen Ordner? Dann tippen Sie einfach einen Suchbegriff (z. B. den Absender oder einen beliebigen Text-Teil) in das Suchfeld ein – die passenden Treffer werden bereits während des Eintippens im Posteingang aufgelistet.

Schritt 2

Sollen sämtliche E-Mails nach dem Begriff durchsucht werden? Dann wählen Sie dies im Menü rechts neben dem Suchfeld aus.

Nur E-Mails, die einen Datei-Anhang haben, sollen durchsucht werden? Dann aktivieren Sie in Schritt 4 das Kontrollkästchen *Nachricht hat Anlagen*.

TIPP: Mail-Suche im Startmenü

Übrigens können Sie auch das eingebaute Suchfeld im Startmenü verwenden, um E-Mails zu suchen. Die gefundenen E-Mails werden in der Rubrik *Dateien* gelistet.

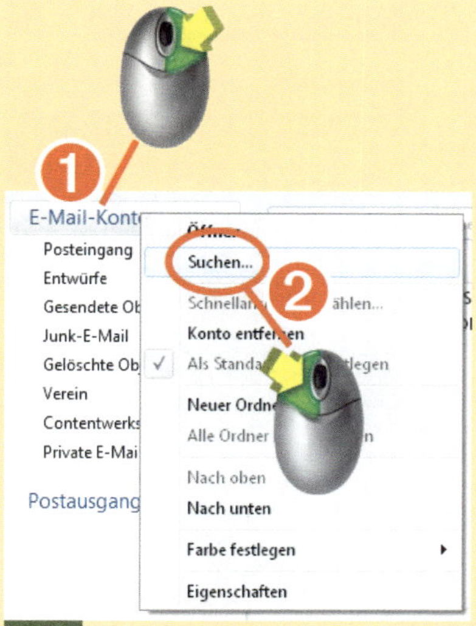

3

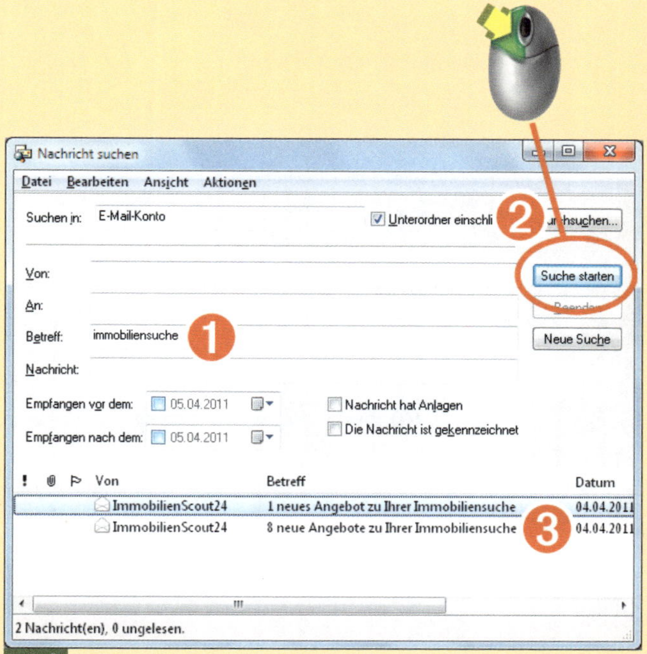

4

Schritt 3

Wünschen Sie viel mehr Suchoptionen? Dann klicken Sie im Bereich links das E-Mail-Konto oder einen Ordner mit der rechten Maustaste an ❶ und entscheiden sich im Menü für *Suchen* ❷.

Schritt 4

Bestimmen Sie, wo in der E-Mail nach Ihrem Begriff gesucht werden soll ❶, klicken Sie auf *Suche starten* ❷ und freuen Sie sich über das exakte Suchergebnis ❸.

Unerwünschte Werbe-E-Mails stoppen

Unerwünschte Werbe-E-Mails – sogenannter Spam – nerven jeden E-Mail-Nutzer. Windows Live Mail bietet einen leistungsstarken Filter gegen die lästige Post.

Die Bezeichnung Junk-E-Mail leitet sich vom englischen Wort „junk" her, das „Abfall" oder „Ausschuss" bedeutet.

Damit E-Mails eines bestimmten Absenders nie als Spam eingestuft werden, klicken Sie eine E-Mail mit rechts an und wählen *Junk-E-Mail/Absender zur Liste sicherer Absender hinzufügen.*

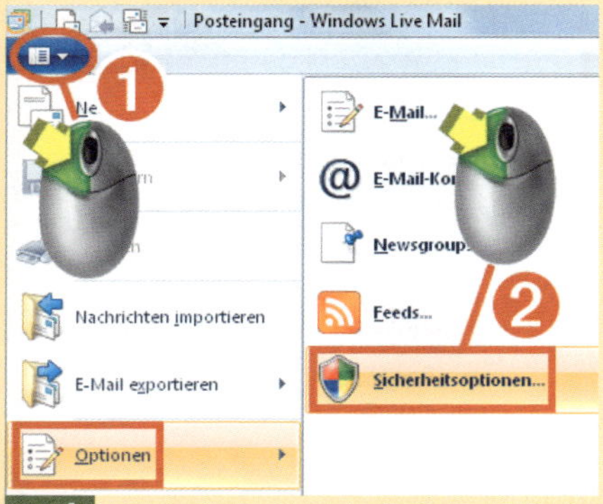

1

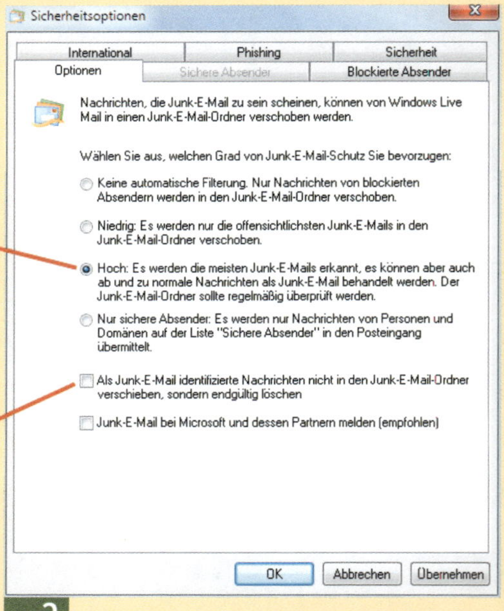

2

Schritt 1

Entscheiden Sie sich unter dem Symbol [Menü-Symbol] ❶ für *Optionen/Sicherheitsoptionen* ❷.

Schritt 2

Im Fenster, das sich öffnet, bestimmen Sie nun die Filterungsstufe. Als Faustregel gilt: je höher die gewählte Stufe, desto regelmäßiger sollten Sie den Junk-E-Mail-Ordner überprüfen, ob doch mal eine gewünschte E-Mail dorthin verschoben wurde.

Eine Werbe-E-Mail wird von Windows Live Mail nicht automatisch erkannt? Dann bugsieren Sie sie mit der Tastenkombination Strg+Alt+J ganz ohne Maus in den Junk-E-Mail-Ordner.

INFO: Was ist Phishing?

Beim Phishing werden Nutzer – meist durch einen Link in einer E-Mail – auf betrügerische Webseiten gelockt, auf der Benutzerdaten ausgespäht werden sollen. Auch hiergegen bietet Windows Live Mail eine Schutzfunktion.

Falls eine E-Mail versehentlich im Spam-Ordner gelandet ist: Klicken Sie sie mit der rechten Maustaste an und wählen Sie *Junk-E-Mail/Junk-E-Mail-Markierung aufheben.*

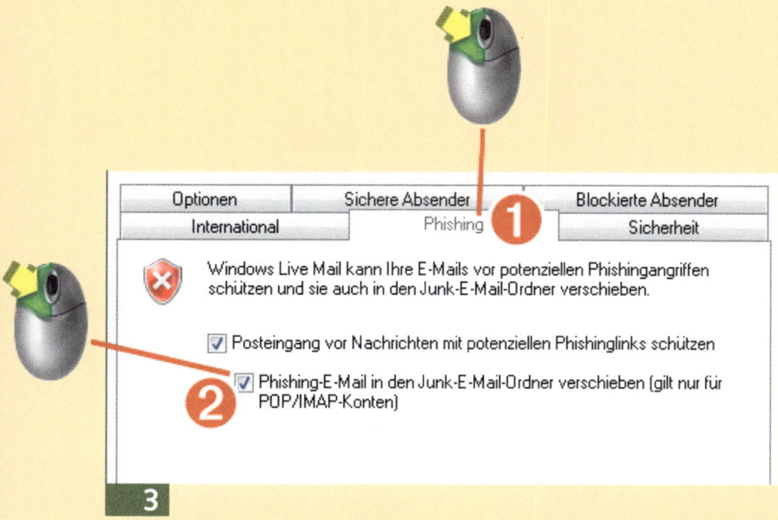

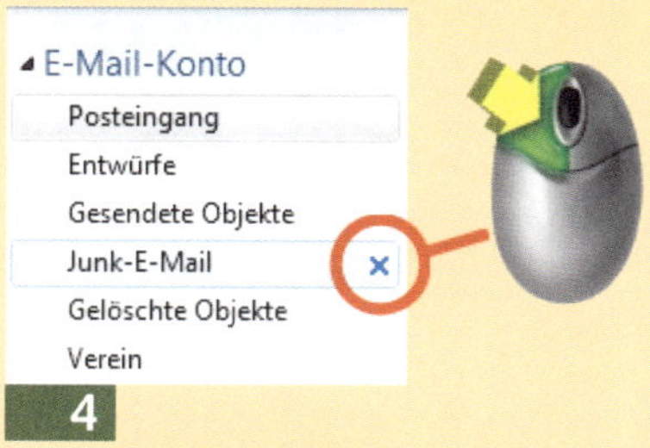

Schritt 3

Unter *Phishing* ❶ legen Sie nun noch fest, dass auch als Phishing-E-Mails erkannte Objekte in den Junk-E-Mail-Ordner verschoben werden sollen ❷.

Schritt 4

Keine gewünschte E-Mail im Junk-E-Mail-Ordner? Dann klicken Sie auf das zugehörige ✕-Symbol, um sämtliche E-Mails im Ordner zu löschen. Das Symbol erscheint, wenn Sie den Ordner links in Windows Live Mail auswählen.

Adressen und Rufnummern verwalten

Windows Live Mail ist mehr als nur ein E-Mail-Programm. Auch das Verwalten von E-Mails, Rufnummer und Adressen ist damit ein Leichtes.

Kontakt erstellen per Shortcut: Verwenden Sie zu diesem Zweck die Tastenkombination Strg+N.

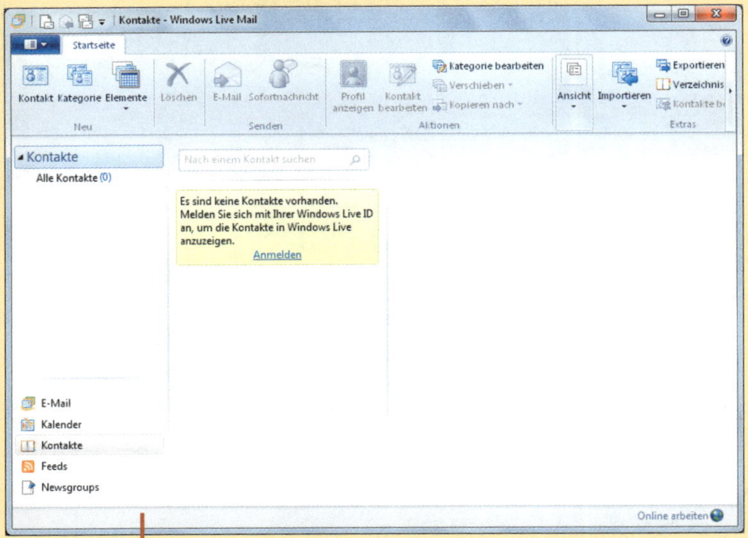

Sie wollen alle Kontakte, z. B. Ihres Vereins, in einer Kategorie vereinigen? Erstellen Sie diese unter der Schaltfläche *Kategorie*.

Diesen Eintrag finden Sie links unten in Windows Live Mail

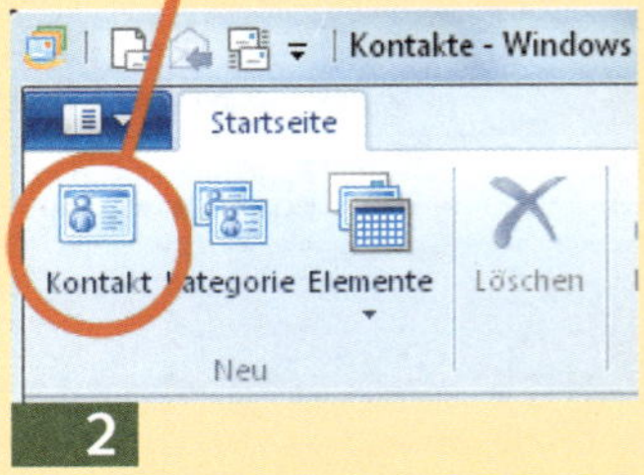

Schritt 1

Klicken Sie links unten in Windows Live Mail auf den Eintrag *Kontakte*, um die Kontakte-Datenbank aufzurufen.

Schritt 2

Um einen neuen Kontakt zu erstellen, klicken Sie links oben im Fenster, das sich öffnet, auf die Schaltfläche *Kontakt* ...

Windows 7 bietet Ihnen eine alternative Möglichkeit, Ihre Kontakte zu verwalten: den Benutzerordner *Kontakte* (*C:\Benutzer\Ihr Benutzername\Kontakte*).

Praktisch, wenn Sie unterwegs sind: Die Kontakte lassen sich, wenn Sie sich bei Windows Live anmelden, mit einem Webkalender synchronisieren.

INFO: Automatische Speicherung

Wussten Sie dies bereits? Windows Live Mail speichert einen Kontakt automatisch nach der dritten E-Mail-Antwort. Wünschen Sie dies nicht, deaktivieren Sie die Funktion in den Windows Live Mail-*Optionen* unter *Senden*.

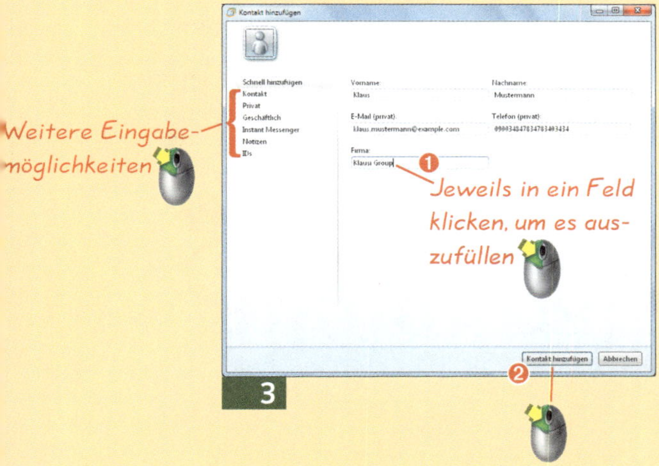

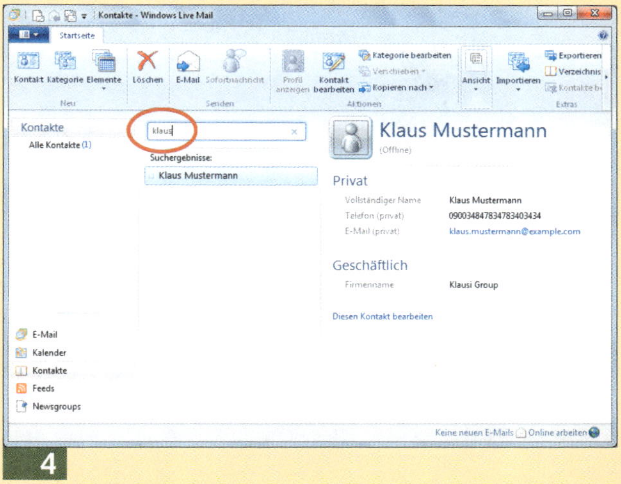

Schritt 3

... und geben die Ihnen zur Verfügung stehenden Kontakt-Informationen ein, also Name, E-Mail-Adresse, Rufnummer usw. ❶. Bestätigen Sie abschließend mit *Kontakt hinzufügen* ❷.

Schritt 4

Das eingebaute Suchfeld hilft Ihnen dabei, einen Kontakt jederzeit schnell wiederzufinden – einfach ein entsprechendes Suchwort eintippen!

Nie wieder einen Termin vergessen

Auch das Verwalten Ihrer Termine macht mit Windows Live Mail richtig Spaß! Die eingebaute Kalender-Funktion ersetzt den noch in Windows Vista genutzten Windows-Kalender.

Tipp: Wenn Sie per E-Mail einen Termin mitgeteilt bekommen, klicken Sie diese mit der rechten Maustaste an und wählen *Zum Kalender hinzufügen*.

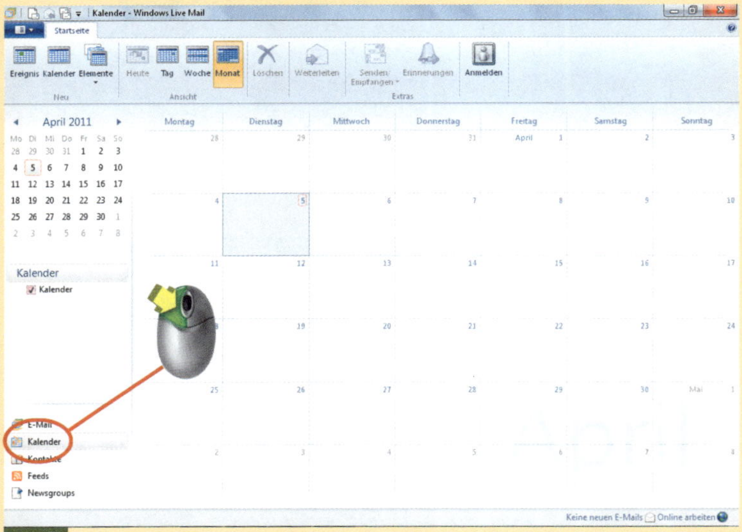

1

Sie möchten auf Ihren Kalender auch im Web zugreifen? Klicken Sie im Menüband auf *Anmelden*, um sich hierfür eine Windows Live ID zu besorgen.

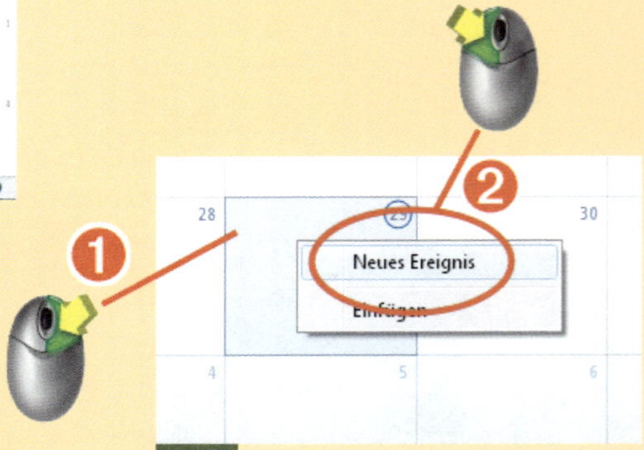

2

Schritt 1

Sie klicken links unten in Windows Live Mail auf *Kalender*, um die Kalender-Ansicht aufzurufen.

Schritt 2

Um einen neuen Termin zu erstellen, klicken Sie mit der rechten Maustaste auf den entsprechenden Tag ❶ und wählen *Neues Ereignis* ❷.

Und wie löschen Sie einen Termin aus dem Kalender? Klicken Sie ihn einfach mit der rechten Maustaste an und wählen Sie *Löschen*.

TIPP: Weitere Kalender

Mit dem Kalender in Windows Live Mail können Sie mehrere Kalender verwalten, z. B. einen für private und einen für geschäftliche Termine. Klicken Sie im Menüband auf *Kalender*, um einen neuen Kalender zu erstellen.

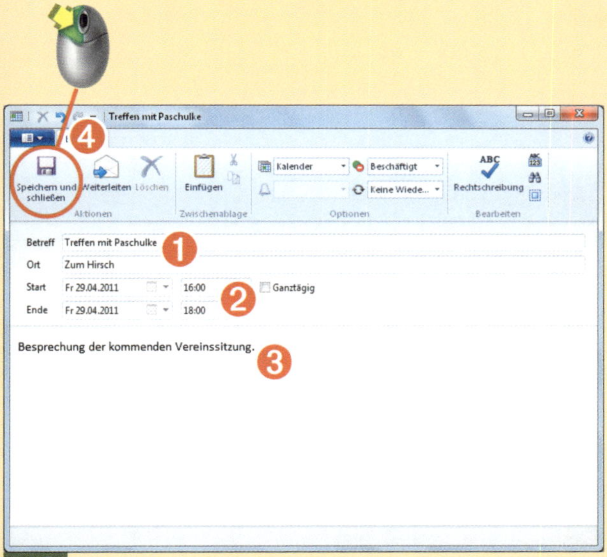

3

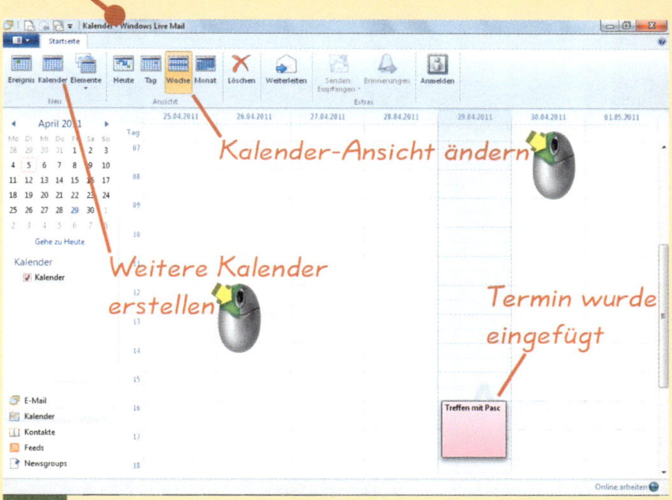

4

Schritt 3

Machen Sie Angaben zur Art des Termins ❶ sowie zum Zeitpunkt ❷ und ergänzen Sie das Ganze gegebenenfalls mit weiteren Notizen ❸. Mit *Speichern und schließen* ❹ speichern Sie den Termin ab.

Schritt 4

Der gespeicherte Termin wird in den Kalender eingefügt. Übrigens stehen im Kalender verschiedene Ansichten für die schnelle Orientierung zur Verfügung (Tag, Woche, Monat).

8

Digitalfotos importieren und auf dem PC bearbeiten & verwalten

Sicherlich werden Sie bereits auf den Geschmack der digitalen Fotografie gekommen sein. In diesem Kapitel erfahren Sie alles darüber, wie Sie Ihre Bilder importieren, bearbeiten, auf dem Computer verwalten oder ausdrucken. Möchten Sie ältere Bilder digitalisieren? Scannen Sie sie einfach ein. Auch das Brennen einer Bilder-CD oder der Versand via Internet ist kein Problem, wie Sie sehen werden. Windows 7 bietet Ihnen die passenden Programme dafür!

Fotos von der Digitalkamera importieren

Zunächst bringen Sie Ihre Bilder von der Digitalkamera auf den PC – das ist, wie ich Ihnen hier zeige, eine Sache weniger Handgriffe.

Auch Handys werden heutzutage häufig als Digitalkamera genutzt. Um damit aufgenommene Bilder auf den PC zu übertragen, dient meist die jeweilige Handy-Software.

Ihre Digitalkamera erstellt Bilder in der Regel im JPEG-Format (Dateiendung *.jpg*), das von praktisch jedem Bildbearbeitungsprogramm unterstützt wird.

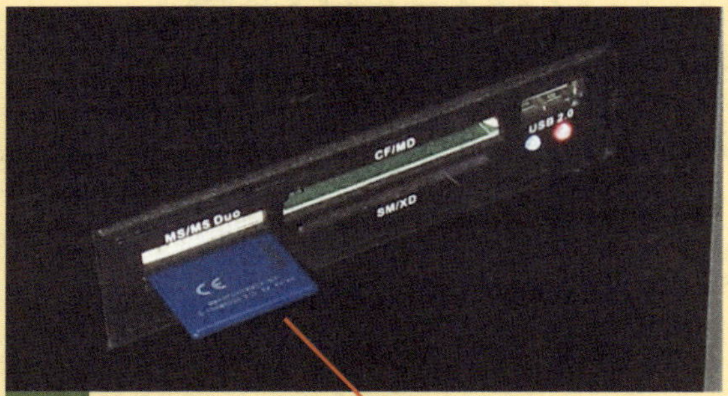

1

2

Bilder auf den PC übertragen - via USB oder Speicherkarte

Schritt 1

Verbinden Sie die Digitalkamera über den USB-Anschluss mit dem PC bzw. legen Sie die Speicherkarte mit Ihren Bildern in das Kartenlesegerät ein.

Schritt 2

Das Fenster *Automatische Wiedergabe* öffnet sich (zur automatischen Wiedergabe siehe auch Kapitel 4). Entscheiden Sie sich für die Option *Bilder und Videos importieren mit Windows*.

Sie können Ihre Bilder beim Importieren beschriften, d. h., mit Zusatzinformationen versehen – das hilft später bei der Bildsuche!

Um zu ändern, z. B. wie die Bilder beim Importieren benannt werden oder wo sie gespeichert werden sollen, klicken Sie im Fenster aus Schritt 3 auf *Importeinstellungen*.

TIPP: Auswahl kopieren

So geht's auch: Öffnen Sie den Windows-Explorer und wählen Sie die Dateien auf dem Wechseldatenträger aus, kopieren Sie sie mit Strg+C und fügen Sie sie dann mit Strg+V in einen beliebigen Ordner ein.

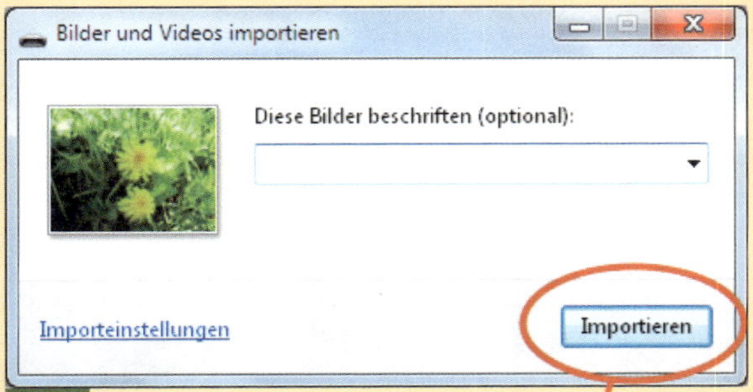

3

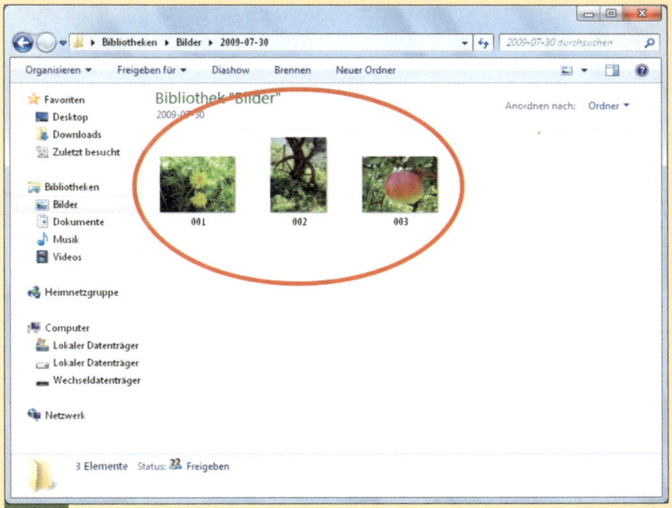

4

Schritt 3

Im folgenden Fenster klicken Sie einfach auf *Importieren* – die angebotene Bildbeschriftung ist optional.

Schritt 4

Die Bilder werden nun automatisch auf den Computer übertragen und stehen in einem mit dem aktuellen Datum versehenen Ordner in der Bibliothek *Bilder* zur Verfügung.

Bilder und Dokumente einscannen

Möchten Sie ältere Fotos oder Dokumente digitalisieren, um sie auf dem Computer zu archivieren? Hierfür verwenden Sie einen Scanner, der die Objekte Punkt für Punkt abtastet und diese Daten an den PC sendet.

Übrigens: Scannen können Sie auch mit dem Zubehörprogramm Paint sowie mit Windows-Fax und -Scan. Ansonsten liegt auch dem Scanner eine entsprechende Software bei.

1

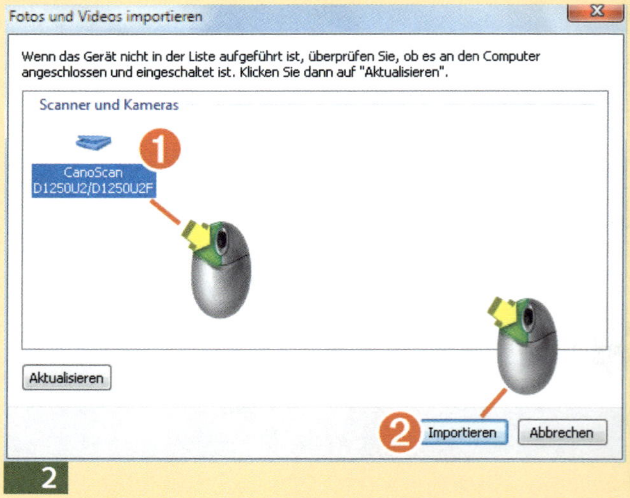

2

Schritt 1

Zum Scannen benötigen Sie ein Programm, z. B. Windows Live Fotogalerie, das Sie mit den Windows Live Essentials nachgerüstet haben (siehe Kapitel 4). In diesem Programm wählen Sie unter dem Symbol [Symbol] ❶ den Eintrag *Fotos und Videos importieren* ❷ ...

Schritt 2

... und entscheiden sich im Folgenden für das entsprechende Gerät. Hier im Bild handelt es sich um meinen Canon-Scanner. Ich wähle ihn aus ❶ und klicke dann auf *Importieren* ❷.

Empfehlenswert für den Hausgebrauch: sogenannte Kombigeräte, mit denen Sie sowohl scannen und drucken als auch kopieren können!

Als Faustregel gilt: je höher die Auflösung, desto höher der Speicherbedarf. Falls Sie ein Bild nur auf dem Bildschirm nutzen, genügen 96 dpi. Für Ausdrucke sollten es schon mindestens 300 dpi sein.

INFO: Ältere Scanner

Windows 7 hat – wie Windows Vista – ein Problem mit älteren Scannern, die den TWAIN-Standard verwenden. Abhilfe schafft ein sogenannter WIA-Treiber, den Sie auf der Webseite des Herstellers herunterladen.

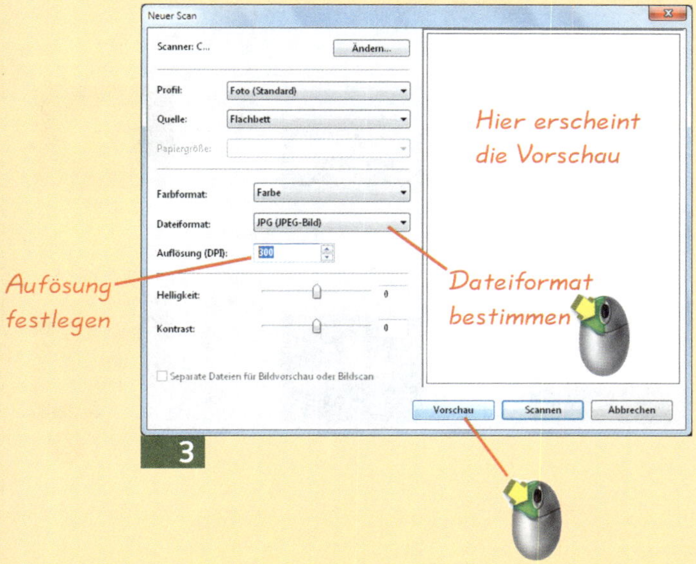

3

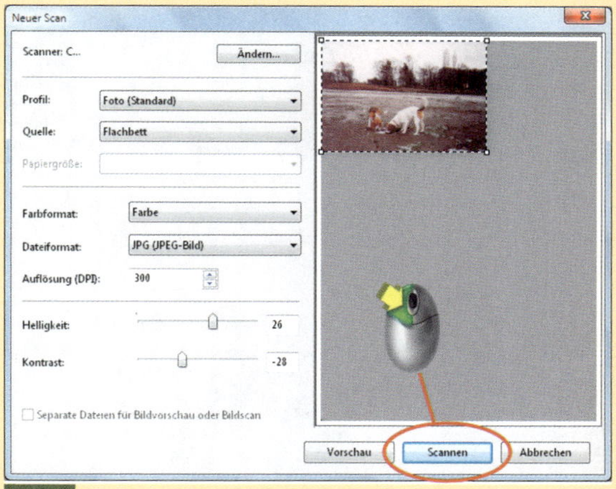

4

Schritt 3

Sie legen das Bild oder Dokument in den Scanner ein, nehmen Sie Einstellungen insbesondere im Hinblick auf Dateiformat und Auflösung vor und lassen Sie sich zunächst eine Vorschau anzeigen.

Schritt 4

Machen Sie gegebenenfalls noch Einstellungen zur Bildqualität und klicken Sie auf *Scannen*, um das Digitalisieren zu starten. Der weitere Prozess entspricht den Schritten 3 und 4 im vorigen Workshop.

Bilder verwalten in der Fotogalerie

Windows Live Fotogalerie eignet sich optimal dazu, Ihre Bilder auf dem Computer komfortabel zu verwalten und jedes gesuchte Bild sofort wiederzufinden. So geht's!

Details zu Ihren Bildern im Hauptfenster anzeigen: Klicken Sie hierzu unter *Ansicht* auf *Alle Details*.

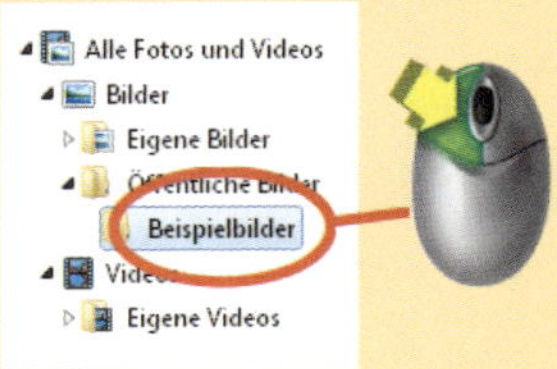

1

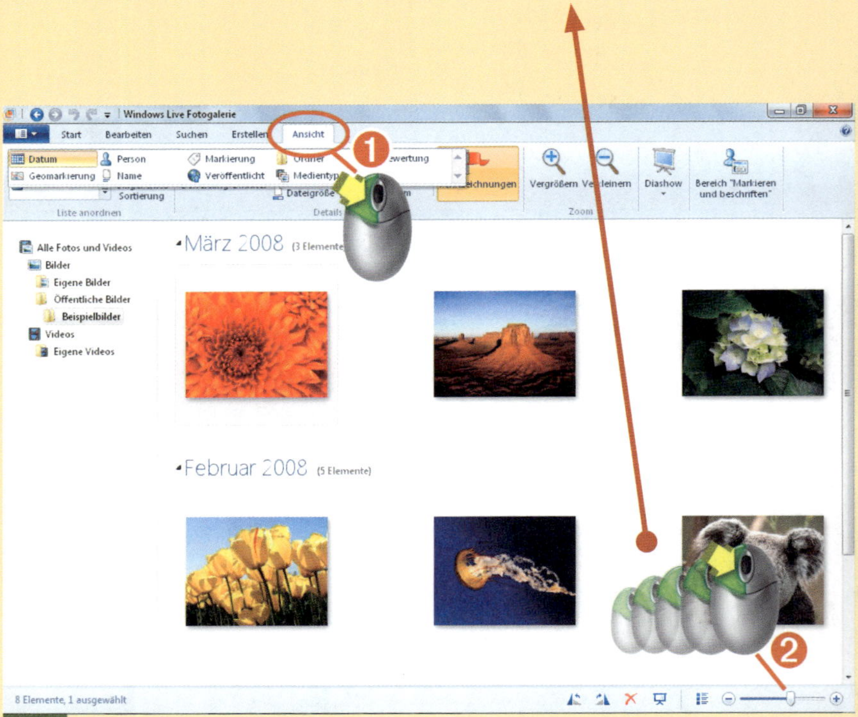

2

Schritt 1

Sie sehen links in Windows Live Fotogalerie eine Navigationsleiste. Lassen Sie sich hier sämtliche Bilder (und auch Videos) anzeigen oder wählen Sie einen bestimmten Ordner aus. Hier entscheide ich mich dafür, den Inhalt des Ordners *Beispielbilder* anzuzeigen.

Schritt 2

Bestimmen Sie unter *Ansicht* ❶ die Sortierung der Bilder. Lassen Sie sich die Bilder mit der Zoom-Funktion ❷ außerdem größer anzeigen, um sofort zu erkennen, ob es sich tatsächlich um die gesuchten Bilder handelt.

Eine ebenfalls kostenlose und leistungsstarke Alternative zu Windows Live Fotogalerie: das Google-Tool Picasa (*http://picasa.google.de*).

Auch nach Bildern können Sie im Startmenü-Suchfeld suchen. Ich empfehle neben dem eigentlichen Suchbegriff den Dateityp mit zu verwenden (also z. B. *tulpen jpg*).

TIPP: Speicherort öffnen

Um ein Bild an seinem Speicherort auf dem Computer zu öffnen (z. B. weil Sie dort ein zugehöriges Dokument vermuten), klicken Sie es in Windows Live Fotogalerie mit der rechten Maustaste an und wählen *Dateispeicherort öffnen*.

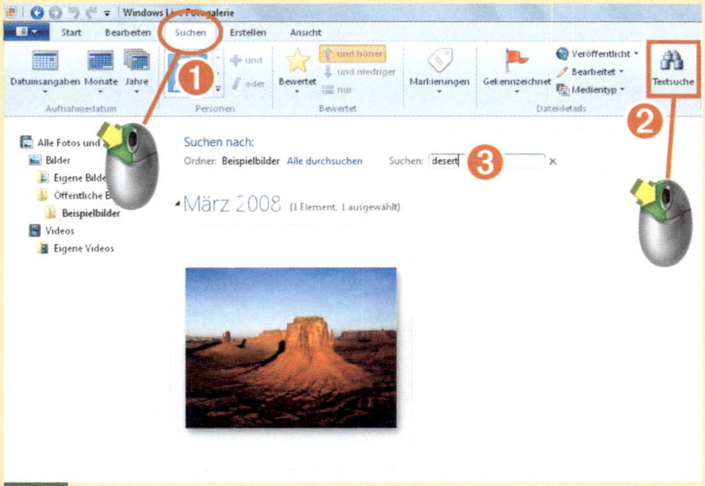

3

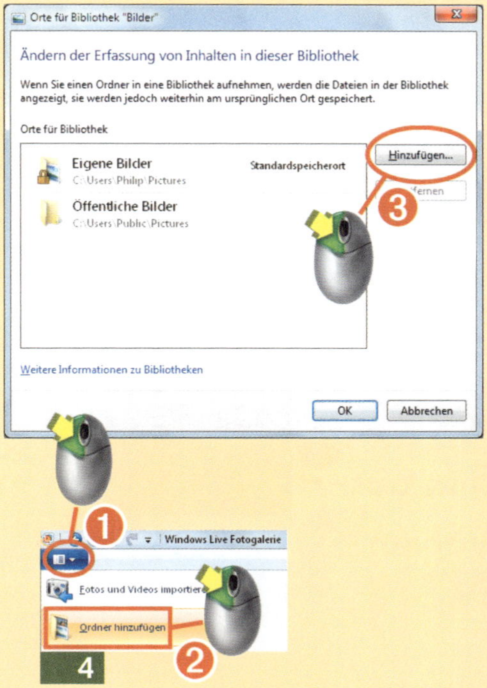

4

Schritt 3

Jedes gesuchte Bild sofort finden: Verwenden Sie die Suchfunktionen unter *Suchen* ❶. Hier z. B. entscheide ich mich für die *Textsuche* ❷ und suche Bilder, auf die mein Suchbegriff (*desert*) zutrifft ❸.

Schritt 4

Ein Bild ist überhaupt nicht in Windows Live Fotogalerie vorhanden? Dann fügen Sie den Ordner, in dem sich das Bild befindet hinzu, und zwar indem Sie unter dem Symbol ❶ den Eintrag *Ordner hinzufügen* ❷ wählen. Fügen Sie dann Ihren Speicherort hinzu ❸.

Bilder benennen und beschriften

Um Ihre Bilder schneller suchen & finden zu können, empfehle ich schlüssige Dateinamen, Bildtitel und Beschriftungen, etwa um alle Fotos aus dem letzten Urlaub als solche zu kennzeichnen. Kein Problem mit Windows Live Fotogalerie!

Klicken Sie ein Bild mit der rechten Maustaste an und wählen Sie *Eigenschaften*, so können Sie der Datei weitere Details hinzufügen, z. B. einen Copyright-Vermerk.

1

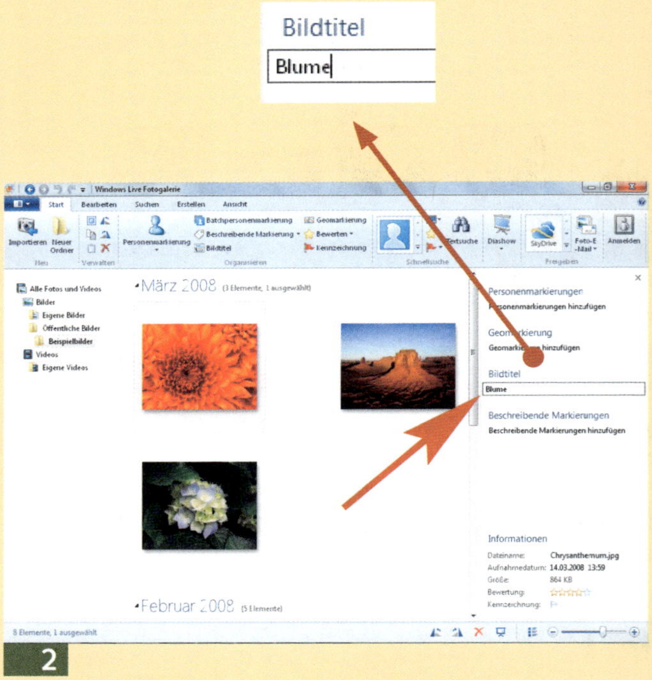

2

Schritt 1

Vergeben Sie zunächst einen schlüssigen Bildtitel. Wählen Sie hierzu ein Bild aus ❶ und klicken Sie dann im Menüband unter *Start* auf *Bildtitel* ❷.

Schritt 2

Rechts im Fenster wird nun eine Leiste eingeblendet. Vergeben Sie dort den gewünschten Bildtitel. (Den Dateinamen bearbeiten Sie gegebenenfalls unter *Dateiname*.)

Neben der herkömmlichen Bildbeschriftung können auch Personenmarkierungen eingegeben werden, um alle Fotos mit einer bestimmten Person schneller zu finden.

TIPP: Bilder bewerten

Die Bilder lassen sich in der Leiste rechts zusätzlich mit einer Bewertung zwischen null und fünf Sterne bewerten – praktisch z. B., um die Bilder später nach der vergebenen Bewertung zu filtern.

Eine Beschriftung wieder entfernen? Kein Problem: Die Beschriftung einfach mit rechts anklicken und *Markierung entfernen* wählen.

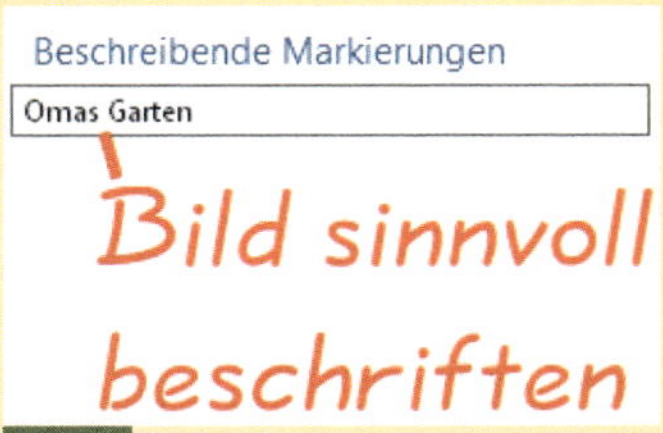

3

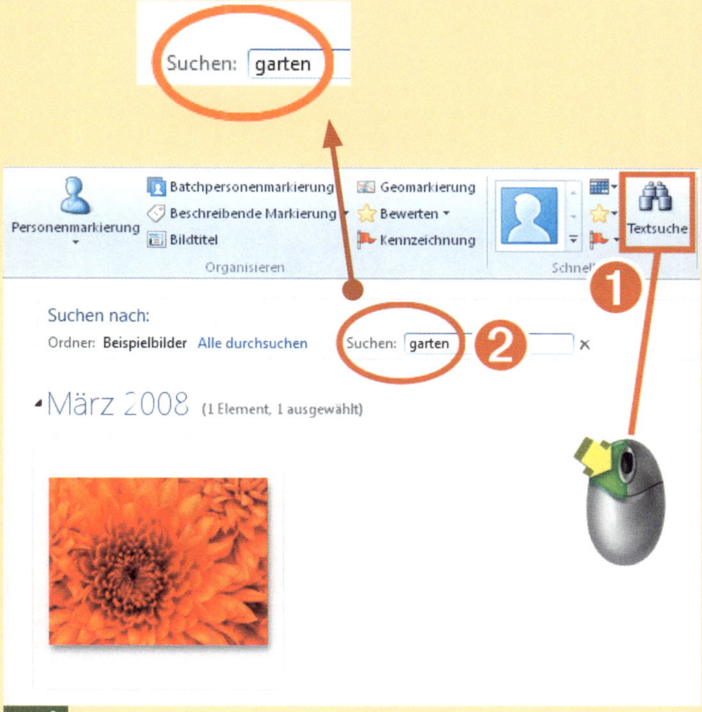

4

Schritt 3

Fügen Sie unter *Beschreibende Markierungen* beliebige weitere Beschriftungen hinzu, hier z. B. *Omas Garten* – jeder Begriff kann später zur Bildsuche dienen.

Schritt 4

Klicken Sie unter *Start* bzw. unter *Suchen* auf die Schaltfläche *Textsuche* ❶ und starten Sie Ihre Suche z. B. nach einer Beschriftung ❷ – Sie stellen fest, dass das Foto gefunden wird.

Eine Diashow anzeigen lassen

Präsentieren Sie Ihre Urlaubsfotos das nächste Mal doch in Form einer pfiffigen Diashow statt mit dem drögen Herumreichen von Fotografien. Windows Live Fotogalerie bietet hierfür erstklassige Möglichkeiten.

Diashow Marke „einfach": Hierzu wählen Sie Ihre Bilder in der Bilder-Bibliothek des Windows-Explorers aus und klicken dann in der Menüleiste auf *Diashow*.

Ihre Fotos als Bildschirmschoner? Klicken Sie dazu in Windows Live Fotogalerie unter dem Symbol [Symbol] auf *Bildschirmschonereinstellungen*.

1

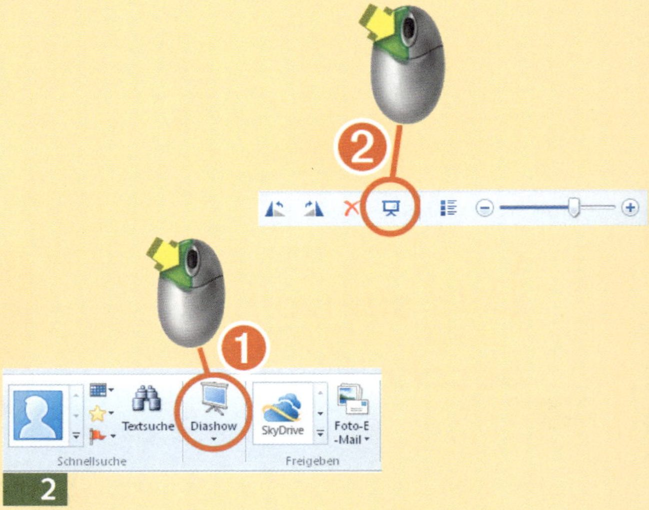

2

Schritt 1

Öffnen Sie in Windows Live Fotogalerie zunächst den Ordner mit den Bildern, die Sie als Diashow betrachten möchten. Sie können per Kontrollkästchen auch einzelne Bilder innerhalb eines Ordners für die Diashow auswählen.

Schritt 2

Im Menüband entscheiden Sie sich nun für die Schaltfläche *Diashow* ❶ oder klicken einfach unten in Windows Live Fotogalerie auf das Symbol [Symbol] ❷.

Mein Tipp: Untermalen Sie Ihre Diashow mit Musik, die Sie mit dem Windows Media Player abspielen. Alternativ erstellen Sie einen Foto-Film.

INFO: Diashow beenden

Um die Wiedergabe der Diashow zu beenden, müssen Sie lediglich die Esc-Taste betätigen.

Schritt 3

Sie wünschen einen anderen Wiedergabemodus? Wählen Sie diesen unter *Design ändern* aus.

Schritt 4

Sie möchten Ihre Diashow übers Internet mit anderen teilen? Wählen Sie hierzu einen Anbieter unter *Diaschau freigeben* aus. Voraussetzung ist allerdings in jedem Fall ein Windows Live-Konto.

Bildbearbeitung leicht gemacht

Falls ein Bild zu dunkel geraten ist oder Sie störende Elemente ausschneiden möchten: Windows Live Fotogalerie bietet Ihnen auch eine einfache Bildbearbeitung an.

Lassen Sie Windows Live Fotogalerie Ihr Bild automatisch optimieren. Hierzu entscheiden Sie sich für die Bearbeitungsoption *Automatisch anpassen*.

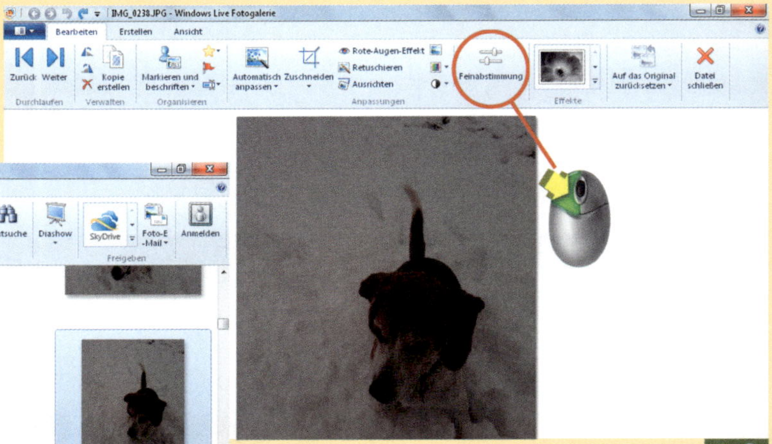

2

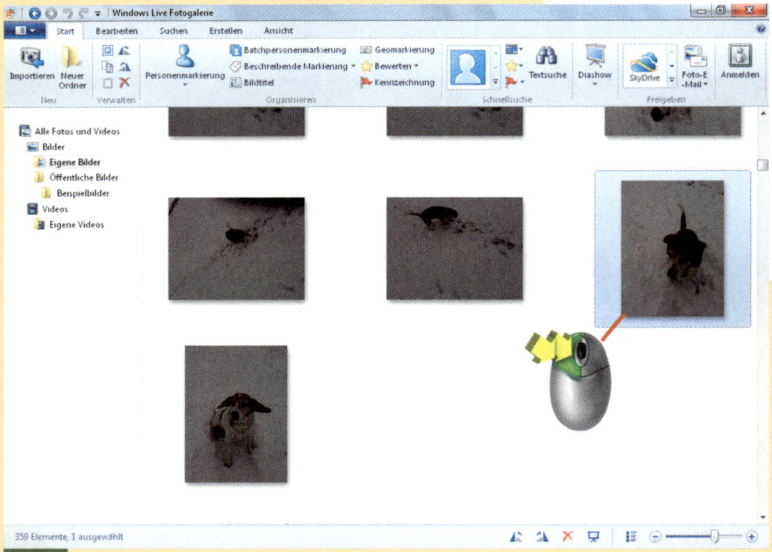

1

Schritt 1

Doppelklicken Sie in Windows Live Fotogalerie auf das Bild, das Sie bearbeiten möchten.

Schritt 2

Im Menüband werden Ihnen nun die verschiedenen Bearbeitungsoptionen angezeigt. Hier entscheide ich mich für die Bearbeitungsoption *Feinabstimmung* ...

Praktisch: Bei der Bearbeitungsoption Foto zuschneiden lassen sich für den Schneiderahmen auch typische Foto-Formate auswählen.

TIPP: Bilder wiederherstellen

Praktisch: Die mit Windows Live Fotogalerie durchgeführten Bearbeitungsschritte lassen sich jederzeit wieder rückgängig machen. Doppelklicken Sie dazu auf ein Bild und entscheiden Sie sich im Menüband für *Auf das Original zurücksetzen.*

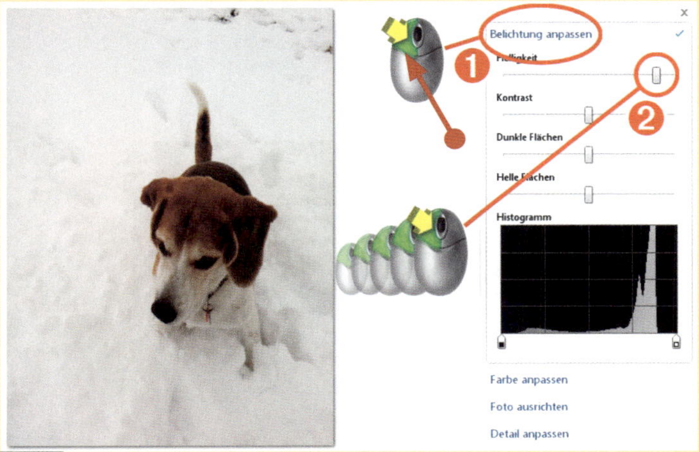

3

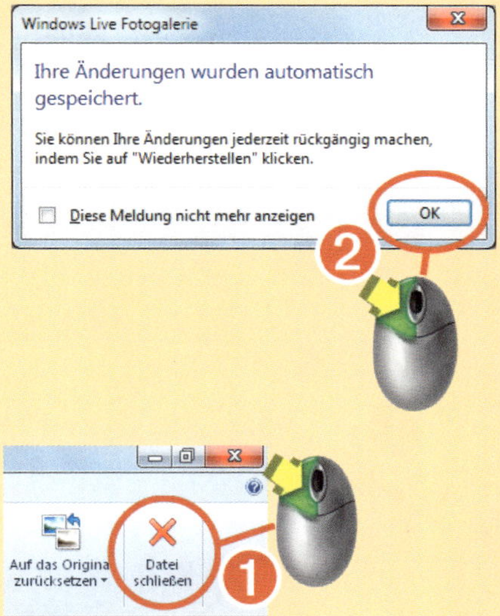

4

Schritt 3

... und klicke auf *Belichtung* ❶, um per Schieberegler das Bild aufzuhellen ❷. Die Bearbeitungsschritte werden direkt für das Bild übernommen.

Schritt 4

Sie haben die Bearbeitung abgeschlossen? Dann klicken Sie im Menüband auf *Schließen* ❶. Bestätigen Sie den folgenden Hinweis mit *OK* ❷.

Bilder in Paint einsetzen

Das Zubehörprogramm Paint habe ich Ihnen bereits in Kapitel 4 kurz vorgestellt. Nun will ich Ihnen zeigen, wie Sie in diesem Tool ein Bild öffnen und verwenden.

Der Funktionsumfang von Paint genügt Ihnen nicht? Ein Bildbearbeitungsprogramm der Spitzenklasse, GIMP, gibt es kostenlos, und zwar hier: *http://www.gimp.org.*

Sie können auch mehrere Bilder in Paint einfügen, diese werden dann überlagert. Ideal z. B., um eine nette Collage zu erstellen!

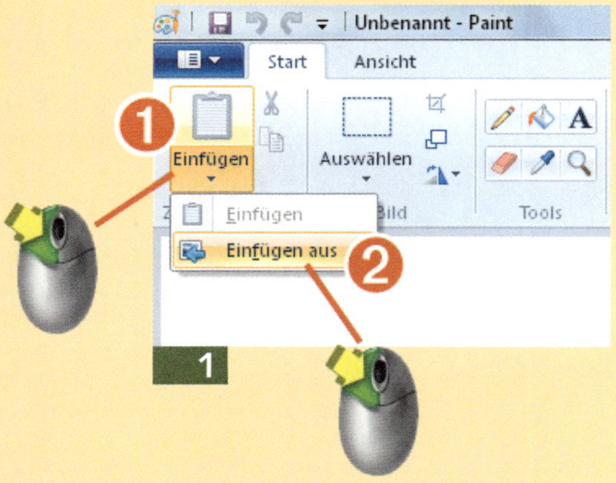

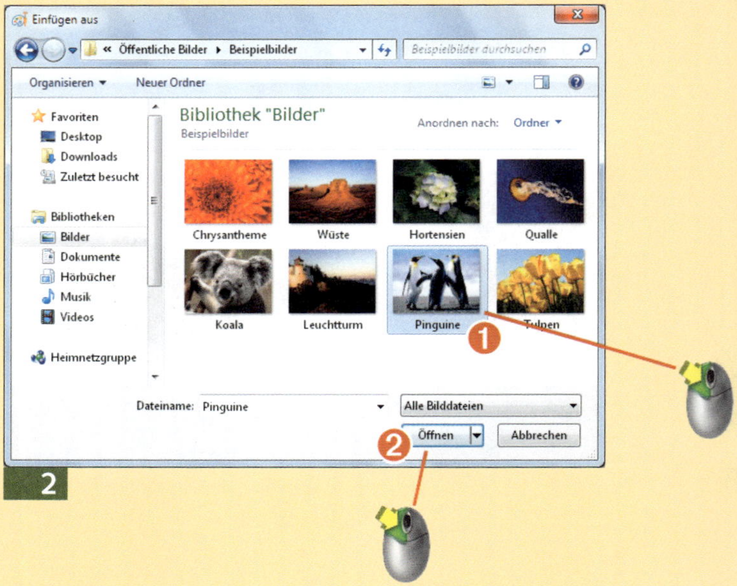

Schritt 1

Öffnen Sie Paint im Startmenü unter *Alle Programme/Zubehör*. Klicken Sie links oben auf den Pfeil ▾ bei *Einfügen* ❶ und wählen Sie *Einfügen aus* ❷.

Schritt 2

Wählen Sie das Bild aus, das Sie in Paint einfügen möchten ❶, und klicken Sie auf *Öffnen* ❷.

Störende Ränder auf einem Foto? Dann wählen Sie in Paint doch einfach den Pinsel 🖌 aus und übermalen die Ränder in Weiß oder einer anderen Farbe!

TIPP: Bilder einfügen

Sie können in Paint übrigens auch Bilder aus dem Zwischenspeicher einfügen, etwa Screenshots, die Sie mit der Druck-Taste bzw. mit Alt+Druck machen. Verwenden Sie hierfür die Tastenkombination Strg+V.

3

4

Schritt 3

Sie können das Bild bei gedrückter Maustaste auf der Bearbeitungsfläche bewegen und mithilfe der Markierungssymbole am Rand (▫) im Hinblick auf die Größe verändern.

Schritt 4

Verwenden Sie nun die Paint-Tools, beispielsweise um eine pfiffige Grußkarte zu erstellen, die Sie dann ausdrucken oder per E-Mail versenden.

Bilder auf eine CD brennen

Sie brennen Bilder (oder andere Dateien) auf einen Datenträger, um diese zu archivieren oder an andere Personen weiterzureichen. Das geht ganz einfach mit dem Windows-Explorer.

Wie viele Bilder auf eine CD oder DVD passen, hängt von der Größe der Bilddateien ab. Herkömmliche CD-ROMs bieten 700 MByte Speicherkapazität, DVD-ROMs sogar 4,7 GByte.

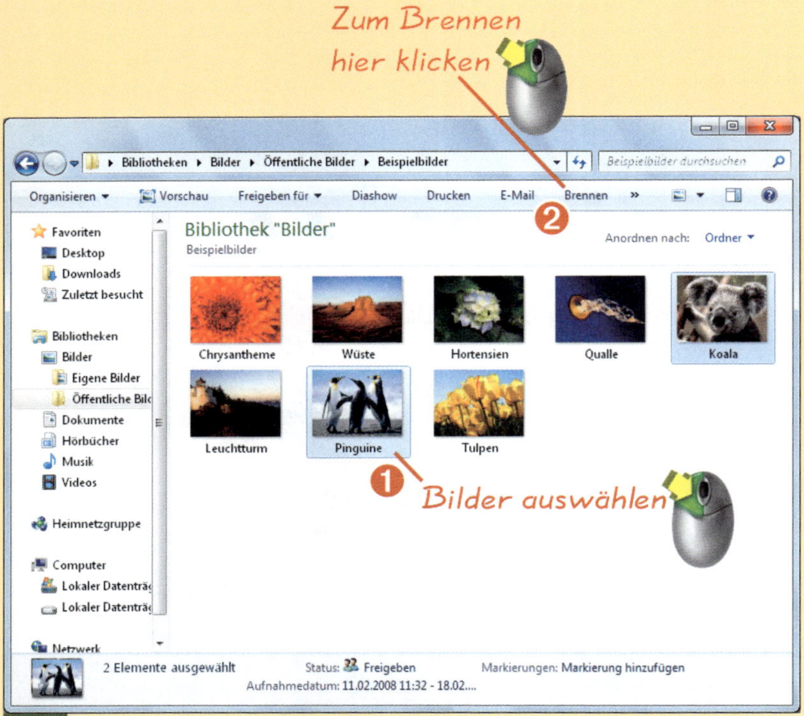

1

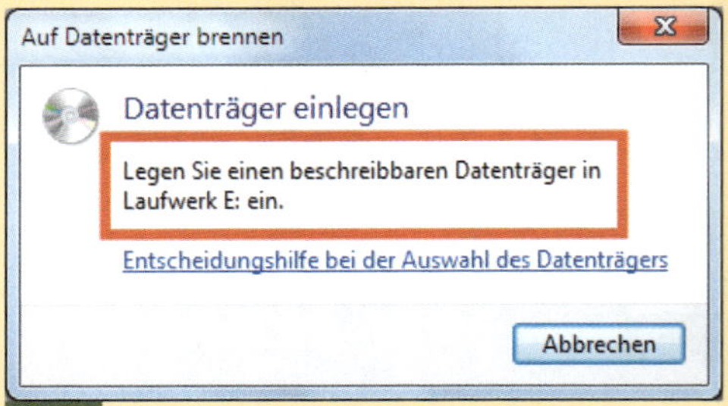

2

Schritt 1

Wählen Sie die Dateien im Windows-Explorer per Mausklick aus (mehrere Dateien bei gedrückter [Strg]-Taste) ❶ und klicken Sie in der Menüleiste auf *Brennen* ❷.

Schritt 2

Sie werden dazu aufgefordert, einen beschreibbaren Datenträger ins Laufwerk einzulegen. Kommen Sie dieser Aufforderung nach.

Oder wollen Sie die Bilder auch auf dem TV-Gerät vorführen? Dann entscheiden Sie sich in Schritt 3 für die Formatierungsvariante *Mit einem CD/DVD-Player*.

Als Datenträgertitel wird bei der Formatierung automatisch das aktuelle Datum vorgeschlagen. Sie können aber natürlich auch einen Titel wählen, der Aufschluss über die Inhalte der CD oder DVD gibt.

INFO: Was heißt „brennen"?

Als Brennen bezeichnet man das Beschreiben einer CD oder DVD, des sogenannten Rohlings. Die Bezeichnung Brennen ist dabei ganz wörtlich zu nehmen, denn es wird mit einem Laser gearbeitet.

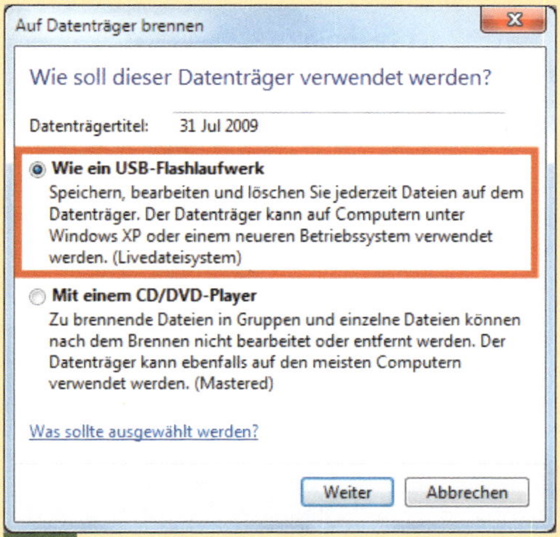

3

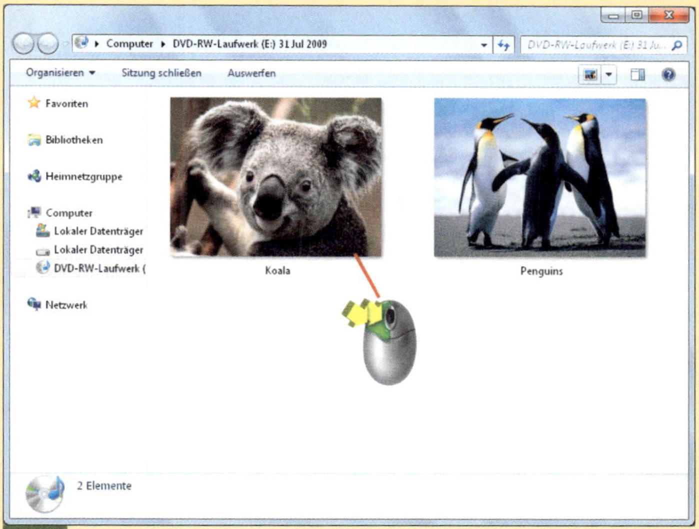

4

Schritt 3

Gegebenenfalls muss der Datenträger zunächst formatiert werden. Entscheiden Sie sich für eine der vorgeschlagenen Varianten. Ich persönlich bevorzuge *Wie ein USB-Flashlaufwerk*, weil ich dann später weitere Dateien hinzufügen oder Dateien löschen kann.

Schritt 4

Ist der Datenträger bereits formatiert, ähnelt das Brennen von Dateien auf CD oder DVD dem Kopieren zwischen zwei Ordnern auf dem PC. Die Dateien stehen nach Abschluss des Brennvorgangs auf dem Datenträger zur Verfügung. Wie bei Dateien auf dem PC erfolgt das Öffnen per Doppelklick.

Bilder übers Internet versenden

Ich habe Ihnen bereits in Kapitel 7 gezeigt, wie Sie Bilder in eine E-Mail einfügen oder als Dateianhang versenden. Zum Versand mehrerer Bilder gibt es noch eine einfachere Methode.

Sie wollen die Größe von Bildern, z. B. für die Nutzung im WWW, kinderleicht reduzieren? Dann senden Sie diese doch einfach per E-Mail an sich selbst!

Sie finden eine E-Mail-Schaltfläche übrigens auch im Menüband von Windows Live Fotogalerie unter *Erstellen*. Der Versand dort erfolgt jedoch immer in der Ursprungsgröße.

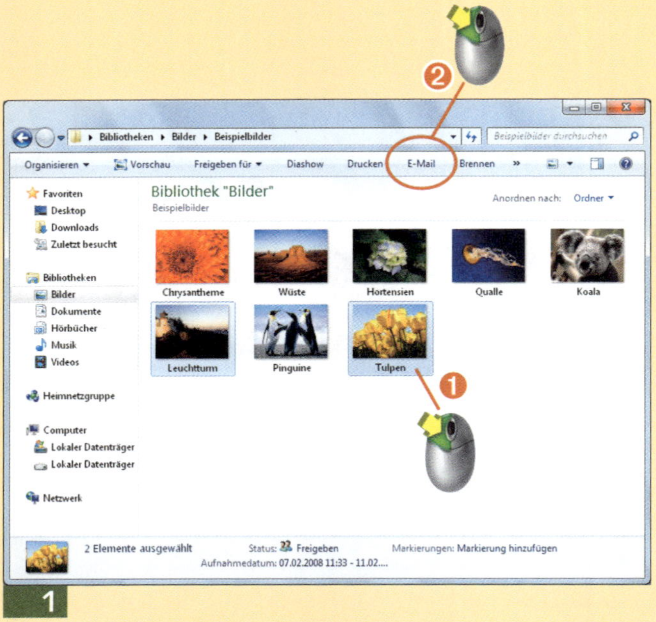

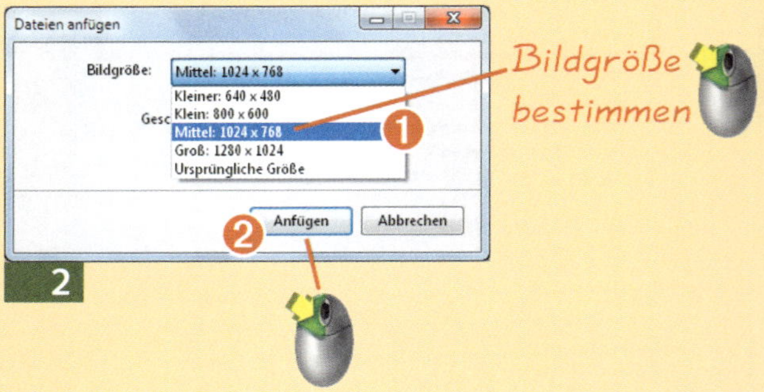

Schritt 1

Wählen Sie diejenigen Dateien, die Sie in einer E-Mail versenden möchten, im Windows-Explorer aus ❶ und klicken Sie dann in der Menüleiste auf *E-Mail* ❷.

Schritt 2

Bestimmen Sie im Menü, in welcher Größe die Bilder Ihrer E-Mail angefügt werden sollen ❶ – je größer das Bild, desto größer die Datei. Klicken Sie anschließend auf *Anfügen* ❷.

Natürlich können Sie zusätzlich zu den Bildern noch weitere Dateien, z. B. Dokumente, an die E-Mail anhängen.

TIPP: Versand per Rechtsklick

Sie können auch Bilder, die auf dem Desktop gespeichert sind, per E-Mail versenden: Einfach mit der rechten Maustaste anklicken und *Senden an/E-Mail-Empfänger* auswählen.

In eine einzige E-Mail sollten Sie nicht zu viele Bilder packen! Die meisten E-Mail-Provider lassen nur den Versand von 10-20 MByte pro E-Mail zu.

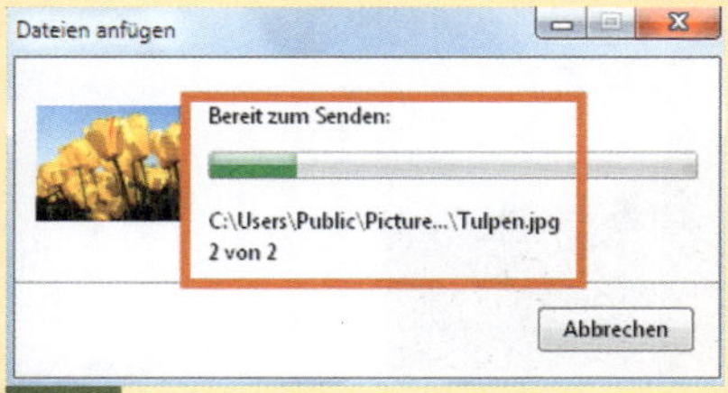

3

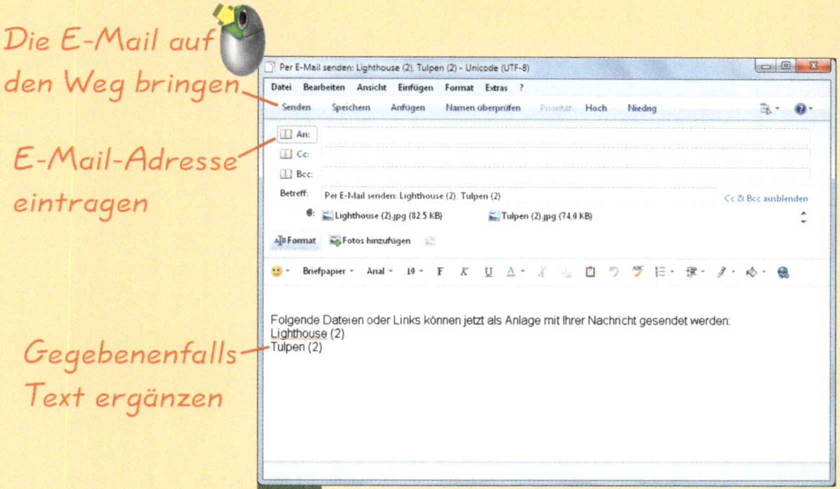

4

Schritt 3

Die Bilder werden fürs Versenden via E-Mail vorbereitet ...

Schritt 4

... und können nun an einen beliebigen E-Mail-Empfänger verschickt werden, in diesem Fall mit einem älteren Windows Live Mail. (Hinweis: Beim aktuellen Windows Live Mail wird für den Versand ein Windows Live-Konto benötigt.)

Bilder gekonnt ausdrucken

Auch das Ausdrucken von Bildern ist mit Windows 7 eine bequeme Sache. Gehen Sie hierzu folgendermaßen vor.

Passend zum Fotodrucker gibt es auch spezielles Fotopapier für den Ausdruck Ihrer Bilder – natürlich auch aus dem Hause DATA BECKER!

Farbdrucke, egal ob mit Tintenstrahl- oder Laserdrucker, sind ziemlich kostspielig. Verzichten Sie also möglichst auf unnötige Ausdrucke.

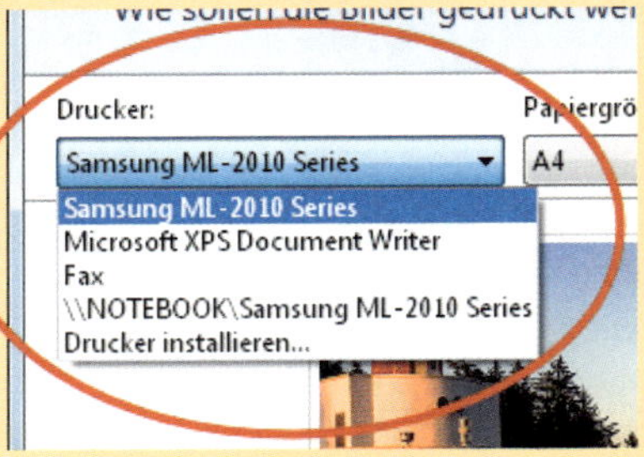

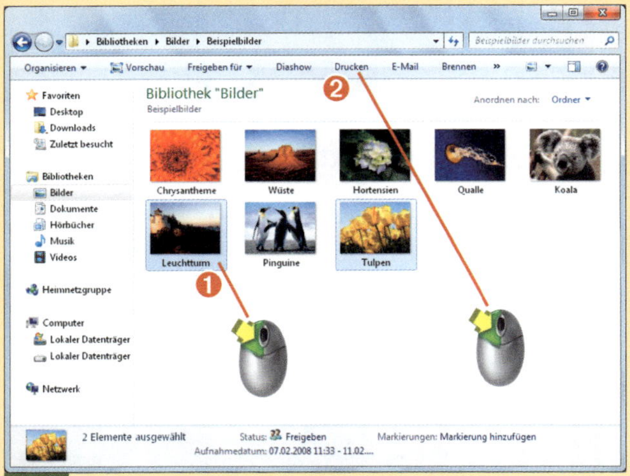

1

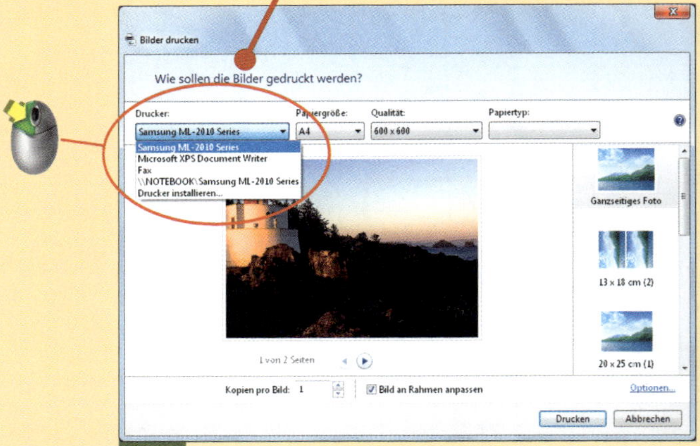

2

Schritt 1

Wählen Sie im Windows-Explorer die Bilder aus, die Sie ausdrucken möchten ❶, und entscheiden Sie sich in der Menüleiste für *Drucken* ❷.

Schritt 2

Es öffnet sich ein Assistent, in dem Sie zunächst den Drucker auswählen, natürlich am besten einen Fotodrucker, falls verfügbar.

Übrigens finden Sie inzwischen auch in Elektronikfachgeschäften, Drogeriemärkten usw. Fotodrucker: Speichermedium einlegen, Format wählen, ausdrucken.

Kennen Sie bereits Flickr? Unter *http://www.flickr.com* tauschen Nutzer aus aller Welt ihre Fotos aus.

INFO: Welche Auflösung wählen?

Wählen Sie zum Ausdrucken der Bilder stets die höchstmögliche Auflösung, um eine optimale Qualität zu gewährleisten. Liegen Bilder nicht in entsprechender Größe vor, entscheiden Sie sich für ein kleineres Format.

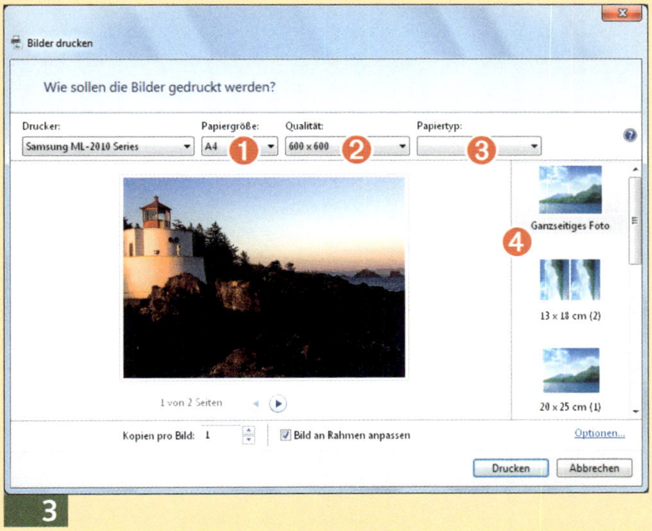

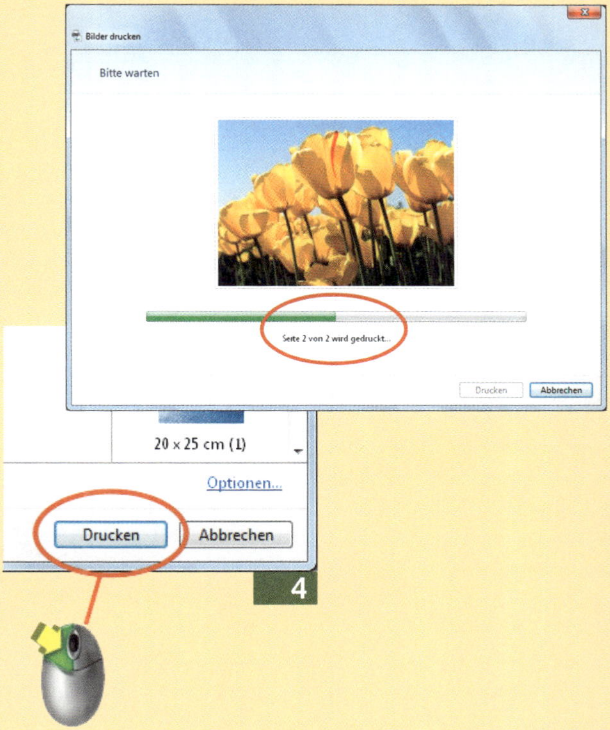

Schritt 3

Bestimmen Sie im Folgenden Papiergröße ❶, Auflösung ❷ (siehe Infobox), Papiertyp ❸ und Format der Bilder ❹.

Schritt 4

Mit einem Klick auf *Drucken* bringen Sie die Bilder schließlich zu Papier, die Sie dann einrahmen oder bei Omas Kaffeekränzchen herumreichen können.

9

Filme und Musik auf dem Computer abspielen

Auch für Fans von Filmen und Musik hat Windows 7 einiges zu bieten. In diesem Kapitel stelle ich Ihnen die in diesem Zusammenhang wichtigsten Programme und Funktionen vor: insbesondere den Windows Media Player zum Abspielen von MP3-Dateien, Erstellen von Wiedergabelisten, zum Kopieren oder Brennen von Audio-CDs und vielem mehr. Auch das Windows Media Center sowie ein Programm zum Brennen von DVDs werden Sie kennenlernen.

Audio-CDs oder DVDs abspielen

Für Musik und Filme benötigen Sie nicht unbedingt zusätzliche Geräte. Es ist so einfach, eine Audio-CD (und gegebenenfalls eine DVD) auf dem Computer abzuspielen. Gehen Sie folgendermaßen vor.

Falls die automatische Wiedergabe nicht startet, öffnen Sie einfach den Windows-Explorer, wählen in der Leiste links *Computer* und doppelklicken auf das Laufwerk mit dem eingelegten Datenträger.

Der Windows Media Player spielt auch Musik- und Video-Dateien von Daten-CDs ab, auf denen Dateien als MP3 & Co. gespeichert werden können – eine einzige Daten-CD reicht so z. B. für 100-200 Musiktitel!

1

2

Schritt 1

Legen Sie den Datenträger ins Laufwerk ein. Fassen Sie die CD oder DVD dabei nur an den Rändern an, um Verschmutzungen oder Kratzer zu vermeiden.

Schritt 2

Das Fenster *Automatische Wiedergabe* öffnet sich. Entscheiden Sie sich im Fall einer Audio-CD für *Audio-CD wiedergeben*.

Bei der DVD-Wiedergabe: Doppelklicken Sie gegebenenfalls in das Video-Fenster, um ein Vollbild zu erhalten.

Die Funktionsleiste unten stört Sie beim Film gucken? Wenn Sie den Mauszeiger von ihr weg bewegen, verschwindet sie nach wenigen Sekunden automatisch.

TIPP: Alternativer Player

Sollte es mit der DVD-Wiedergabe in Ihrer Windows 7-Version nicht klappen, empfehle ich den alternativen VLC Media Player, den Sie unter der folgenden Webadresse kostenlos herunterladen: *http://www.videolan.org.*

3

4

Schritt 3

Bei einer DVD wählen Sie entsprechend *DVD-Film wiedergeben* – entweder mit dem Windows Media Player oder mit dem erstklassigen VLC Media Player (siehe Tippbox).

Schritt 4

Schon erfolgt die Wiedergabe des Datenträgers – so einfach ist Windows 7!

Musik- und Film-Dateien abspielen

Sie laden Musik und Filme lieber aus dem Internet? Auch das Wiedergeben von Mediendateien, die Sie auf dem PC gespeichert haben, ist kein Problem. So einfach geht's.

Musik- und Videodateien speichern Sie in den dafür vorgesehenen Bibliotheken, nämlich *Musik* bzw. *Videos*.

Eine Musik- oder Video-Datei mit dem hierfür als Standard festgelegten Programm wiedergeben? Mit einem Doppelklick auf die Datei können Sie das noch schneller bewerkstelligen.

Um die Wiedergabe zu beenden, drücken Sie den Stopp-Button in der Funktionsleiste (■) oder schließen einfach das Programmfenster.

1

2

Schritt 1

Öffnen Sie den Windows-Explorer und wählen Sie die Dateien aus, die Sie wiedergeben möchten, also Ihre Wunschmusik …

Schritt 2

… oder die Videoclips, die Sie betrachten möchten. Hierfür genügt zunächst ein einfacher Mausklick.

Die Wiedergabe ist sehr leise? Sie können die Lautstärke zum einen in der Funktionsleiste erhöhen, zum anderen über das Lautsprecher-Symbol im Infobereich (🔊).

INFO: Mehrere Ansichts-Modi

Der Windows Media Player bietet mehrere Ansichts-Modi, darunter den Modus *Aktuelle Wiedergabe* und den *Medienbibliothek*-Modus. Zum Wechsel zwischen diesen beiden Modi klicken Sie auf das Symbol ▦.

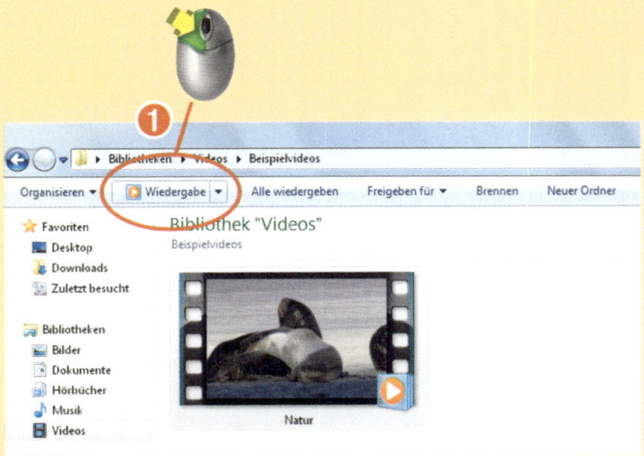

3

4

Schritt 3

Klicken Sie dann in der Menüleiste des Windows-Explorers auf *Wiedergabe* ❶. Wenn Sie auf den zu dieser Schaltfläche gehörenden Pfeil klicken, haben Sie die Möglichkeit, ein Programm für die Wiedergabe auszuwählen ❷.

Schritt 4

Fertig! Das Wiedergabefenster wird geöffnet, und Sie können sich zurücklehnen bzw. die Wiedergabe mithilfe der Funktionsleiste steuern.

Musik und Filme in der Medienbibliothek

Der Windows Media Player erlaubt es Ihnen nicht nur, Mediendateien abzuspielen, sondern diese auch clever zu verwalten – in der Medienbibliothek.

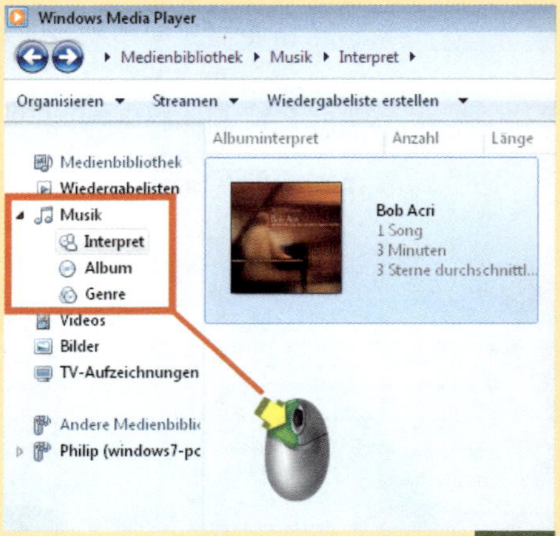

2

1

Schritt 1

Klicken Sie in der Taskleiste auf das Symbol des Windows Media Players, um diesen zu öffnen. Die Abbildung zeigt Ihnen die einzelnen Funktionen der Bedienoberfläche.

Schritt 2

Die Navigationsleiste links verwenden Sie dazu, um die gewünschten Mediendateien nach ihrer Art auszuwählen und deren Gruppierung zu bestimmen.

Der Windows Player bietet neben *Aktuelle Wiedergabe* und *Medienbibliothek* auch den Ansichtsmodus *Design*, den Sie unter *Ansicht/Design* festlegen – für eine pfiffige Bedienoberfläche!

TIPP: Menüleiste anzeigen

Um die klassische Menüleiste im Windows Media Player anzuzeigen (zum schnellen Aufrufen aller Menüoptionen), verwenden Sie einfach die Tastenkombination Strg+M.

Es wird mit dem Suchfeld jeweils nur die Kategorie durchsucht, die in der Leiste links ausgewählt ist, hier im Beispiel *Musik*. Zum Durchsuchen (und Wiedergeben) von Filmen entscheiden Sie sich entsprechend für *Videos*.

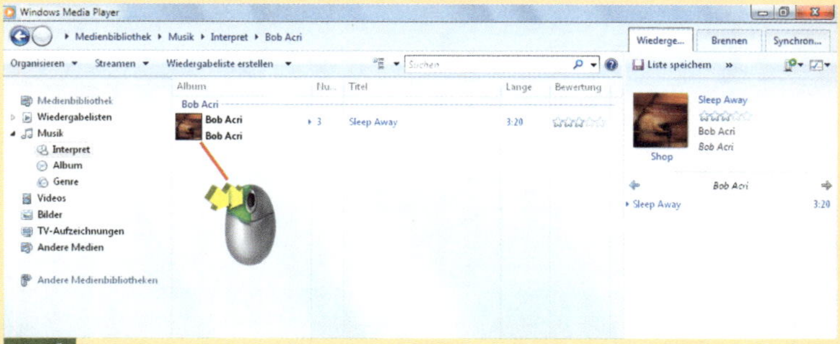

4

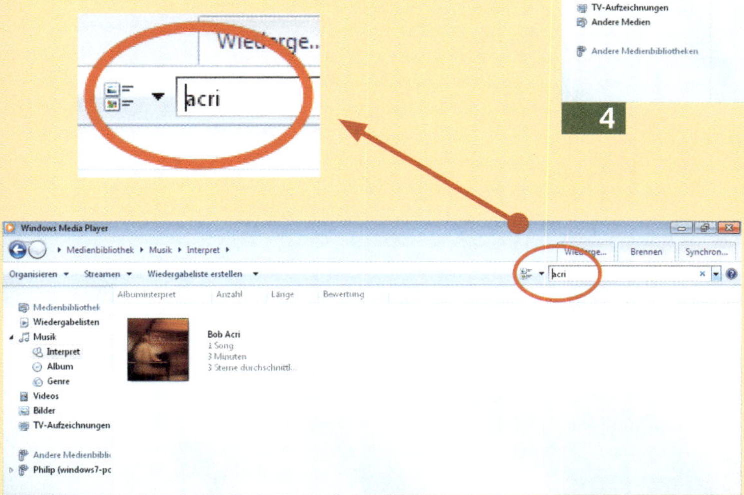

3

Wenn Sie einen Titel per Entf-Taste aus der Medienbibliothek entfernen, wird nur die Verknüpfung zur Datei gelöscht, nicht die Datei selbst.

Schritt 3

Bei sehr vielen verfügbaren Mediendateien nutzen Sie am besten das eingebaute Suchfeld, um eine Datei blitzschnell ausfindig zu machen.

Schritt 4

Doppelklicken Sie auf einen Titel, um diesen im Windows Media Player wiederzugeben.

Sie erstellen eine Wiedergabeliste

Mithilfe von Wiedergabelisten spielen Sie Ihre Musikstücke in der gewünschten Reihenfolge ab – so sparen Sie sich z. B. den D. J. für die nächste Geburststagsfeier.

Auch so geht's: Titel mit der rechten Maustaste anklicken und *Hinzufügen zu/Wiedergabeliste* wählen.

Alternative Methode: Klicken Sie einen Ordner, der Musik-Dateien enthält, im Windows-Explorer mit der rechten Maustaste an und wählen Sie *Zur Windows Media Player-Wiedergabeliste hinzufügen*.

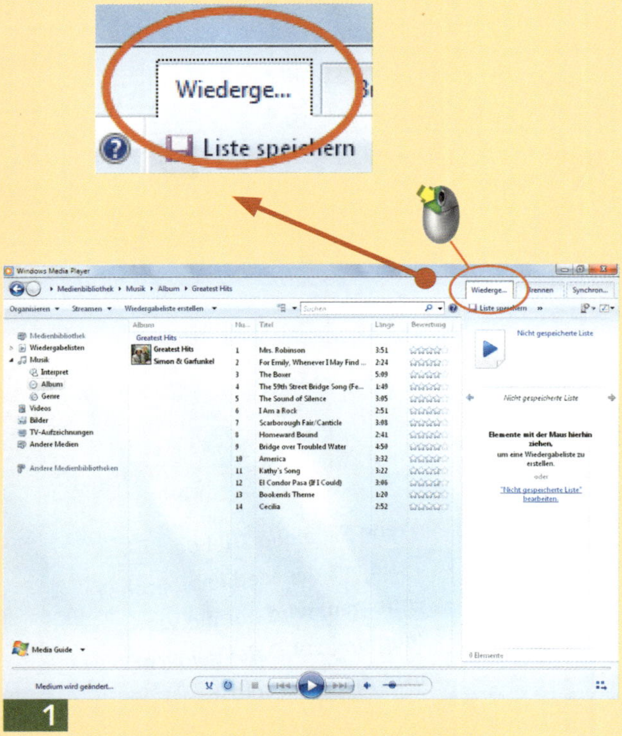

Schritt 1

Öffnen Sie die Medienbibliothek und klicken Sie rechts oben auf den Listen-Button *Wiederge...*

Schritt 2

Markieren Sie die gewünschten Dateien ❶ und ziehen Sie diese bei gedrückter Maustaste ins Listenfeld rechts ❷.

Wiedergabelisten werden standardmäßig im Format *.wpl* gespeichert. Zum Speichern in einem anderen Format klicken Sie auf das Symbol und wählen *Liste speichern unter*. Weltweit gängigstes Format ist *.m3u*.

Um mit dem Windows Media Player eine beliebig gespeicherte Wiedergabeliste aufzurufen, wählen Sie *Datei/Öffnen* und geben den Dateipfad an.

INFO: Wiedergabeliste aufrufen

Um eine erstellte Wiedergabeliste aufzurufen, wählen Sie diese in der Navigationsleiste links unter *Wiedergabelisten* aus. Sie finden sie auch in der Musik-Bibliothek des Windows-Explorers im Ordner *Wiedergabelisten*.

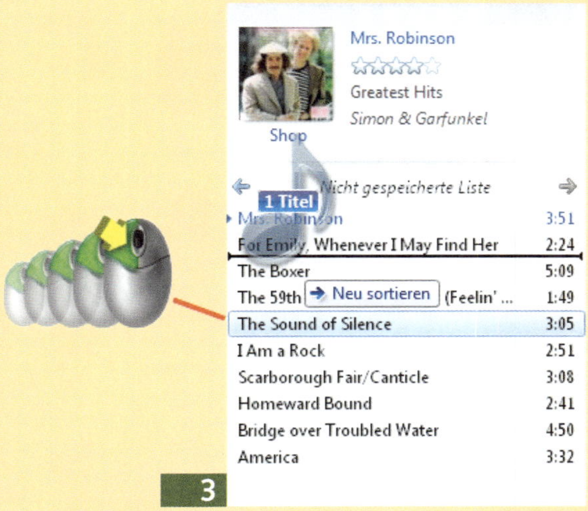

Schritt 3

Wiederum bei gedrückter Maustaste können Sie die Dateien im Listenfeld in eine beliebige andere Reihenfolge bringen.

Schritt 4

Um die Wiedergabeliste zu speichern, klicken Sie auf *Liste speichern* ❶, geben einen schlüssigen Namen für die Wiedergabeliste ein ❷ und betätigen die Enter-Taste.

Eine Audio-CD auf den PC kopieren

Der Windows Media Player in Windows 7 bietet im Gegensatz zu früheren Versionen keine Schaltfläche zum Kopieren einer Audio-CD. Doch es geht trotzdem!

Oder wünschen Sie einen Kopierschutz für die kopierten Dateien, damit sie nicht ohne Weiteres auf einem anderen PC genutzt werden können? Dann wählen Sie in diesem Fall doch *Windows Media Audio* und aktivieren das Kontrollkästchen *Kopierschutz für Musik*.

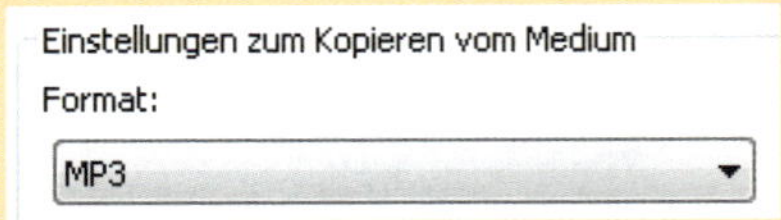

Ohne die Einstellung in Schritt 2 erfolgt das Kopieren der Musik im WMA-Format. Das ist nicht schlecht, aber das MP3-Format ist noch besser – es läuft einfach überall!

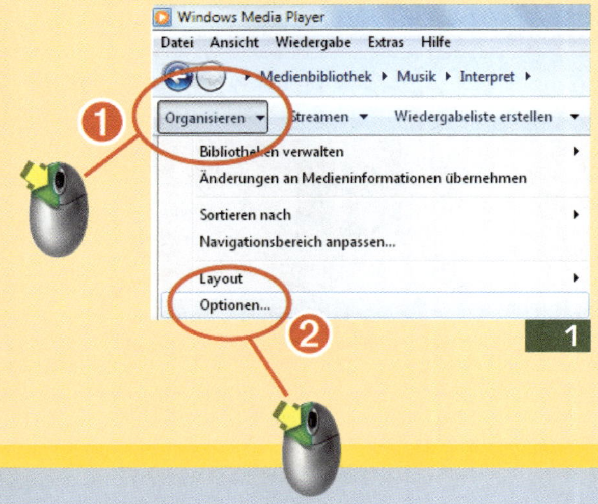

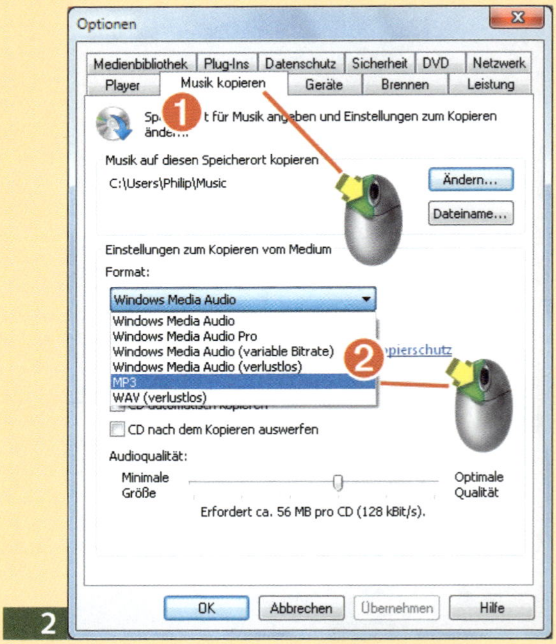

Schritt 1

Öffnen Sie den Windows Media Player und klicken Sie zunächst unter *Organisieren* ❶ auf *Optionen* ❷.

Schritt 2

Unter *Musik kopieren* ❶ bestimmen Sie nun das gewünschte Format ❷. Ich empfehle das Standard-Format *MP3* (siehe Infobox).

Wünschen Sie einen anderen Speicherort für die kopierten Dateien? Dazu klicken Sie in Schritt 3 auf den Button *Ändern* und geben den neuen Speicherort an.

Die Kopierqualität, die Sie in Schritt 3 festlegen, wird auch Bitrate genannt. Sie gibt an, welche Datenmenge pro Sekunde verarbeitet wird. Je größer diese Menge ist, desto höher die Qualität, aber auch der Speicherbedarf!

INFO: Wofür steht MP3?

MP3 ist ein Format zur Kompression von Audiodateien, das in Deutschland entwickelt wurde und heute weltweit verbreitet ist. Nicht hörbare Töne werden ausgefiltert, sodass die Dateigröße auf etwa ein Zehntel schrumpft.

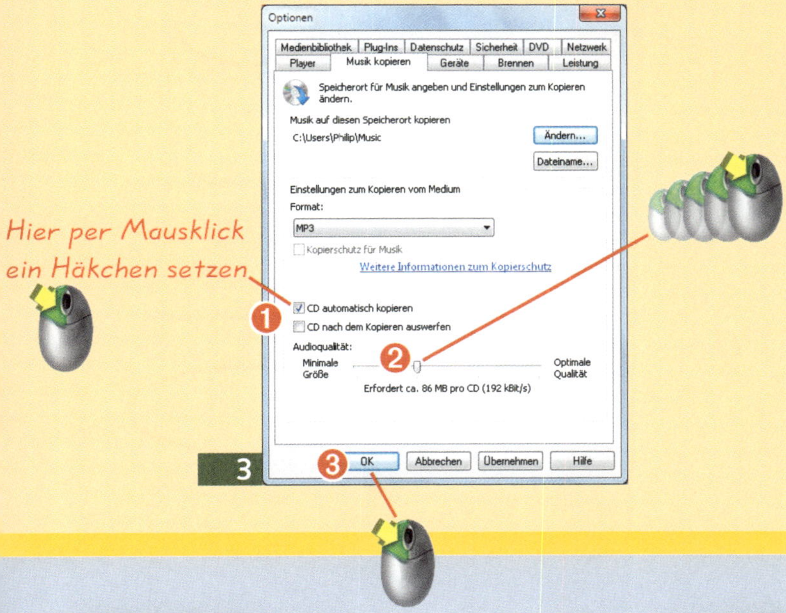

3

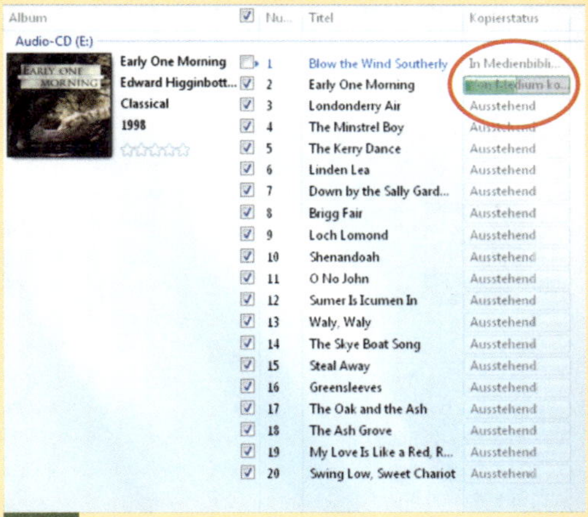

4

Schritt 3

Aktivieren Sie die Option *CD automatisch kopieren* ❶, bestimmen Sie die Kopierqualität (ich empfehle 192 kBit/s) ❷ und speichern Sie Ihre Einstellungen mit *OK* ab ❸.

Schritt 4

Legen Sie nun einfach Ihre Audio-CD ein – sie wird automatisch in die Musik-Bibliothek kopiert.

Eine Audio-CD brennen

Auch das geht: Brennen Sie eine Audio-CD mit Ihren Lieblingsstücken, um diese in jedem CD-Player abspielen zu können. Entsprechende CD-Rohlinge gibt es für 'nen Appel und 'n Ei im Fachmarkt.

Nicht schlecht: Auf eine herkömmliche CD-ROM mit 700 MByte passen 80 Minuten Musik – als Daten-CD, z. B. mit MP3-Dateien gebrannt, noch wesentlich mehr!

Mein Tipp: Nicht zu schnell brennen, das kann bei manchen Geräten zu Schwierigkeiten führen. In den Optionen unter *Brennen* legen Sie als Brenngeschwindigkeit lieber *Langsam* fest.

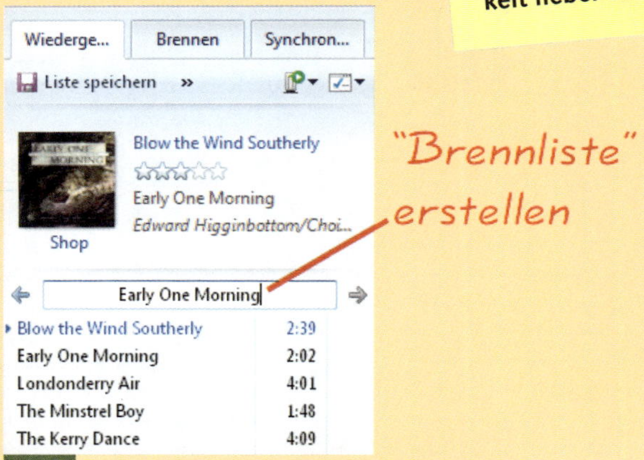

1

2

Schritt 1

Erstellen Sie wie oben beschrieben eine Wiedergabeliste mit den Musik-Dateien, die Sie auf CD brennen möchten.

Schritt 2

Klicken Sie auf den Listen-Button *Brennen* ❶ und importieren Sie die erstellte Wiedergabeliste ❷. Alternativ ziehen Sie die gewünschten Elemente – wie ebenfalls oben bereits gezeigt – bei gedrückter Maustaste ins Listenfeld.

Musik für eine längere Spieldauer als Daten-CD brennen? Hierzu klicken Sie auf das Symbol ☑▾ und entscheiden sich für *Daten-CD oder -DVD*.

TIPP: Etiketten und Einleger

Auch auf die Verpackung kommt es an: Ich empfehle, die gebrannte Audio-CD mit hochwertigen Etiketten und Einlegern aus dem Hause DATA BECKER zu versehen. Die sind in jedem gut sortierten Fachmarkt erhältlich.

Können mit dem Windows Media Player auch DVDs gebrannt werden? Nein, hierfür steht das Tool DVD Maker zur Verfügung, das ich in der letzten Aktion dieses Kapitels beschreibe.

3

Um das Brennen abzubrechen, klicken Sie hier

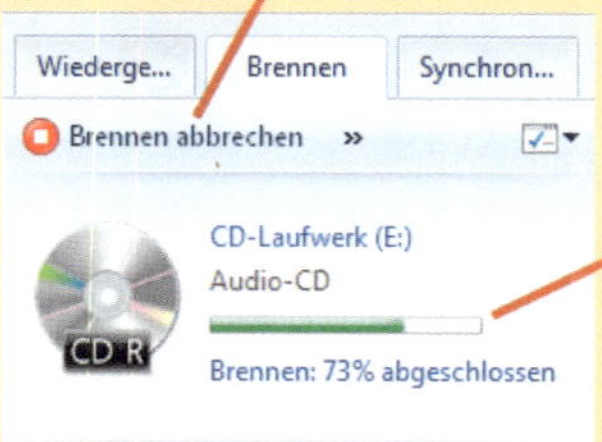

4

Hier sehen Sie, wie lange das Brennen noch dauert

Schritt 3

Legen Sie einen CD-Rohling ins Laufwerk ein. Prüfen Sie, ob der Speicherplatz für Ihre Auswahl ausreicht. Klicken Sie dann auf *Brennen starten*.

Schritt 4

Nun heißt es, ein wenig Geduld haben. Die Audio-CD wird gebrannt, dieser Vorgang kann einige Minuten in Anspruch nehmen. Über den Status des Brennvorgangs werden Sie vom Windows Media Player informiert.

PC und MP3-Player synchronisieren

Dateien vom PC auf den MP3-Player zu kopieren ist mit dem Windows Media Player 12 eine komfortable Sache. Ich zeige Ihnen Schritt für Schritt, wie Sie vorgehen.

Wenn Sie einen MP3-Player anschließen, wird dieser auch in der Leiste links aufgeführt, d. h., Sie können Musik direkt vom MP3-Player am PC wiedergeben.

Statt einzelner Musik-Dateien können Sie auch komplette Alben oder zuvor erstellte Wiedergabelisten in den Listenbereich ziehen.

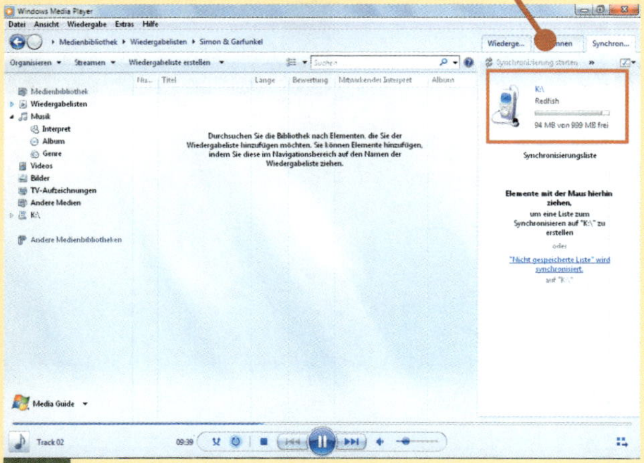

1

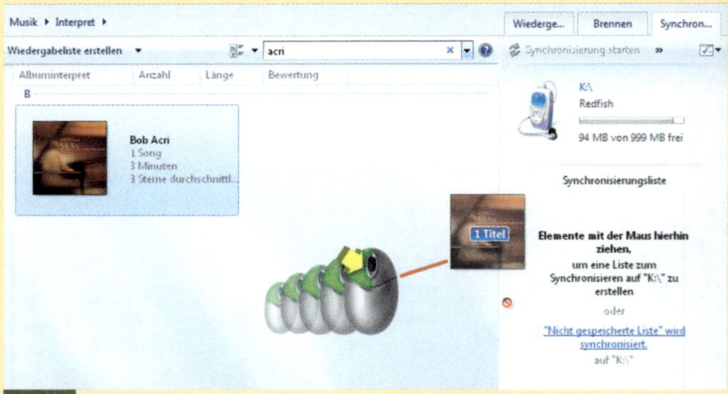

2

Schritt 1

Öffnen Sie den Windows Media Player und verbinden Sie den MP3-Player mit dem Computer – dieser wird automatisch erkannt und im Listenbereich rechts aufgeführt.

Schritt 2

Ziehen Sie nun einfach bei gedrückter Maustaste die Musik-Dateien, die Sie auf den MP3-Player kopieren möchten, in den Listenbereich.

Natürlich funktioniert das Ganze auch umgekehrt: Dateien lassen sich auf diese Weise auch vom MP3-Player auf den PC ziehen.

TIPP: Ganz automatisch

Auch eine automatische Synchronisierung zwischen Medienbibliothek und MP3-Player ist möglich. Klicken Sie hierzu im Listenbereich rechts auf das Symbol und wählen Sie *Synchronisierung einrichten.*

MP3-Player meint hier natürlich nicht nur die handlichen kleinen Abspielgeräte. Zum Beispiel auch viele Handys und Navigationsgeräte lassen sich heutzutage als MP3-Player nutzen.

Der Kopierfortschritt wird durch einen grünen Balken angezeigt

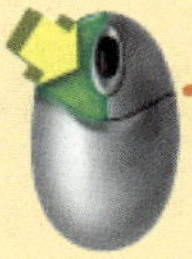

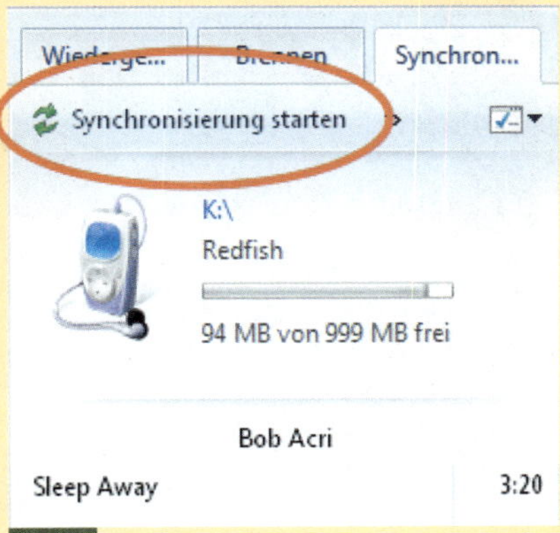

3

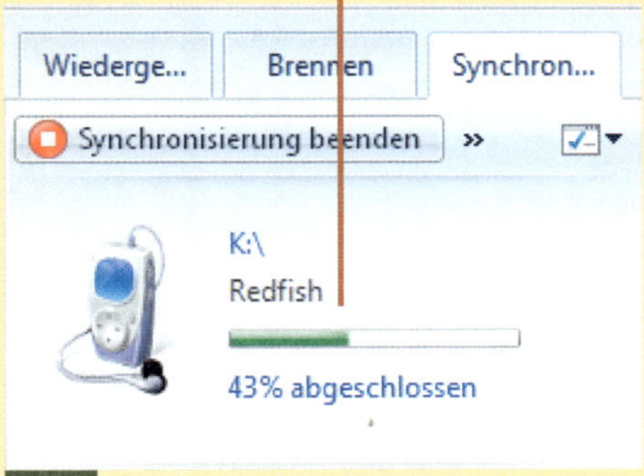

4

Schritt 3

Klicken Sie auf *Synchronisierung starten*. Synchronisierung bedeutet in diesem Fall lediglich, dass die ausgewählten Elemente auf den MP3-Player kopiert werden.

Schritt 4

Schon wird die Synchronisierung durchgeführt – dieser Vorgang kann, je nach Datenmenge, einige Minuten in Anspruch nehmen. Über den Kopierfortschritt werden Sie informiert.

Das Windows Media Center im Überblick

Das Windows Media Center ist vor allem dazu gedacht, Medien sowohl vom PC als auch aus dem Internet am TV-Gerät zu nutzen, macht aber auch bei der Nutzung am Computer Spaß! Lassen Sie es mich Ihnen vorstellen.

Um Ihren PC mit einem TV-Gerät zu verbinden, bieten sich mehrere Möglichkeiten. Kein Video-Ausgang vorhanden? Ich selbst verwende für die Verbindung ein einfaches Monitor-Kabel!

Ohne zusätzlichen Aufwand: Das Windows Media Center übernimmt automatisch die Dateien aus der Medienbibliothek des Windows Media Player.

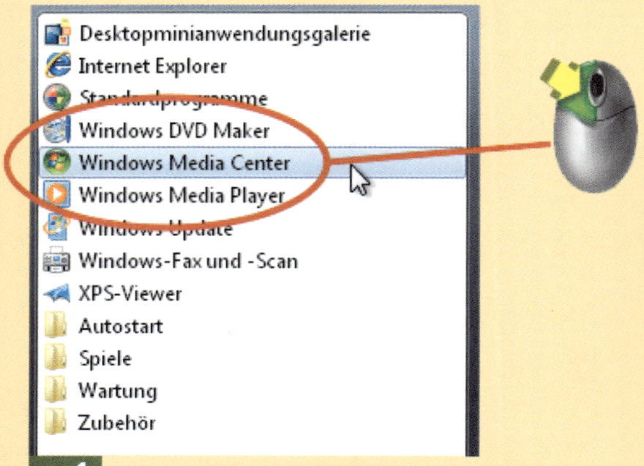

1

2

Schritt 1

Öffnen Sie das Windows Media Center, und zwar im Startmenü unter *Alle Programme*. Bitte beachten Sie, dass das Windows Media Center erst ab Windows 7 Home Premium zur Verfügung steht.

Schritt 2

Vor der ersten Verwendung werden Sie zum Einrichten des Windows Media Centers aufgefordert. Entscheiden Sie sich für die *Express*-Einstellungen.

Die Navigation im Windows Media Center ist wirklich simpel: längs wählen Sie zwischen den Hauptkategorien aus, quer entscheiden Sie sich für Elemente innerhalb einer Kategorie.

Fernbedienungen fürs Windows Media Center finden Sie z. B. unter *http://www.amazon.de*. Sie werden per USB-Stick an den PC angeschlossen, dann kann's losgehen!

TIPP: Hunderte Radiosender

Das Windows Media Center bietet auch Zugriff auf Hunderte Radiosender, die Sie übers Internet hören. Sie finden diese unter *Extras/Galerie/More Radio.*

3

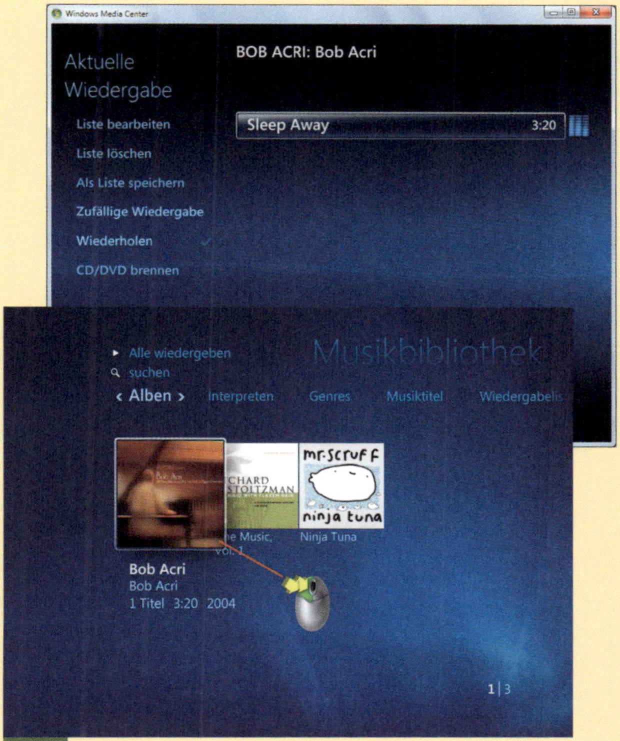

4

Schritt 3

Wählen Sie per Maus, mit den Pfeiltasten oder (bei Nutzung am TV-Gerät) mit der Fernbedienung die gewünschte Kategorie aus ...

Schritt 4

... und starten Sie die Wiedergabe, in diesem Fall per Doppelklick.

Eigene Video-DVDs brennen

Filme brennen und mit dem DVD-Player auf dem TV-Gerät betrachten. Für diesen Zweck bietet Windows 7 das Programm Windows DVD Maker, das sehr einfach zu handhaben ist.

Videos bearbeiten? Hierfür nutzen Sie das Tool Movie Maker, das Sie mit den Windows Live Essentials (siehe Kapitel 4) nachrüsten.

Mit dem DVD Maker können Sie übrigens nicht nur Filme brennen, sondern auch Bilder, die Sie Ihren Freunden dann als Diashow ansprechend auf dem TV-Gerät präsentieren.

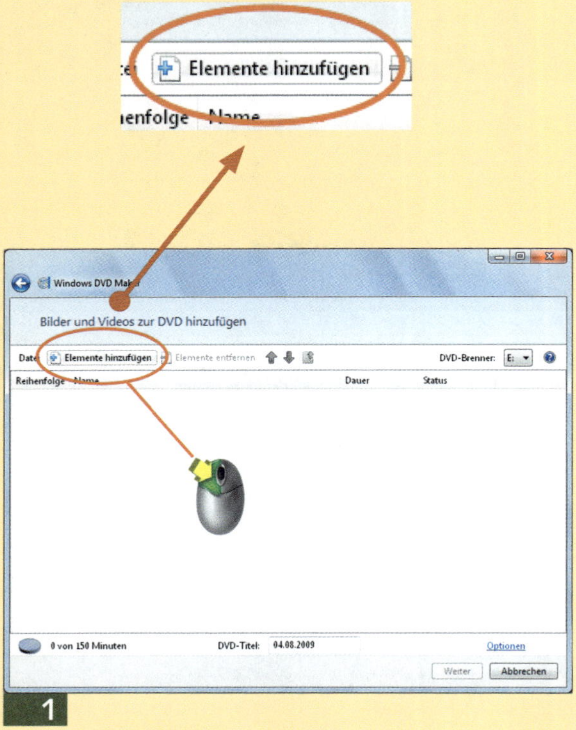

Schritt 1

Öffnen Sie den DVD Maker im Startmenü unter *Alle Programme*. Klicken Sie auf *Elemente hinzufügen*. Wiederholen Sie den Vorgang gegebenenfalls mit weiteren Elementen.

Schritt 2

Die hinzugefügten Elemente werden aufgelistet ❶. Bestimmen Sie den DVD-Titel ❷ und klicken Sie dann auf *Weiter* ❸.

Leider sind manche Grafikkarten nicht leistungsstark genug für den DVD Maker. In diesem Fall erhalten Sie beim Versuch, ihn zu öffnen, die Fehlermeldung *Windows DVD Maker kann nicht gestartet werden.*

TIPP: Seitenverhältnis ändern

Möchten Sie das DVD-Seitenverhältnis von 4:3 auf 16:9 ändern? Das geht! Klicken Sie hierzu im Startfenster des Windows-Explorers auf *Optionen* und treffen Sie die entsprechende Auswahl.

Mit dem Menüstil bestimmen Sie die Form des Auswahlfensters, das beim Start der gebrannten DVD angezeigt wird. Im DVD Maker stehen einige pfiffige Designs zur Verfügung.

Das Erstellen von DVDs dauert sehr lange. Falls Ihr DVD-Player Daten-CDs zu lesen vermag, nutzen Sie deshalb im Zweifelsfall diese Variante, d. h., Sie brennen lieber komprimierte Video-Dateien.

3

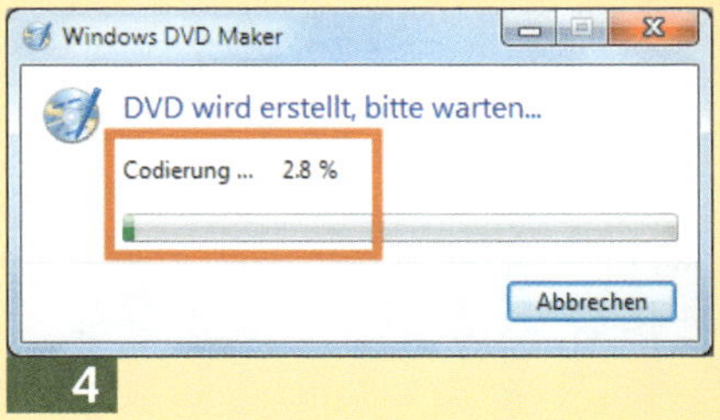

4

Schritt 3

Wählen Sie einen Menüstil aus, passen Sie gegebenenfalls den Menütext an und klicken Sie dann auf *Brennen*.

Schritt 4

Schon wird die DVD erstellt, was – je nach Leistungsfähigkeit Ihres PCs – eine ganze Weile dauern kann.

10

Mehr Sicherheit in Windows 7

Windows 7 bietet eine Vielzahl von Programmen und Funktionen, die eine hohe Sicherheit Ihres PCs – insbesondere bei der Nutzung von Netzwerk und Internet – bieten. Ich stelle Ihnen in diesem Kapitel die wichtigsten Sicherheitsfunktionen und deren Anwendung vor: das Wartungscenter, die eingebaute Firewall, das Anti-Spyware-Programm und einiges mehr. Außerdem zeige ich Ihnen, wie Sie ganz einfach – und kostenlos – einen Virenscanner nachrüsten.

Sicherheitsfunktionen auf einen Blick

Mit dem neuen Wartungscenter erweitert Windows 7 das Sicherheitscenters der Vorgängerversionen. Ich zeige Ihnen im Folgenden, wie Sie das Wartungscenter aufrufen und nutzen.

Wenn Meldungen des Wartungscenters vorliegen, wird dies durch ein kleines rotes Kreuz im Wartungscenter-Symbol angezeigt ( ).

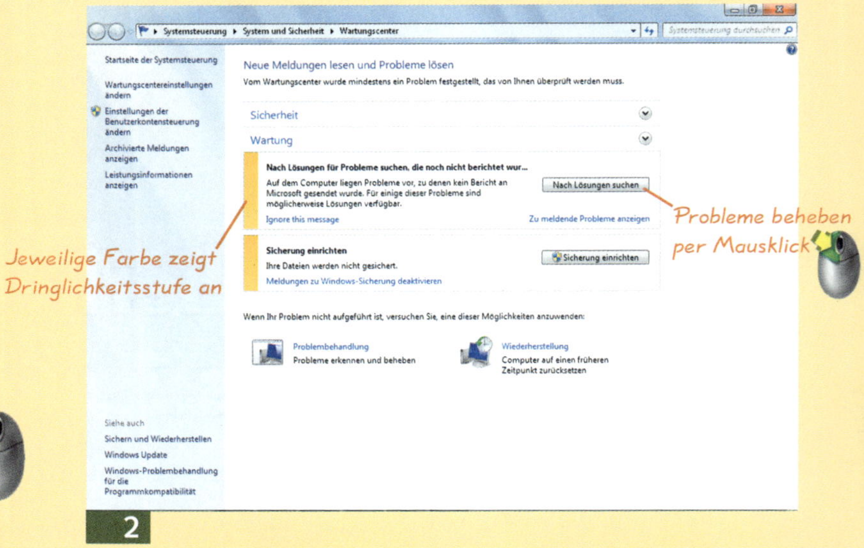

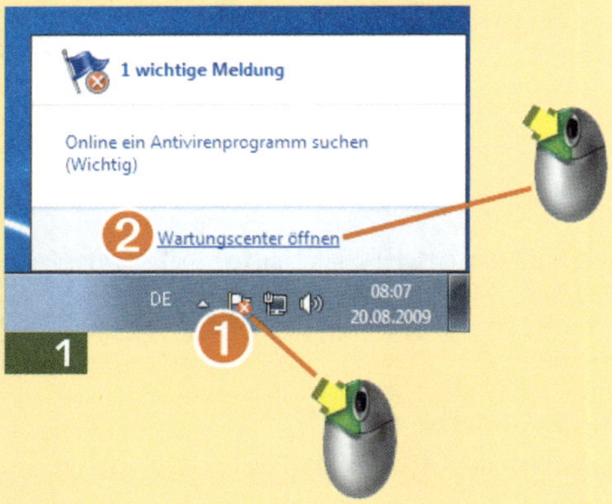

Schritt 1

Klicken Sie auf das Symbol im Infobereich, so werden Ihnen Meldungen des Wartungscenters angezeigt ❶. Um das Wartungscenter aufzurufen, klicken Sie auf den Eintrag *Wartungscenter öffnen* ❷.

Schritt 2

Die Meldungen des Wartungscenters werden hier detailliert aufgelistet. Die Farbe einer Meldung (gelb oder rot) gibt Auskunft über deren Dringlichkeitsgrad. Per Mausklick auf den zugehörigen Button nehmen Sie eine Aktion zur Behebung des Problems vor.

Meine Empfehlung: Prüfen Sie regelmäßig, ob neue Meldungen des Wartungscenters vorliegen, und beheben Sie gravierende Sicherheitsmängel sofort!

INFO: Sicherheitsprogramme

Der Zugriff auf die verfügbaren Sicherheitsprogramme (Firewall, Windows-Defender usw.) erfolgt in Windows 7 nicht mehr über das Sicherheitscenter. Sie finden die Programmeinträge im Startmenü sowie in der Systemsteuerung unter *System und Sicherheit*.

3

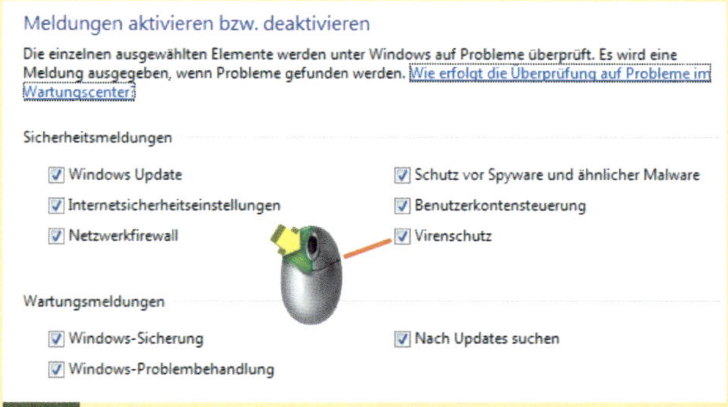

4

Schritt 3

Um sich die aktuellen Sicherheitseinstellungen anzeigen zu lassen, klicken Sie beim Abschnitt *Sicherheit* auf das Symbol ⌄; die Einstellungen werden Ihnen daraufhin detailliert aufgelistet.

Schritt 4

Möchten Sie bestimmte Meldungen des Wartungscenters nicht erhalten? Dann klicken Sie links auf *Wartungscentereinstellungen ändern* und deaktivieren die entsprechenden Kontrollkästchen. Änderungen sollten jedoch nur fortgeschrittene Nutzer vornehmen!

Schutz durch die eingebaute Firewall

Die eingebaute Windows-Firewall – sie dient dem Schutz gegen Eindringlinge von außen – ist standardmäßig bereits aktiviert. Sollten Sie sie versehentlich deaktiviert haben, aktivieren und konfigurieren Sie sie wie folgt.

Wichtig: Surfen Sie niemals ohne aktivierte Firewall im Internet – Ihr Computer könnte sonst sehr leicht das Angriffsziel von Hackern werden!

Doppelt hält besser! Auch in vielen DSL-Routern ist eine Firewall integriert, die Sie zusätzlich zur Windows-Firewall nutzen können.

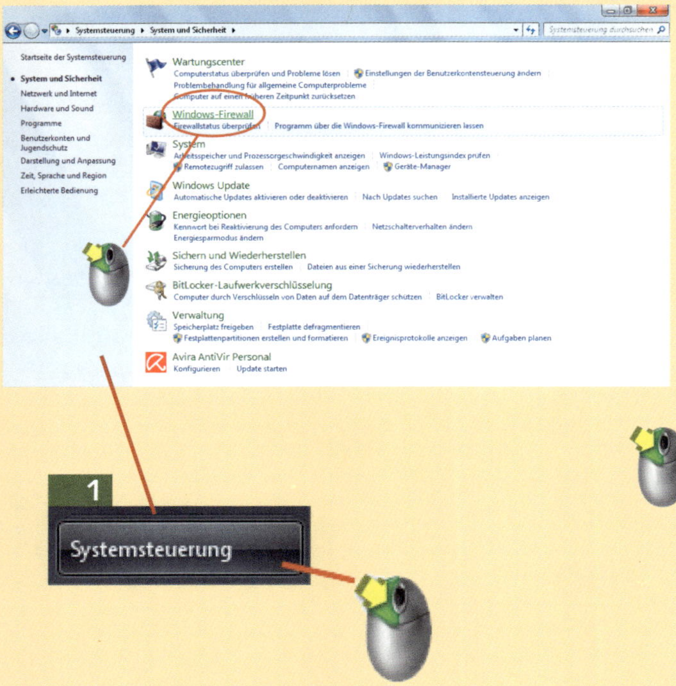

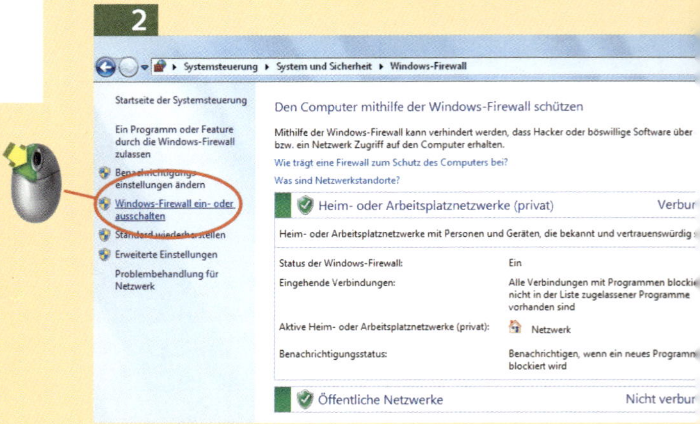

Schritt 1

Öffnen Sie im Startmenü die Systemsteuerung und klicken Sie unter *System und Sicherheit* auf den Eintrag *Windows-Firewall*.

Schritt 2

Klicken Sie in der Leiste links auf *Windows-Firewall ein- oder ausschalten* ...

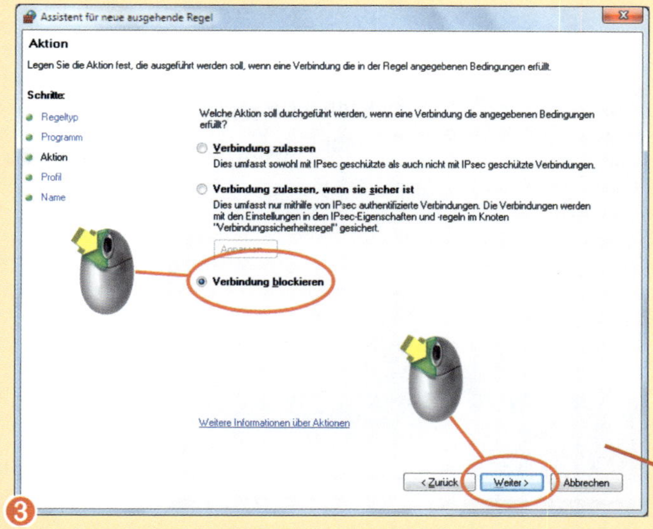

TIPP: Kommunikation erlauben

Um einem von der Firewall geblockten, vertrauenswürdigen Programm den Datenverkehr zu erlauben, klicken Sie unter *System und Sicherheit* auf *Programm über die Windows-Firewall kommunizieren lassen* und treffen Ihre Auswahl.

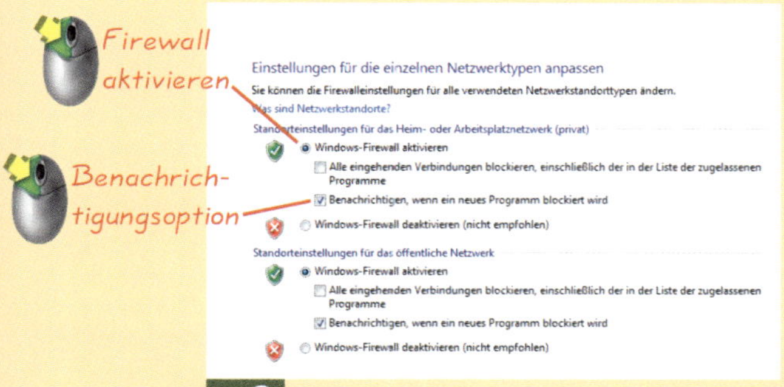

3

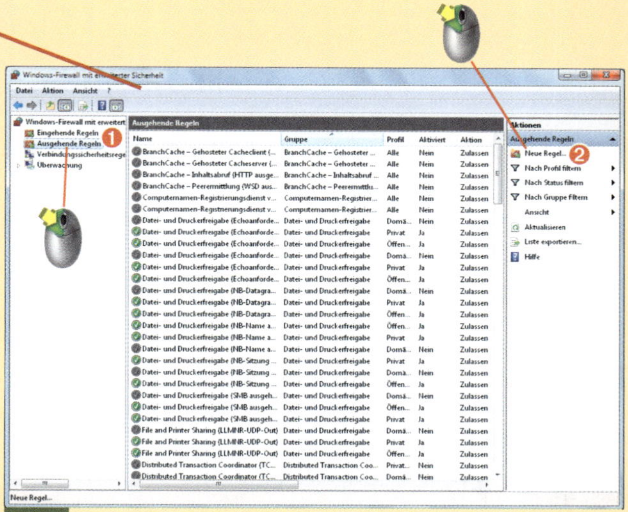

4

Schritt 3

... und aktivieren Sie die Windows-Firewall per Mausklick. Bestätigen Sie die neuen Einstellungen anschließend mit *OK*.

Schritt 4

Funkt ein Programm heimlich Daten ins Internet? Dann klicken Sie in der Leiste links auf *Erweiterte Einstellungen*. Wählen Sie *Ausgehende Regeln* ❶ und klicken Sie auf *Neue Regel* ❷ Erstellen Sie für das Programm eine Regel zum Blockieren des Datenverkehrs ❸.

Spionageprogramme bekämpfen

Windows 7 hat das mit Windows Vista eingeführte Anti-Spyware-Programm Windows Defender mit an Bord. Ich empfehle, regelmäßig eine vollständige Systemprüfung vorzunehmen.

Achtung: Spionageprogramme werden oft mit scheinbar harmlosen Programmen installiert und schnüffeln dann nach sensiblen Daten auf Ihrem System!

Praktisch: Auch andere Programme können Sie mit Hilfe des Suchfelds öffnen

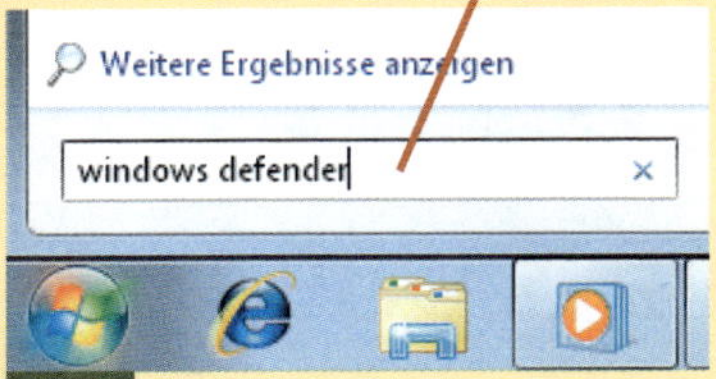

1

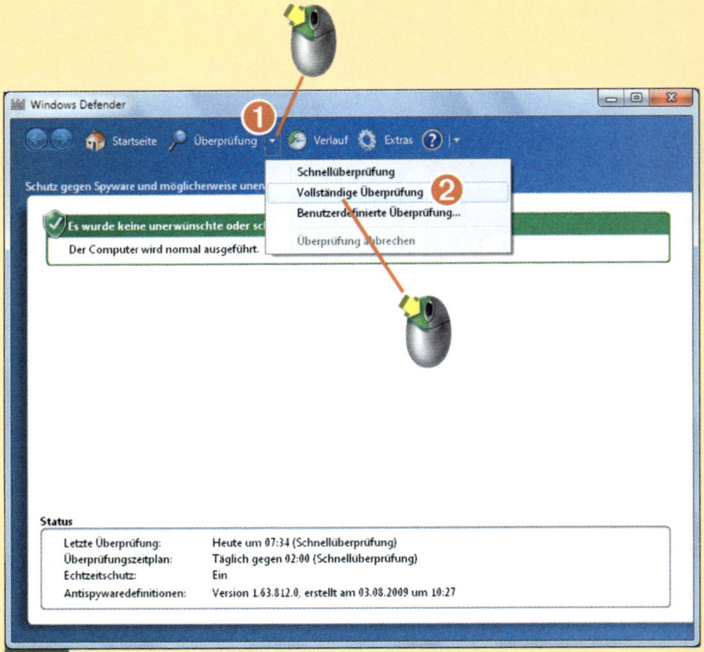

2

Schritt 1

Um den Windows Defender zu öffnen, tippen Sie einfach *windows defender* ins Startmenü-Suchfeld ein und betätigen die [Enter]-Taste.

Schritt 2

Klicken Sie auf den Pfeil bei Überprüfung (▾) ❶ und wählen Sie *Vollständige Überprüfung* ❷.

Wurde Spyware gefunden? Die „Quarantäne-Station" finden Sie im Windows Defender unter *Extras*. Sie können Programme dort löschen oder wieder freigeben.

TIPP: Prüfung nach Zeitplan

Lassen Sie das System am besten automatisch nach einem bestimmten Zeitplan prüfen, z. B. einmal pro Woche. Zum Einrichten klicken Sie im Windows Defender unter *Extras* auf *Optionen*.

Der Fortschrittsbalken zeigt die verbleibende Dauer an

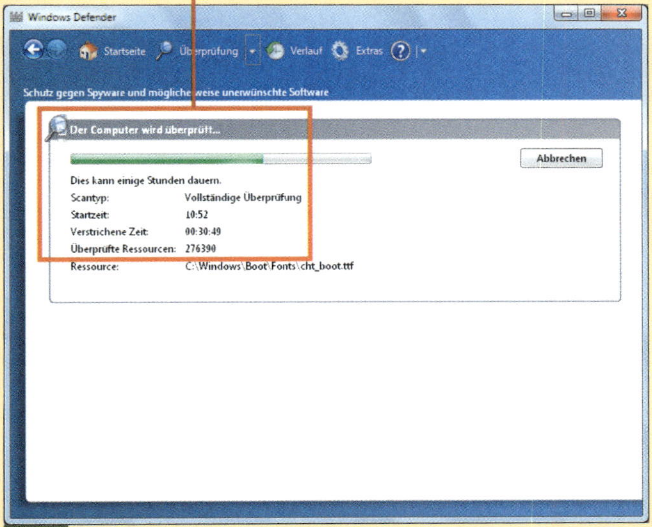

3

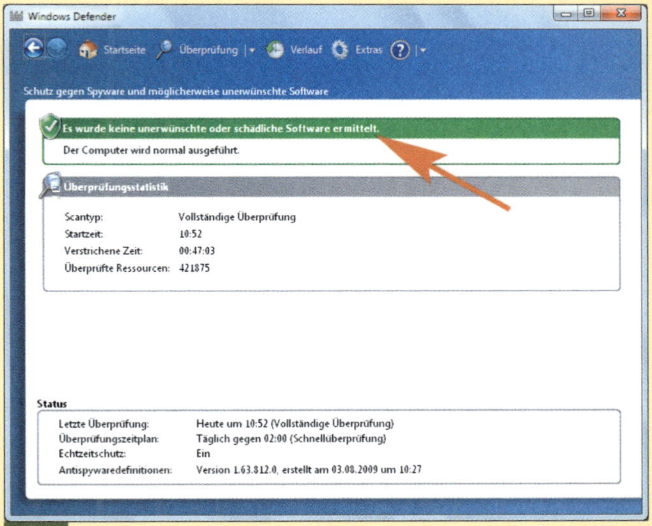

4

Schritt 3

Die vollständige Überprüfung wird nun durchgeführt. Während die Schnellüberprüfung nur die wichtigsten Orte berücksichtigt, scannt die vollständige Überprüfung das gesamte System – und dauert entsprechend lange.

Schritt 4

Nach Abschluss der Systemprüfung werden Sie über deren Ergebnis in Kenntnis gesetzt. Sie sehen: Die vollständige Systemprüfung hat in diesem Fall mehr als eine Dreiviertelstunde gedauert – kein Problem, denn die Systemprüfung kann nebenher laufen!

Einen Virenscanner nachrüsten

Was in Windows 7 wie in früheren Windows-Versionen fehlt, ist ein leistungsstarker Virenscanner zur Bekämpfung von Computerviren und weiterer Malware. Rüsten Sie ein kostenloses Programm nach, ich empfehle AntiVir.

Malware ist der Überbegriff für Schadprogramme aller Art. Das Wort kommt vom englischen „malicious", was „bösartig" bedeutet.

1

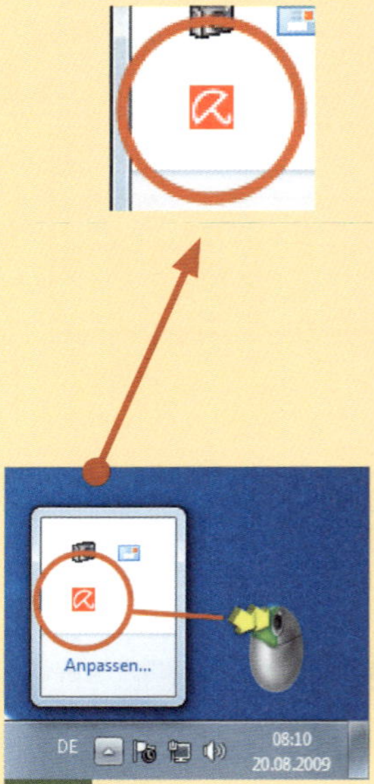

2

Schritt 1

Laden Sie AntiVir unter der Webadresse *http://www.free-av.de* aus dem Internet und installieren Sie das Programm auf Ihrem Rechner.

Schritt 2

Nach der Installation wird Ihr Computer in Echtzeit vor Schäden durch Malware geschützt. Um regelmäßig eine vollständige Systemprüfung durchzuführen, doppelklicken Sie auf das Symbol im Infobereich ...

Hier ist Vorsicht geboten: Besonders hohe Virengefahr droht, wenn Sie Dateien von unseriösen Webseiten aus dem Internet herunterladen!

Wie oft sollten Sie die Virenprüfung durchführen? Ich empfehle einmal täglich, mindestens jedoch einmal pro Woche.

INFO: Virus gefunden!

Falls ein Virus oder andere Malware gefunden werden sollte, erscheint ein Hinweisfenster, in dem Sie sich dafür entscheiden, das Schadprogramm entweder direkt zu löschen oder ihm den Zugriff aufs System zu verweigern.

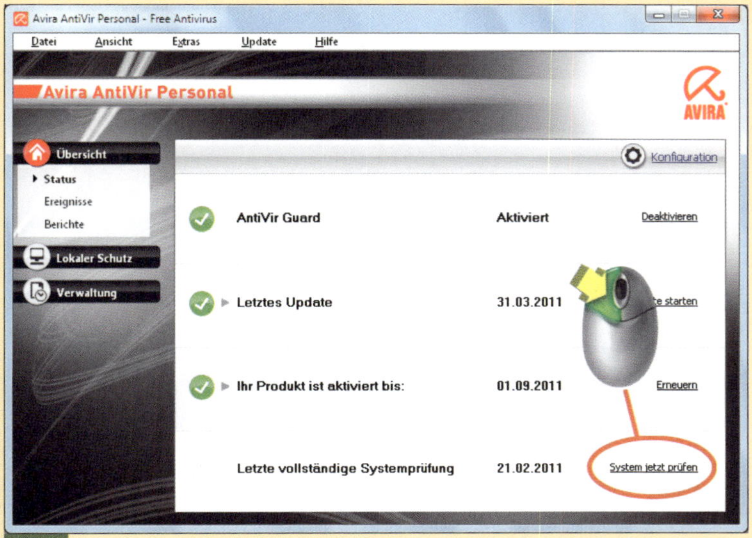

3

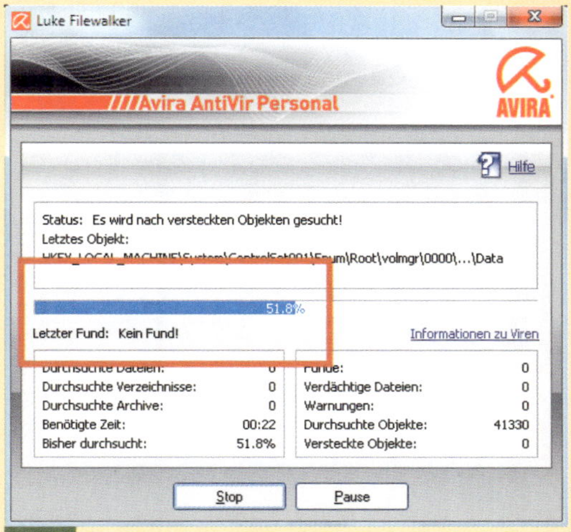

4

Schritt 3

... und wählen im Fenster, das sich öffnet, *System jetzt prüfen* (es wird jeweils angezeigt, wann die letzte Systemprüfung durchgeführt wurde).

Schritt 4

Das System wird nun überprüft. Eventuell vorhandene Viren und andere Schädlinge werden zuverlässig gemeldet. Führen Sie die Virenprüfung am besten dann durch, wenn Sie nicht die Höchstleistung des Rechners benötigen, etwa zur Videobearbeitung.

Datensicherung durchführen

Nicht nur Malware kann dem Computer schaden – es kann auch einfach mal die Festplatte kaputt gehen, oder eine Datei wird versehentlich gelöscht. Meine Empfehlung: Führen Sie regelmäßig eine Datensicherung durch!

Wenn in Ihrem Zuhause mehrere Rechner verfügbar sind: Besonders schnell und sicher ist die Datensicherung im Heim-Netzwerk!

Mein Rat: Speichern Sie von wichtigen Dateien immer auch eine Kopie auf dem Rechner ab – für das schnelle Wiederherstellen bei versehentlichem Löschen.

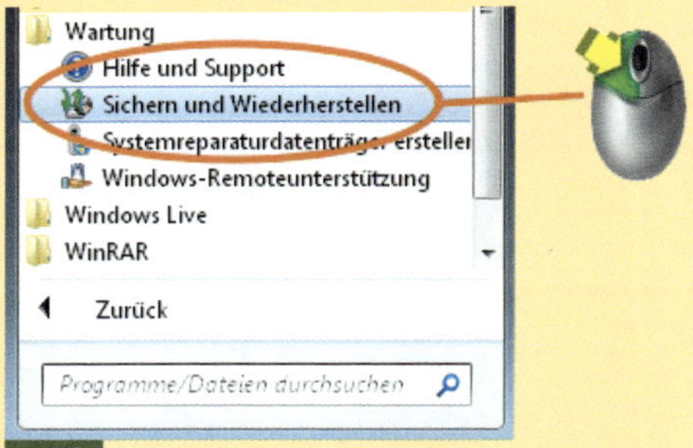

1

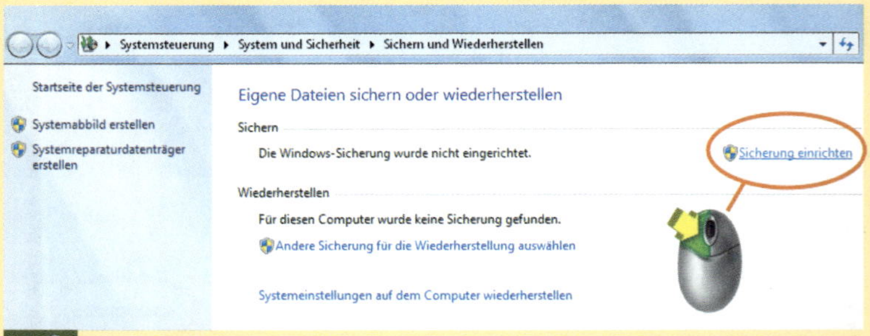

2

Schritt 1

Klicken Sie im Startmenü unter *Alle Programme/Wartung* auf den Eintrag *Sichern und Wiederherstellen*.

Schritt 2

Nun müssen Sie zunächst die entsprechenden Einstellungen festlegen. Wählen Sie also im Folgenden *Sicherung einrichten* ...

Daten vom Notebook auf dem Desktop-PC sichern? Hierfür empfehle ich das Tool Allway Sync. Kostenloser Download unter *http://allwaysync.com/de/index.html*.

TIPP: Sicherung nach Zeitplan

Sie wollen eine Datensicherung, z. B. im Netzwerk, automatisch durchführen? Dann klicken Sie im Assistenten auf *Zeitplan ändern* und bestimmen, wann die Sicherung jeweils durchgeführt werden soll.

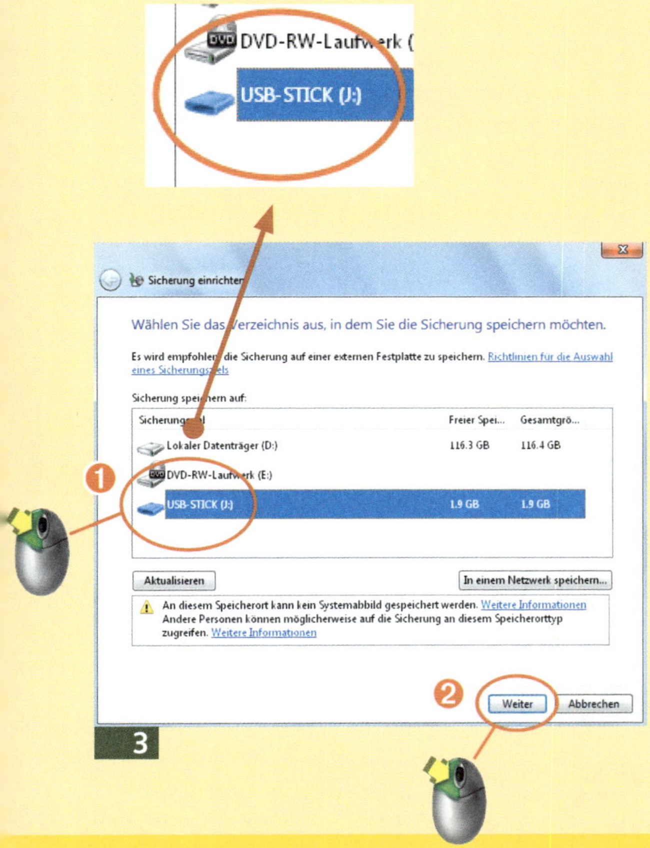

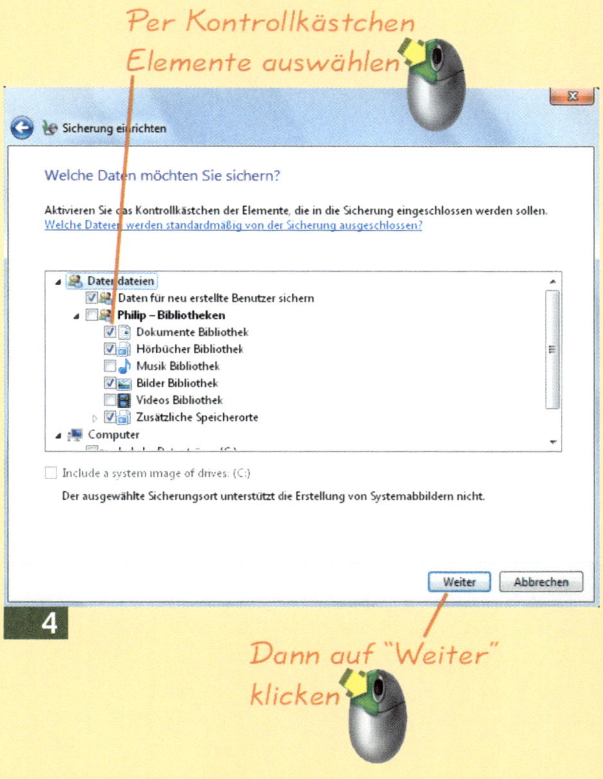

Schritt 3

... und bestimmen Sie zunächst den Ort, wo die Datensicherung erfolgen soll. In diesem Fall entscheide ich mich für einen USB-Speicherstick ❶ und klicken dann auf *Weiter* ❷.

Schritt 4

Entscheiden Sie sich als Nächstes für *Auswahl durch Benutzer* und bestimmen Sie, welche Daten gesichert werden sollen. Mein Tipp: Verzichten Sie lieber auf das Sichern von Mediendateien, das dauert sonst zu lange. Nun können Sie die Sicherung durchführen.

Beschädigte Dateien wiederherstellen

Sie haben Ihre Daten gesichert und der Ernstfall tritt ein? So einfach stellen Sie eine beschädigte oder gelöschte Datei wieder her.

Natürlich müssen Sie den entsprechenden Datenträger für die Wiederherstellung der Dateien einlegen. Beschriften Sie diesen zum schnellen Wiederfinden schlüssig!

Unter *Sichern und Wiederherstellen* kann der komplette PC gesichert werden (Option *Systemabbild erstellen*). Sie brauchen dafür allerdings viel Speicherplatz, z. B. auf einer externen Festplatte.

1

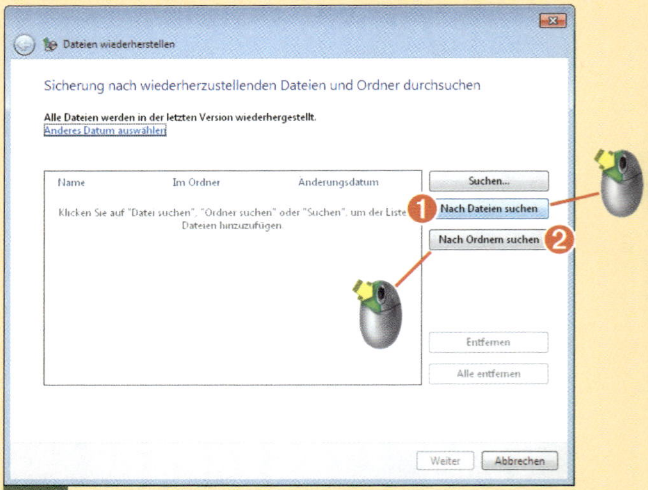

2

Schritt 1

Klicken Sie wiederum im Startmenü auf *Alle Programme/Wartung/Sichern und Wiederherstellen*. Wählen Sie *Eigene Dateien wiederherstellen*.

Schritt 2

Klicken Sie auf *Nach Dateien suchen* ❶ bzw. auf *Nach Ordnern suchen* ❷, um die wiederherzustellenden Elemente auszuwählen.

Sie möchten Änderungen innerhalb einer Datei rückgängig machen? Datei mit rechts anklicken, *Eigenschaften* wählen und sich unter *Vorgängerversionen* gespeicherte ältere Versionen anzeigen lassen.

INFO: Sicherung im Netzwerk

Die Datensicherung und -wiederherstellung im Netzwerk per Windows-Tool ist leider nur in den Windows 7-Editionen Business und Ultimate möglich.

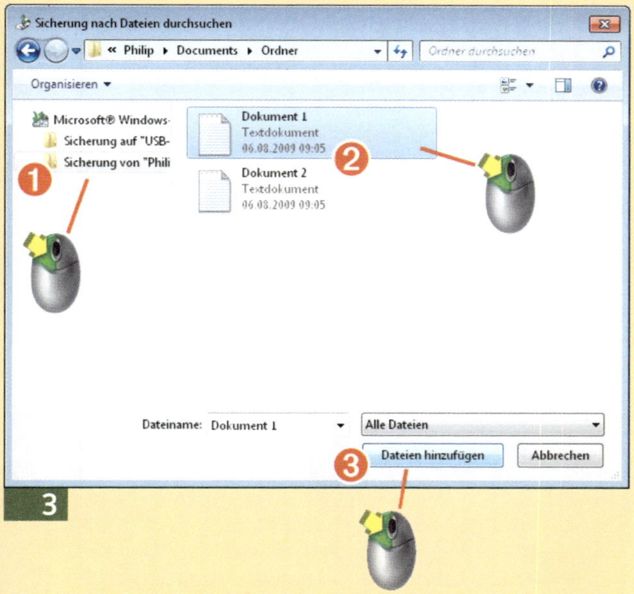

3

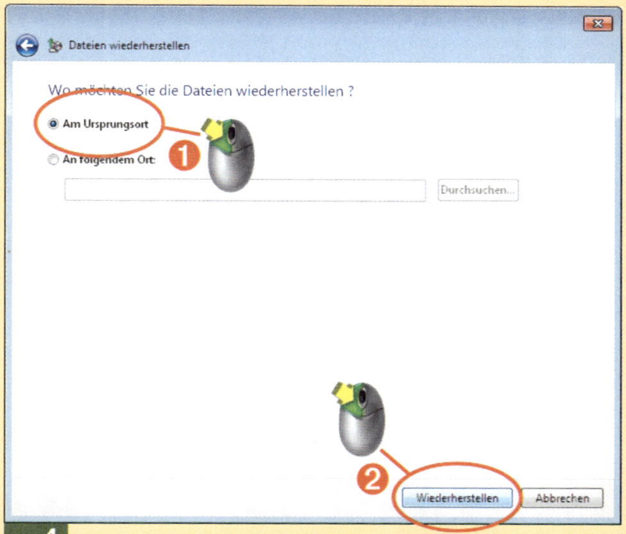

4

Schritt 3

Entscheiden Sie sich für die gewünschte Sicherung ❶ und dort für die gewünschten Elemente ❷. Mit *Dateien hinzufügen* ❸ nehmen Sie diese Elemente in die Wiederherstellungsliste auf …

Schritt 4

… und müssen abschließend nur noch den Wiederherstellungsort festlegen ❶ und auf *Wiederherstellen* klicken ❷.

Dateien vor fremden Zugriffen schützen

Windows 7 ermöglicht es Ihnen (allerdings nur in den Editionen Business und Ultimate), Dateien und Ordner zu verschlüsseln, sodass sie gegen ungewünschte Zugriffe, etwa durch Daten-Diebstahl, geschützt sind.

Die Verschlüsselung erfolgt nach dem bereits von älteren Windows-Versionen her bekannten EFS-System. Die Abkürzung EFS steht für Encrypting File System.

Auch ganze Laufwerke lassen sich verschlüsseln. Hierzu dient das Tool BitLocker (in der Systemsteuerung unter *System und Sicherheit* zu finden).

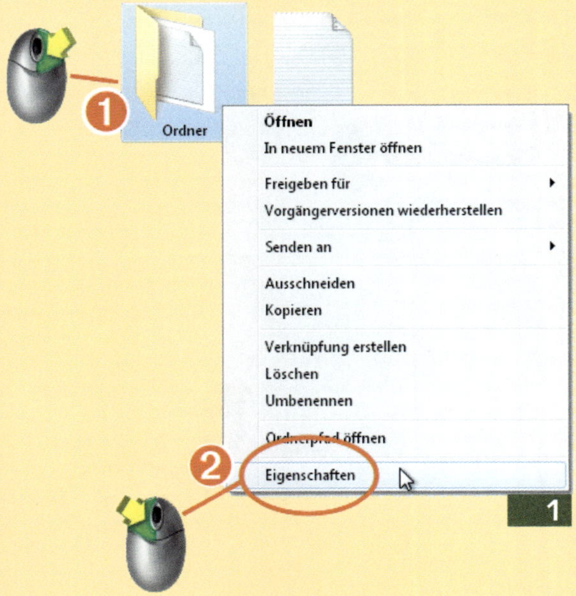

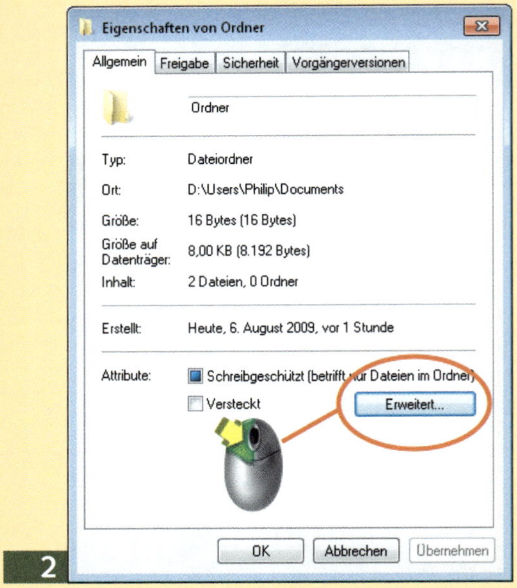

Schritt 1

Klicken Sie das zu verschlüsselnde Element im Windows-Explorer mit der rechten Maustaste an ❶ und wählen Sie *Eigenschaften* ❷.

Schritt 2

Im Fenster, das sich öffnet, entscheiden Sie sich für den Button *Erweitert*.

Wie erkennen Sie verschlüsselte Dateien? Ganz einfach: Der Dateiname erscheint nun in Grün statt in Schwarz (Datei).

TIPP: Dateien verstecken

Um eine Datei zu verstecken, klicken Sie diese im Windows-Explorer mit der rechten Maustaste an und wählen *Eigenschaften*. Aktivieren Sie die Option *Versteckt* und bestätigen Sie mit *OK*.

Um eine Datei oder einen Ordner wieder zu entschlüsseln, deaktivieren Sie das Kontrollkästchen *Inhalt verschlüsseln* wieder.

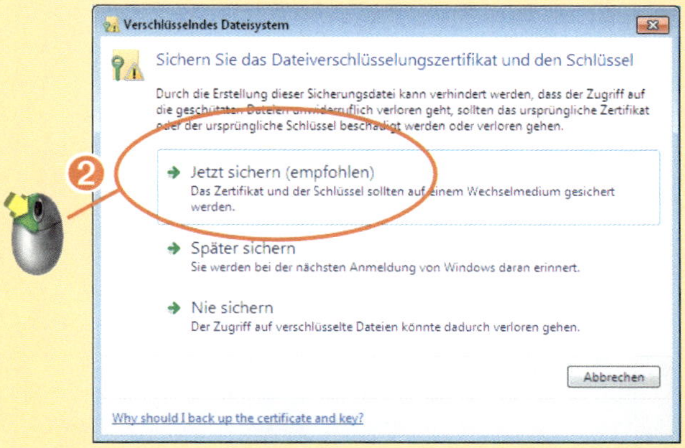

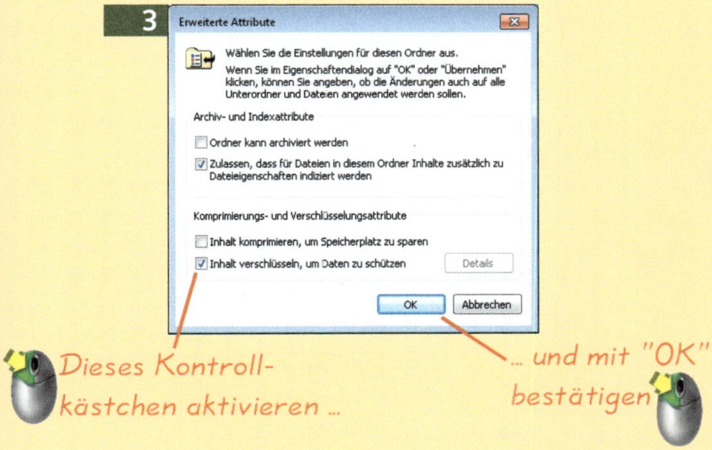

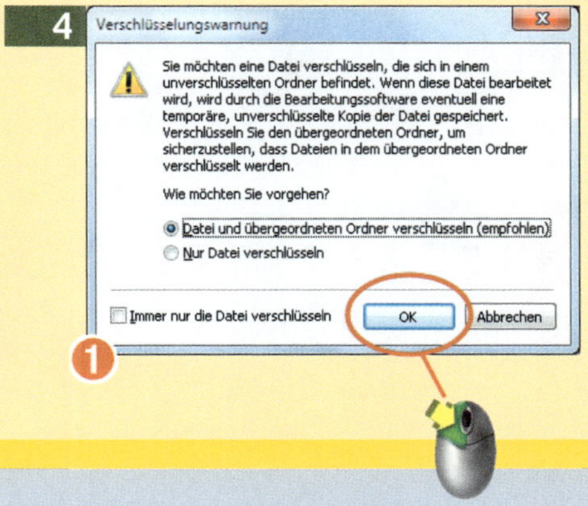

Schritt 3

Aktivieren Sie die Option *Inhalt verschlüsseln, um Daten zu schützen* und klicken Sie dann auf *OK*.

Schritt 4

Bestätigen Sie erneut mit *OK* ❶ und sichern Sie abschließend Zertifikat und Schlüssel, indem Sie auf *Jetzt sichern* klicken ❷.

Jugendschutz einrichten

Meine dringende Empfehlung, wenn Kinder und Jugendliche den PC verwenden: Richten Sie einen Jugendschutz ein, um Ihre Sprösslinge gegen ernste Gefahren zu schützen!

Auch der beste Jugendschutz ist nie vollständig. Jüngere Kinder sollten deshalb nie unbeaufsichtigt den PC nutzen, und auch bei älteren sind gelegentliche Kontrollen angesagt!

1

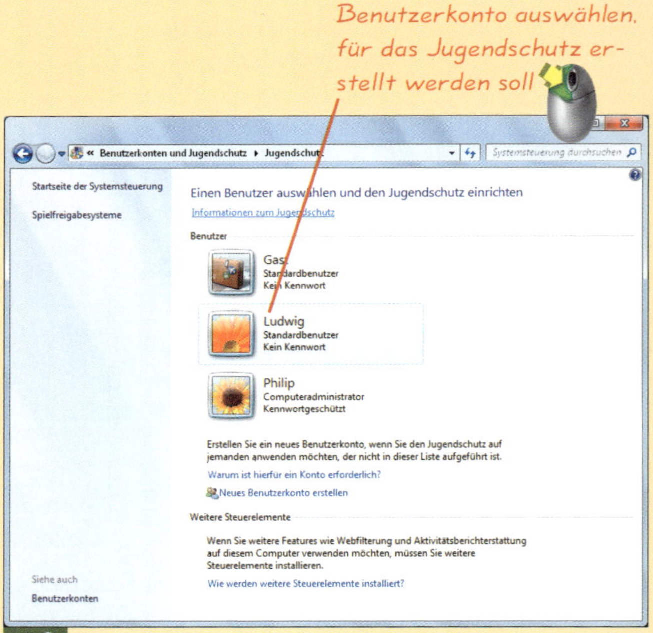

2

Schritt 1

Öffnen Sie im Startmenü die Systemsteuerung. Richten Sie gegebenenfalls zunächst, wie in Kapitel 2 beschrieben, ein Standardbenutzerkonto für den Sprössling ein ❶. Wählen Sie dann *Jugendschutz für beliebige Benutzer einrichten* ❷.

Schritt 2

Wählen Sie im Folgenden das Benutzerkonto, für das der Jugendschutz erstellt werden soll, per Mausklick aus.

Eine erstklassige Alternative zum Windows-Jugendschutz ist das Programm Parent's Friend, das Sie hier herunterladen: *http://www.parents-friend.de.*

In diesem Fall werden nur Spiele geblockt, für die eine Altersfreigabe vorliegt. Um nicht bewertete Spiele zu blockieren, aktivieren Sie in Schritt 4 die Option *Spiele ohne Freigabe blockieren.*

TIPP: Sicherheit im Internet

Leider enthält die Windows 7-Jugendschutzfunktion keinen Webfilter. Einen solchen („Family Safety") können Sie jedoch mit den Windows Live Essentials nachrüsten. Siehe dazu Kapitel 4.

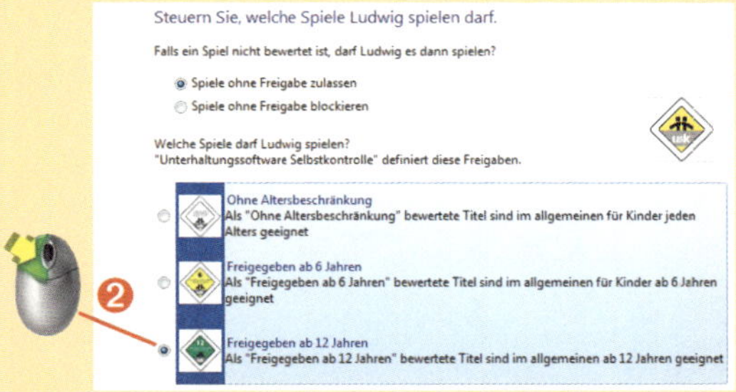

3

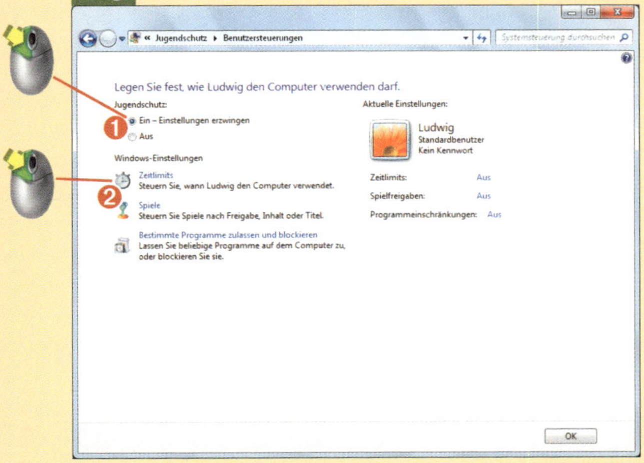

4

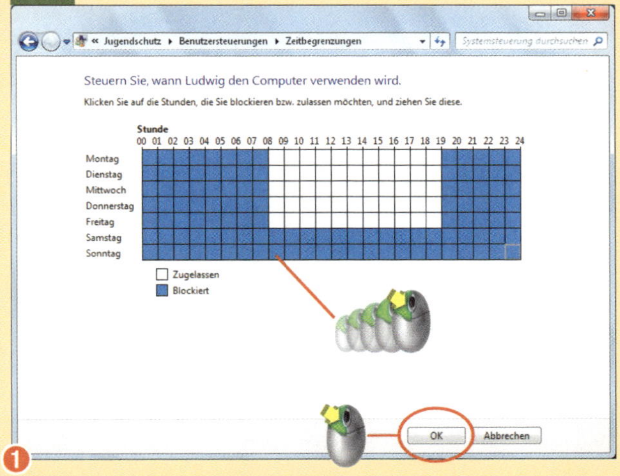

Schritt 3

Aktivieren Sie zunächst die Jugendschutz-Funktion ❶ und richten Sie als Nächstes Zeitlimits ein, außerdem Einschränkungen für Spiele sowie für weitere Programme ❷.

Schritt 4

Ich empfehle insbesondere Zeitlimits zu setzen, damit die Kinder und Jugendlichen nicht vor dem PC versauern ❶, sowie dem Alter entsprechende Einschränkungen für Spiele ❷.

Windows 7 im Genial einfach-Überblick

Zum Schluss möchte ich Ihnen fürs schnelle Nachschlagen noch einen Überblick über einige der wichtigsten Aktionen und Tastaturkürzel sowie Hinweise zur schnellen Behebung häufig auftauchender Schwierigkeiten geben. Was tun, wenn Windows 7 nicht mehr richtig startet oder nach einer Geräte-Installation gar nichts mehr geht? Wie Sie erfahren werden, genügen oft wenige Handgriffe, um scheinbar gravierende Schwierigkeiten zu lösen.

Die wichtigsten Aktionen auf einen Blick

Hier gibt's für den schnellen Überblick noch mal einige der wichtigsten Aktionen in Kurzform – pro Kapitel eine Aktion. Anschauen und sofort umsetzen lautet hierbei die Devise!

Sie haben in Windows 7 verschiedene Möglichkeiten, ein Programm zu öffnen. Die gängigste Methode ist das Öffnen im Startmenü. Hierzu klicken Sie einfach die gewünschte Programmverknüpfung unter *Alle Programme* mit der linken Maustaste an.

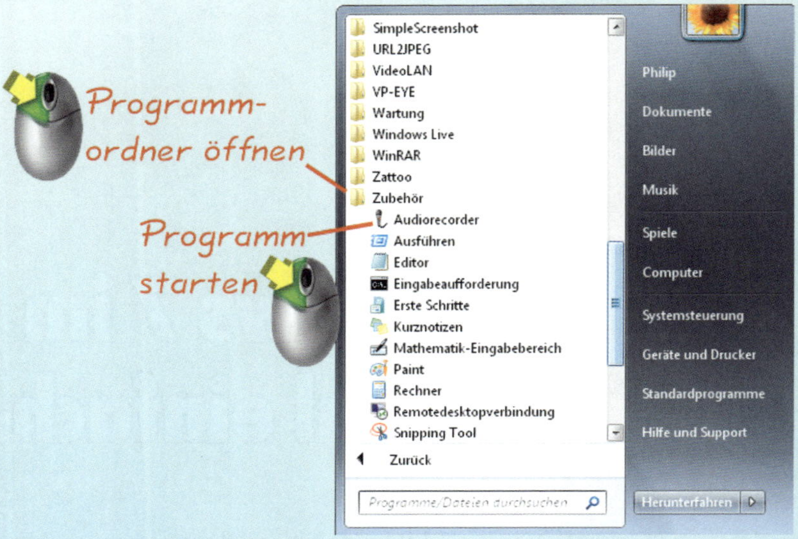

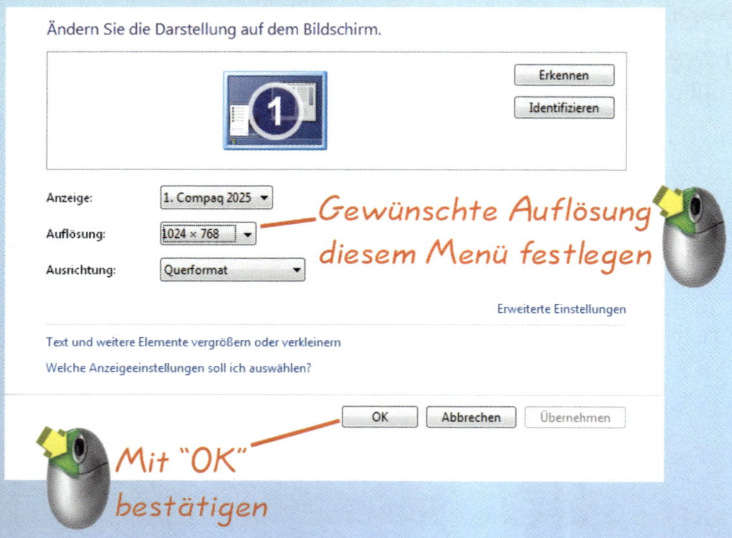

Die Bildschirmauflösung entscheidet darüber, wie groß – oder klein – die Inhalte auf dem Bildschirm angezeigt werden. Ich persönlich verwende eine Bildschirmauflösung von 1024 x 768 Pixeln, die ich sehr empfehlen kann. Zum Anpassen klicken Sie mit der rechten Maustaste auf eine freie Fläche des Desktops und entscheiden sich im Menü, das sich öffnet, für den Eintrag *Bildschirmauflösung*. Nun müssen Sie nur noch die gewünschte Auflösung im Menü auswählen und mit *OK* bestätigen.

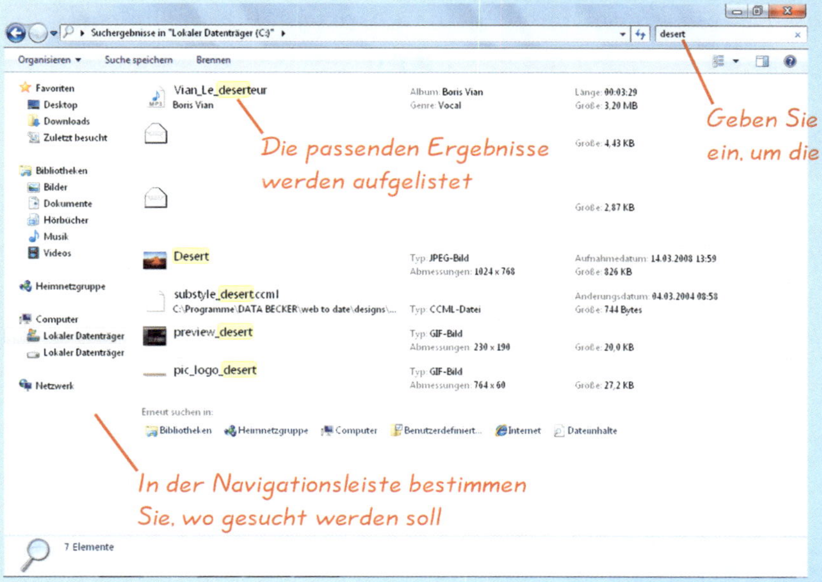

Suchen Sie eine bestimmte Datei? Dann verwenden Sie das in den Windows-Explorer eingebaute Suchfeld, um diese durch Eingabe eines entsprechenden Suchbegriffs blitzschnell ausfindig zu machen.

Viele wichtige Programme müssen Sie in Windows 7 übers Internet nachrüsten: die sogenannten Windows Live Essentials. Klicken Sie unter der Webadresse *http://download.live.com* auf *Jetzt herunterladen*, um die gewünschten Programme zu installieren.

Sie haben ein eingebautes Modem und wollen ins Internet? Kein Problem! Klicken Sie in der Systemsteuerung unter *Netzwerk und Internet* auf *Internetoptionen* und entscheiden Sie sich für die Registerkarte *Verbindungen*. Mit *Einrichten* starten Sie den Assistenten zum Einrichten der Internetverbindung.

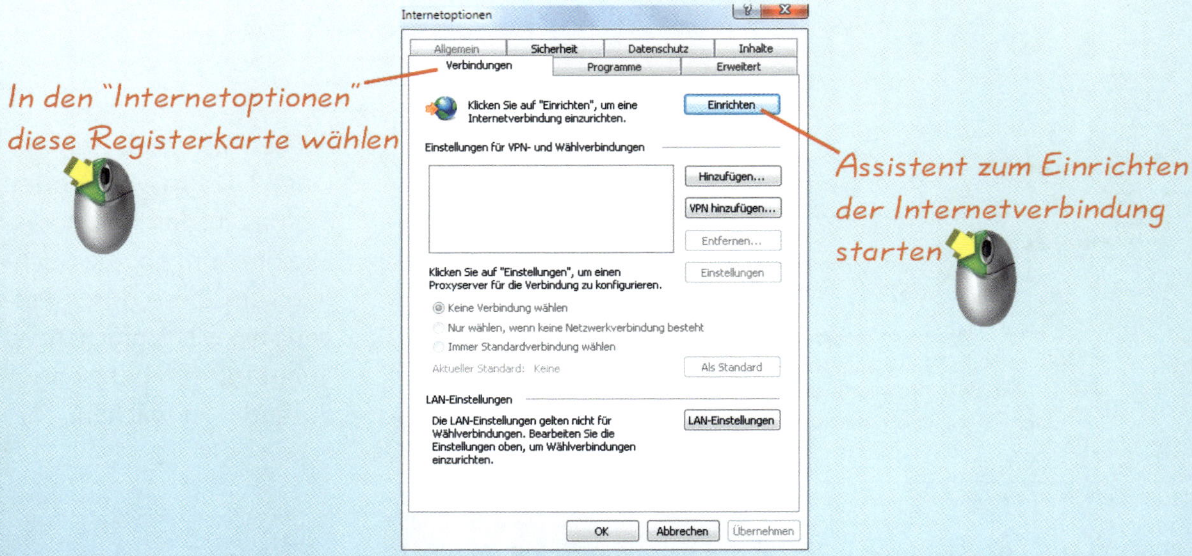

So einfach rufen Sie eine Webseite auf: Tippen Sie die Webadresse ins Adressfeld des Browsers und betätigen Sie die [Enter]-Taste. Oder klicken Sie auf einer Webseite einen Link an, um die damit verbundene Webseite zu laden. So einfach funktioniert das World Wide Web!

Um mit Windows Live Mail eine E-Mail zu erstellen, klicken Sie links oben auf die Schaltfläche *Neu*. Tippen Sie dann die Empfänger-E-Mail-Adresse in die *An*-Zeile ein, versehen Sie die E-Mail mit einem Betreff und dem E-Mail-Text und klicken Sie auf *Senden* – schon geht die E-Mail auf die Reise.

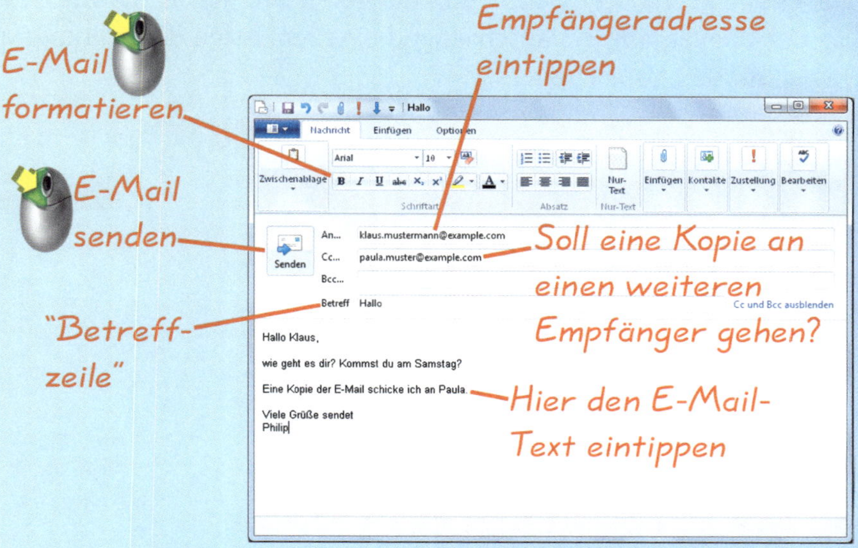

So einfach ist es, mit Windows Live Fotogalerie ein Bild zu bearbeiten: Doppelklicken Sie auf ein Bild und entscheiden Sie sich im Menüband für die gewünschte Bearbeitungsoption, z. B. das Zuschneiden oder das Aufhellen. Im Bereich rechts lassen sich darüber hinaus die Eigenschaften der Bilddatei ändern.

Mit Wiedergabelisten bestimmen Sie, welche Titel in welcher Reihenfolge im Windows Media Player abgespielt werden sollen. Zum Festlegen klicken Sie auf den Listen-Button *Wiederge...* und ziehen die gewünschten Titel nun bei gedrückter linker Maustaste ins Listenfeld rechts. Geben Sie der Wiedergabeliste abschließend eine schlüssige Bezeichnung und betätigen Sie die [Enter]-Taste, um sie zu speichern.

Ich empfehle dringend, regelmäßig eine Datensicherung durchzuführen, um den eventuellen Verlust wichtiger Dateien zu vermeiden. Die Datensicherung richten Sie ein, indem Sie im Startmenü unter *Alle Programme/Wartung* auf *Sichern und Wiederherstellen* klicken und mit *Jetzt sichern* den Sicherungs-Assistenten starten.

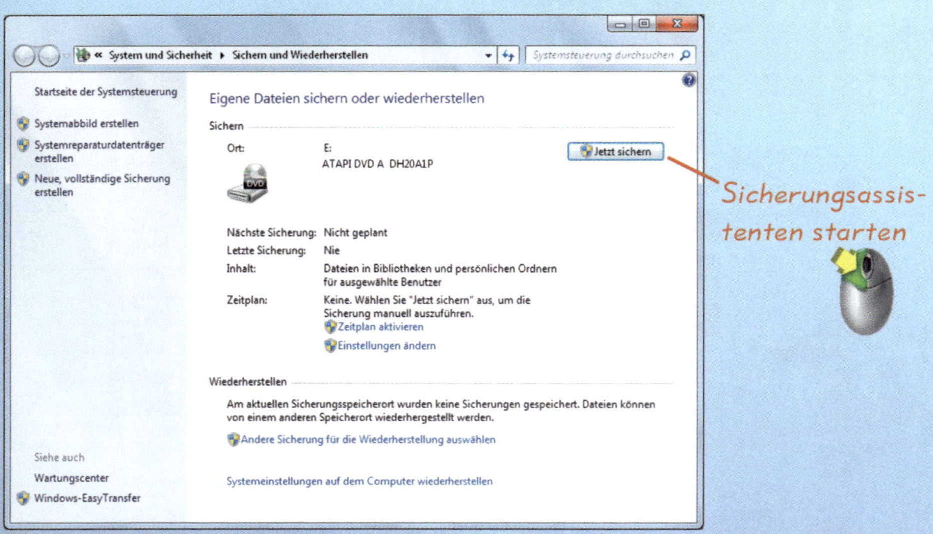

Die nützlichsten Tastaturkürzel auf einen Blick

Mithilfe der Tastaturkürzel, die ich Ihnen in der Tabelle vorstelle, führen Sie nützliche Aktionen noch schneller durch. Machen Sie von der Tabelle am besten eine Kopie und legen Sie sie griffbereit auf den Schreibtisch.

Allgemein

Tastenkürzel	Funktion
F1	Hilfe zum aktuellen Programm aufrufen.
F2	Das ausgewählte Element umbenennen.
F3	Fenster für die Dateisuche aufrufen.
F5	Das aktuelle Fenster oder die aktuelle Webseite aktualisieren.
F6	Zwischen verschiedenen Bildschirmelementen hin und her wechseln.
F10	Aktiviert die Menüleiste im aktuell geöffneten Programm.
Strg+A	Alle Elemente in einem Fenster auswählen.
Strg+Klick	Mehrere Elemente in einem Fenster auswählen.
Strg+C	Ausgewählte Elemente in die Zwischenablage kopieren.
Strg+X	Ausgewählte Elemente in die Zwischenablage ausschneiden.
Strg+V	In die Zwischenablage kopierte oder ausgeschnittene Elemente einfügen.
Strg+Z	Eine Aktion rückgängig machen.
Strg+Esc	Startmenü öffnen.
Strg+Umschalt+Esc	Task-Manager aufrufen.
Entf	Markierte Elemente löschen.
Umschalt+Entf	Markierte Elemente ohne Umweg über Papierkorb löschen.
Alt+Enter	Eigenschaften eines markierten Elements anzeigen.
Alt+Tab	Zwischen den geöffneten Fenstern umschalten.
Alt+Esc	Zwischen den geöffneten Fenstern umschalten (in Reihenfolge des Öffnens).
Windows+Tab	Zwischen den geöffneten Fenstern umschalten (3-D-Version).
Windows+Pause	Systemeigenschaften anzeigen.

Tastenkürzel	Funktion
Windows+D	Desktop anzeigen.
Windows+E	Windows-Explorer mit „Computer"-Ansicht öffnen.
Windows+G	Zwischen den geöffneten Minianwendungen (Gadgets) umschhalten.
Windows+L	Den Computer sperren oder Benutzer wechseln.
Windows+M	Alle geöffneten Fenster in die Taskleiste minimieren.
Windows+R	Öffnet das „Ausführen"-Fenster.
Windows+U	Center für erleichterte Bedienung öffnen.
Windows+X	Das Mobilitätscenter aufrufen.
Windows+Leertaste	Desktop-Vorschau.
Windows+←	Ein Fenster auf der linken Bildschirmhälfte platzieren.
Windows+→	Ein Fenster auf der rechten Bildschirmhälfte platzieren.
Windows+↓	Das aktuelle Fenster minimieren.
Windows+↑	Das aktuelle Fenster maximieren.

Windows-Explorer

Tastenkürzel	Funktion
Strg+F	Das eingebaute Suchfeld auswählen.
Strg+N	Neues Windows-Explorer-Fenster öffnen.
Strg+W	Das aktuelle Windows-Explorer-Fenster schließen.
Strg+Umschalt+E	In der Navigationsleiste die übergeordneten Ordner eines Elements anzeigen.
Strg+Umschalt+N	Neuen Ordner erstellen.
Strg+.	Ein ausgewähltes Bild im Uhrzeigersinn drehen.
Strg+,	Ein ausgewähltes Bild gegen den Uhrzeigersinn drehen.
Alt+P	Vorschaufenster ein- und ausblenden.
Alt+←	Zu vorigem Ordner wechseln.
Alt+→	Zu folgendem Ordner wechseln.
Alt+↑	Zu Hauptordner wechseln.
Pos1	Erstes Element im Fenster markieren.
Ende	Letztes Element im Fenster markieren.

Internet Explorer

Tastenkürzel	Funktion
F4	Adressfeld-Verlauf einblenden.
F7	Tastatur-Navigation aktivieren („Caret Browsing").
F11	In den Vollbildmodus umschalten bzw. Vollbildmodus beenden.
Strg+[+]	Ansicht vergrößern.
Strg+[-]	Ansicht verkleinern.
Strg+0	Normale Ansicht wiederherstellen.
Strg+B	Favoriten verwalten.
Strg+D	Die aktuell aufgerufene Webadresse den Favoriten hinzufügen.
Strg+E	Das eingebaute Suchfeld auswählen.
Strg+F	Suchfeld zum Durchsuchen der Seite einblenden.
Strg+H	Verlauf einblenden.
Strg+I	Favoriten einblenden.
Strg+J	Feeds einblenden.
Strg+K	Aktuelle Registerkarte duplizieren.
Strg+N	Neues Browserfenster öffnen.
Strg+P	Die aktuelle Webseite ausdrucken.
Strg+S	Die aktuelle Webseite speichern.
Strg+T	Neue Registerkarte öffnen.
Strg+W	Aktuelle Registerkarte bzw. Browserfenster schließen.
Strg+Umschalt+P	Neues InPrivate-Fenster öffnen.
Strg+Klick	Link in neuer Registerkarte öffnen.
Alt+←	Zur vorigen Webseite wechseln.
Alt+→	Zur folgenden Webseite wechseln.
Alt+Home	Zur Startseite wechseln.

Die häufigsten Probleme und wie Sie sie beheben auf einen Blick

Natürlich ist Windows 7 nicht perfekt, und es kann bei der Nutzung zu Problemen können. Viele Schwierigkeiten können Sie ganz einfach wie im Folgenden beschrieben beheben.

Für viele Schwierigkeiten findet Windows 7 eigenständig die passenden Lösungen. Diese werden Ihnen dann im Wartungscenter angezeigt samt einem Button, den Sie anklicken, um das Problem rasch zu beheben.

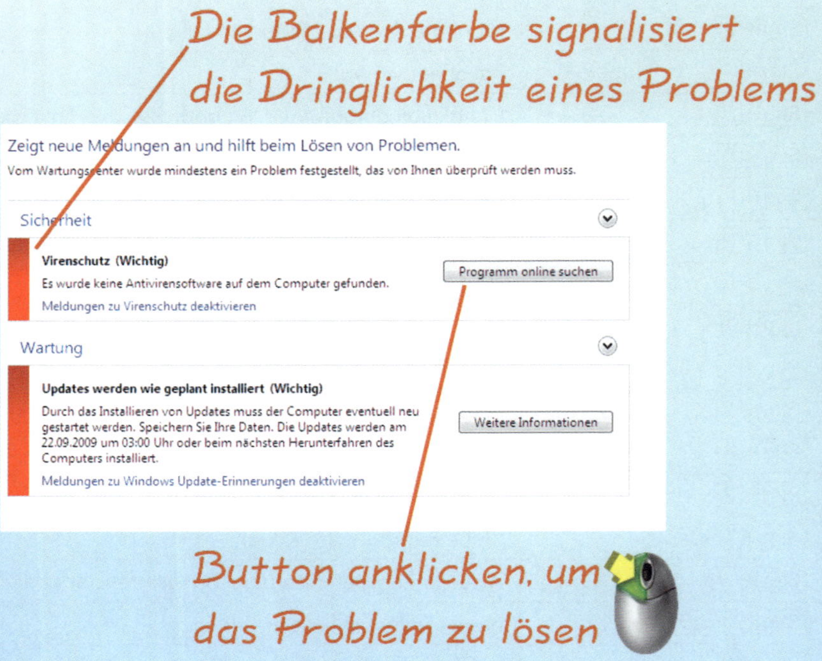

Vielleicht verfügen Sie über ältere Software, die unter Windows 7 nicht läuft? Dann wenden Sie Trick 17 an und führen das Programm einfach im sogenannten Kompatibilitätsmodus aus. Um diesen zu aktivieren, klicken Sie das Programm bzw. die Programmverknüpfung mit der rechten Maustaste an und wählen *Eigenschaften*. Unter der Registerkarte *Kompatibilität* aktivieren Sie dann *Programm im Kompatibilitätsmodus ausführen* und entscheiden sich für das passende Betriebssystem.

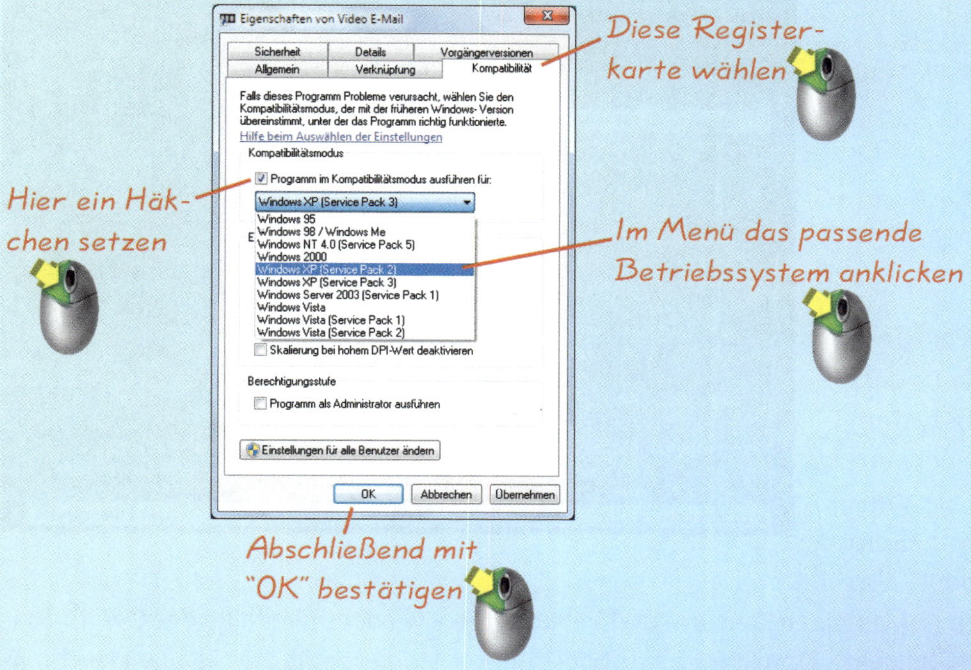

Bei Hardware-Problemen verwenden Sie den Geräte-Manager (in der Systemsteuerung unter *Hardware und Sound* zu finden), den ich Ihnen bereits in Kapitel 4 vorgestellt habe, um diese zu lösen. Meist genügt eine Aktualisierung des Treibers, um ein Gerät richtig zum Laufen zu bringen. Hierzu einfach das Gerät mit der rechten Maustaste anklicken, *Treibersoftware aktualisieren* wählen und den passenden Treiber installieren, den Sie in aller Regel auf der Webseite des Geräte-Herstellers ausfindig machen.

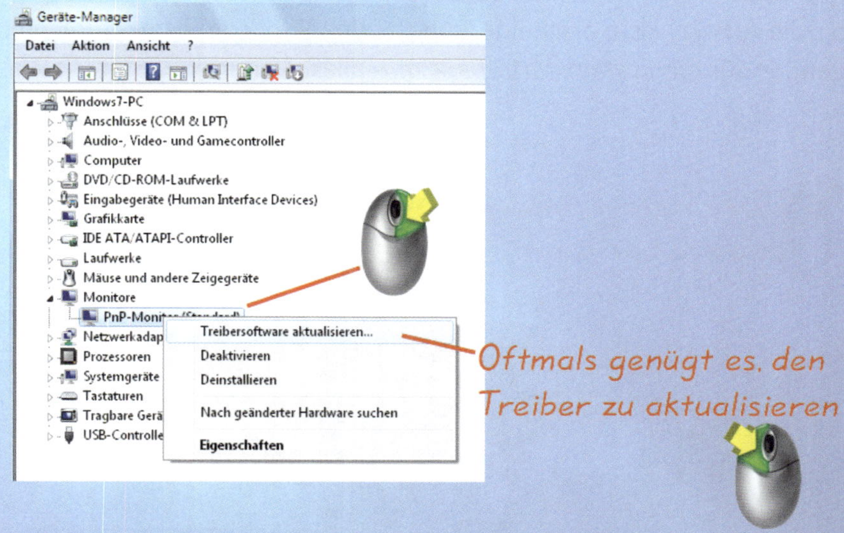

Windows 7 nur mit notwendigen Treibern starten

Start mit notwendigen Treibern plus Netzwerktreibern (Internet!)

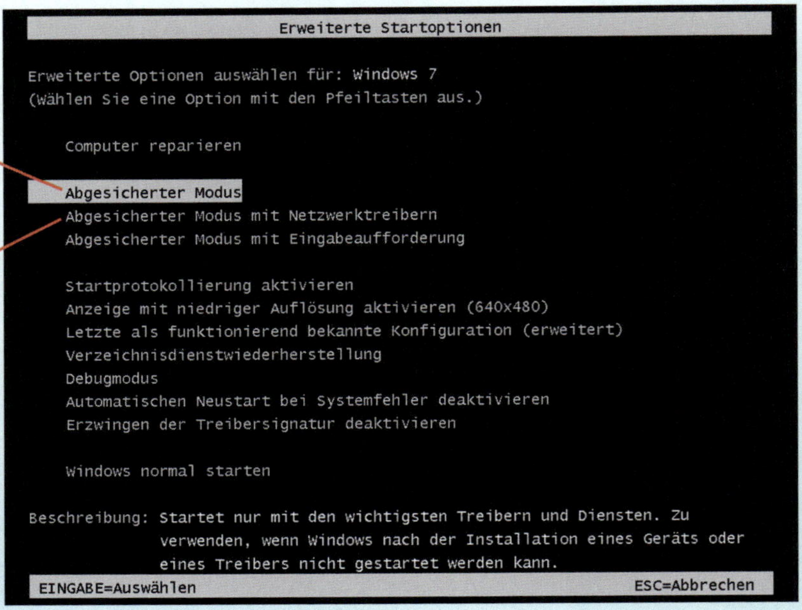

Manchmal macht ein Treiber derartige Zicken, dass sich das Betriebssystem nicht mehr richtig verwenden lässt. Starten Sie Windows 7 in diesem Fall im abgesicherten Modus, also nur mit den wirklich notwendigen Treibern, und beheben Sie – wiederum mithilfe des Geräte-Managers – das Treiber-Problem. Zum Starten im abgesicherten Modus betätigen Sie beim Hochfahren des Rechners mehrfach die F8-Taste, bis die entsprechende Auswahlliste angezeigt wird.

Oder lässt sich Windows 7 gar nicht mehr starten? Da helfen in fast allen Fällen die eingebauten Reparaturoptionen weiter: Betätigen Sie wiederum beim Hochfahren mehrfach die F8-Taste, bis die Auswahlliste erscheint. Entscheiden Sie sich diesmal für *Computer reparieren* und im Folgenden für die *Systemstartreparatur* – alles Weitere übernimmt Windows 7 für Sie!

Bei Start-Probleme auswählen

Systemwiederherstellung durchführen

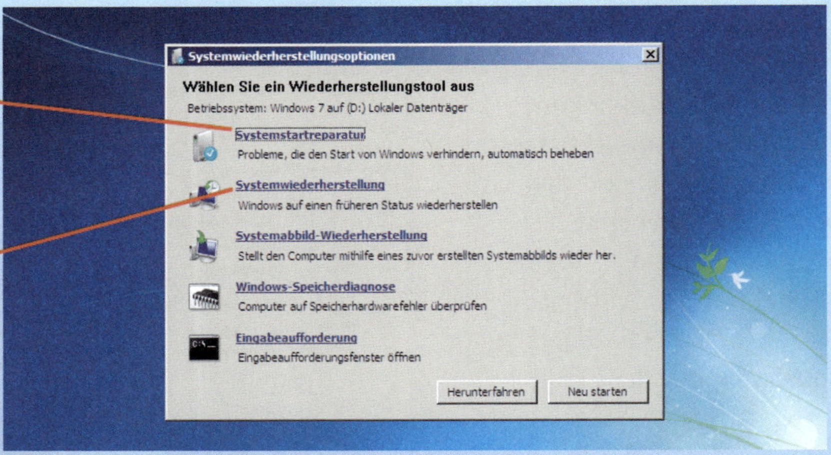

Sollten sich die Probleme nicht beheben lassen, bleibt immer noch die Systemwiederherstellung, die Sie in den oben genannten „Computerreparaturoptionen" auswählen oder im Startmenü unter *Alle Programme/Zubehör/Systemprogramme*. Bei der Systemwiederherstellung wird Windows 7 auf einen früheren, funktionierenden Stand zurückgesetzt, dies natürlich ohne dass Ihre eigenen Dateien gelöscht werden.

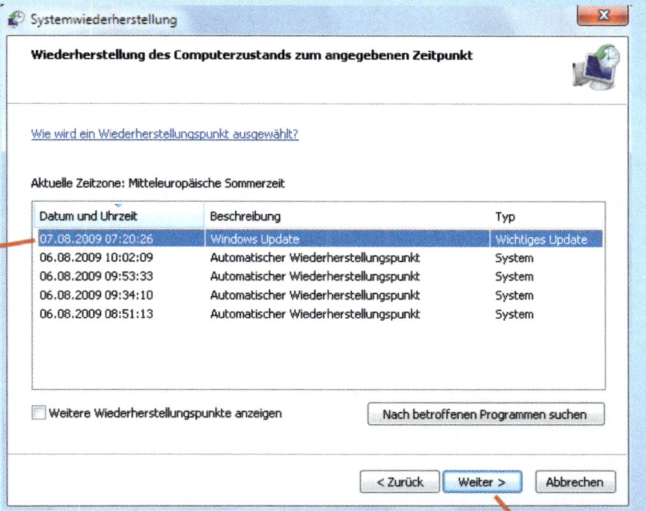

Wiederherstellungs-punkt auswählen

Im Folgenden Wiederherstellung bestätigen

Index

E

F

NEU: Know-how für Deutschland!
Bester Rat für alle Lebenslagen.
Unterhaltsam. Verständlich. Kompetent.
iKnow
Gut zu wissen
Single-Frau
Shopping Queen
Single-Mann
Siegertyp
Web 2.0
Google
Facebook
Digital-Fotos
Windows 7
Karriere-Turbo Web 2.0
DATA BECKER
Susanne Hamann
Karriere-Turbo
Web 2.0
Per Online-Networking zum Traumjob.
Von der cleveren Selbstvermarktung mit XING und Co. bis hin zum Vorstellungsgespräch!
DATA BECKER
Uwe Erhardt
Facebook
Entdecken. Austauschen. Vernetzen.
Per DU mit Facebook: Optimal im Social Network darstellen und kommunizieren!
www.facebook.com/iknowbuecher
www.twitter.com/iknow_how
Alle Infos auf www.iknow.de
DATA BECKER